DANIEL BADRAUN (Hrsg.)

Mord zur großen Pause

SCHULSPORT IST MORD Meist herrscht Ordnung in den Klassenräumen und Lehrerzimmern, in den Turnhallen und Außenanlagen. Die Schulleiterin leitet und der Hausmeister kehrt das Laub zusammen. Das ist überall so, in Deutschland, in Österreich, in der Schweiz und in Liechtenstein. Aber nur ein kleiner Funke reicht und das Verbrechen hält Einzug in die Bildungsanstalt. Sei es eine ungeputzte Tafel, ein stinkender Schwamm, die hochnäsige Englischlehrerin, die schlecht funktionierende Heizung im Klassenraum oder der Geruch von kaltem Schweiß in den Umkleiden der Turnhalle. Und plötzlich liegen die Nerven blank. Dann hängt der Biologielehrer neben dem Skelett in der Sammlung, aus dem Heizungskeller dringt Verwesungsgeruch und auf dem Sportplatz wird ein Grab ausgehoben. Lehrerinnen und Lehrer sind auch nur Menschen. Und an einem Ort, an dem Gift, Gas und weitere potenziell gefährliche Stoffe griffbereit herumliegen, kann immer etwas passieren.

Daniel Badraun, geboren 1960 im Engadiner Dorf Samedan, schreibt für Erwachsene und Kinder. Seit 1989 arbeitet er als Kleinklassenlehrer in Diessenhofen. Darüber hinaus war er Abgeordneter im Thurgauer Kantonsparlament. Die letzten zwölf Jahre schreibt der Autor Kinderkrimis für das Leseförderprojekt »Geschichtendock«. Daniel Badraun wohnt mit seiner Frau in der Nähe des Bodensees, hat vier erwachsene Kinder und eine wachsende Enkelschar. Neben dem Schreiben ist er auch oft draußen anzutreffen, auf dem Rad oder auf Wanderwegen. Die Idee, eine Anthologie mit Geschichten von Krimi schreibenden Lehrerinnen und Lehrern zusammenzustellen, ist dem Autor im Skilager gekommen, als er gegen Mitternacht seinen Tee und die Stille genoss und in die Winterwelt hinausschaute. Und ja, Tee liebt sowohl der Autor als auch sein bekanntester Protagonist Claudio Mettler.

DANIEL BADRAUN (Hrsg.)

Mord zur großen Pause

Schulkrimis

GMEINER

Immer informiert

Spannung pur – mit unserem Newsletter informieren wir Sie
regelmäßig über Wissenswertes aus unserer Bücherwelt.

Gefällt mir!

Facebook: @Gmeiner.Verlag
Instagram: @gmeinerverlag
Twitter: @GmeinerVerlag

Besuchen Sie uns im Internet:
www.gmeiner-verlag.de

© 2020 – Gmeiner-Verlag GmbH
Im Ehnried 5, 88605 Meßkirch
Telefon 07575 / 2095 - 0
info@gmeiner-verlag.de
Alle Rechte vorbehalten
1. Auflage 2020

Lektorat: Sven Lang
Herstellung: Mirjam Hecht
Umschlaggestaltung: U.O.R.G. Lutz Eberle, Stuttgart
unter Verwendung eines Fotos von: © Ostseetropfen / photocase.de
Druck: CPI books GmbH, Leck
Printed in Germany
ISBN 978-3-8392-2737-4

INHALT

EINE ART VORWORT

Daniel Badraun

Eine nützliche Ergänzung des Lehrplans

Eine Anthologie mit Schulkrimis, geschrieben von aktiven und ehemaligen Lehrerinnen und Lehrern, die schon die eine oder andere schwarze Story ausgeheckt haben. Wie kommt man auf eine solche verrückte Idee? Erlauben Sie mir, dass ich kurz aushole. Wie es bei uns Pädagogen eben üblich ist, legen wir doch Wert auf vollständige Gedankengänge und anständig formulierte Sätze.

»Was entsteht, wenn ein Lehrer von einer Straßenwalze überrollt wird?«, war eine gängige Scherzfrage aus meiner Jugend. »Ein Ferienprospekt«, lautete die Antwort. Wegen der Ferien, das kann ich Ihnen versichern, hatten nur wenige meiner Kolleginnen und Kollegen diesen anspruchsvollen Beruf gewählt. Es sind vielmehr die neugierigen Kinder und Jugendlichen, die täglich wechselnden Ansprüche in den Schulzimmern, die uns immer wieder neu herausfordern und uns motivieren.

Wenn uns der Unterricht besonders gut gelungen ist, wenn wir ein zufriedenes Lächeln auf den Gesichtern der Kinder oder Jugendlichen sehen, wenn uns ganz unerwartet ein Dankeschön von der Schulleitung oder von den Eltern erreicht, wenn wir uns im Kollegium aufgehoben fühlen, dann gehen wir beschwingt nach Hause, obwohl wir eine Tasche voller nicht korrigierter Hefte mit uns herumtragen.

Manchmal nagt tief in unserem Innern die Unzufriedenheit, etwas schmerzt und belastet uns. Dann werden die Beine schwer, die uns in die Schule tragen sollten. Dann können wir kaum atmen, wenn die 3c vor der Schulzimmertüre steht und gleich die ersten Bemerkungen fallen, die wir nicht ignorieren können. Wir alle kennen Lehrerinnen und Lehrer, die ausgebrannt pausieren mussten, die in ihrem Beruf an die Grenzen ihrer Kräfte getrieben wurden, die nur einige Jahre unterrichteten oder kurz vor dem Ruhestand aufhörten.

»Schule geben ist der beste Beruf«, sagen viele Kolleginnen und Kollegen, »auch ein sehr anspruchsvoller Beruf für wache Menschen im Vollbesitz ihrer Kräfte.« Damit ist alles gesagt. Fast jedenfalls. Denn da ist noch etwas. Wir arbeiten in einem schwierigen Umfeld, in dem jedermann und jedefrau Expertin und Experte in Sachen Schule ist und alles besser weiß, besser jedenfalls als wir gut ausgebildeten Profis, die wissen, wie Prüfungen *richtig* korrigiert werden, die notfalls auch mal einen Juristen engagieren, um der Schule den Marsch zu blasen.

Darum ist es für uns umso wichtiger, dass wir unsere verbrauchten Kräfte wieder auftanken können, dass wir etwas für unsere Psychohygiene tun. Wer jahrelange als Puffer für pubertäre Machtspiele herhalten muss und mit den Schuldzuweisungen der Eltern von extrem begabten, speziell einmaligen, aber leider leistungsmäßig durchschnittlichen Kindern zu tun hat, braucht einen Ausgleich.

Es gibt Lehrer, die zum Angeln nach Schottland fahren. Es gibt Lehrerinnen, die in der Brandung der Nordsee das Kitesurfen erlernen. Andere rasen mit dem Mountainbike über Tiroler Almen oder steigen auf vereiste Viertausender, machen Yoga auf Madeira oder kneippen im Schwarzwald. Bei mir ist es das Schreiben. Wenn ich den Laptop aufklappe, kann ich abschalten, die Schule und die Probleme des Alltags hinter mir lassen und eintauchen in neue Geschichten. Irgendwann fragte ich mich, ob ich wohl der einzige Lehrer bin, der in der Freizeit kriminelle Fantasien auslebt. Dies natürlich nur auf dem Papier. Oder was haben Sie gedacht?

Als ich dem Team des Gmeiner-Verlags eine Anthologie vorschlug, rechneten die Verantwortlichen mit einem knappen Dutzend Autorinnen und Autoren, die unsere Kriterien erfüllen. Wir suchten Leute, die im Schuldienst tätig sind oder waren, Leute mit pädagogischer Ausbildung also, die schon Krimis veröffentlicht haben. In diesem Band sind nun einundzwanzig Geschichten von Autorinnen und Autoren zusammengekommen, die bereit waren, einen Kurzkrimi über ihr berufliches Umfeld zu schreiben.

Vorerst herrscht noch Ordnung in den Schulstuben und Lehrerzimmern, in den Turnhallen und Außenanlagen. Die Schulleiterin leitet, der Hauswart (Pedell, Hausmeister, Abwart oder Facility Manager) kehrt das Laub zusammen, in der Mensa wird mit Liebe gekocht und die Hauptlehrerin hilft dem Vikar, wo sie nur kann. Das ist überall so, in Deutschland, in Österreich, in der Schweiz und in Liechtenstein.

Doch da ist die schlecht geputzte Tafel, der ewig niesende Lateiner, die viel zu laute Kaffeemaschine, die hochnäsige Englischlehrerin, der tropfende Wasserhahn, die schlecht funktionierende Heizung, die dilettantisch vorbereitete Konferenz. Und plötzlich liegen die Nerven im Kollegium blank. Der Biologielehrer hängt eines Morgens neben dem Skelett in der Sammlung, aus dem Heizungskeller dringt Verwesungsgeruch und am Elfmeterpunkt des Sportplatzes wurde ein Grab ausgehoben. Lehrerinnen und Lehrer sind auch nur Menschen. Und an einem Ort, an dem Gift, Gas und weitere Hilfsmittel griffbereit herumliegen, kann immer etwas passieren.

Neben den Schülerinnen und Schülern sind da auch noch die Eltern, die nur das Beste für ihre kleinen Monster wollen. Da müssen gute Noten her, fast um jeden Preis. Lehrerinnen und Lehrer, pubertäre Jugendliche, das Hilfspersonal und die Eltern, das alles ist eine Mischung wie Nitroglycerin. Jeden Moment kann die Ladung mit einem lauten Knall hochgehen.

WER NICHTS AUS SEINEN FEHLERN
LERNT, IST SELBER SCHULD

Ernst Schmid –
achtunddreißig Jahre im Schuldienst

Mit dieser Aktion war Marlene Huber endgültig zu weit gegangen. Das kam einer Kriegserklärung gleich und er hatte nicht vor, als Verlierer das Feld zu räumen. Er unterrichtete seit über dreißig Jahren an dieser Schule und würde sich nicht von einer rachsüchtigen Emanze die Stelle streitig machen lassen.

Dabei hatte alles so gut begonnen, als ihn der Direktor am Schulanfang gebeten hatte, sich der neuen Kollegin anzunehmen und ihr als Mentor zur Seite zu stehen. Auf den ersten Blick hatte er sich in ihr Lächeln verliebt. Sie war ein engelsgleiches Wesen, bildhübsch und sicher nicht in der Lage, einem anderen Schaden, geschweige denn Leid zuzufügen.

Wie man sich täuschen konnte! Obwohl, er hätte ahnen können, dass sie sich anders gab, wie sie in Wirklichkeit war. Sie zeigte nämlich überhaupt keine Scheu, seinen ersten Ratschlag rundweg abzulehnen, und gab ihm darüber hinaus zu verstehen, dass Strenge und Härte gegenüber den Schülern nicht ihren pädagogischen Grundsätzen entsprächen, sondern sie diese als ihre Mitarbeiter betrachte, denen sie auf Augenhöhe begegnen wolle. Das Zauberwort sei Bindung. Nur dadurch ließen sich Kinder zum Lernen motivieren, nicht jedoch durch Drohungen und Angst.

Diese Belehrung kam so überraschend, dass ihm erst im Nachhinein bewusst wurde, wie sehr sie ihn damit brüskiert hatte. Aber er verzieh ihr dieses Verhalten und ließ sie gewähren. Er kannte seine Pappenheimer. Griff man nicht mit eiserner Hand durch, tanzten sie einem schon bald auf dem Kopf herum. Auch er hatte sich in den Anfangsjahren nichts von älteren Kollegen sagen lassen und erst im Laufe der Zeit lernen müssen, dass er sich manche schmerzhafte Erfahrung erspart hätte, wäre er ihrer Empfehlung gefolgt. Er jedenfalls würde auf sie achten, um die Folgen ihres unüberlegten Tuns möglichst gering zu halten. Denn dass sie mit ihrer Haltung kolossal scheitern würde, war für ihn ausgemachte Sache.

Umso erstaunter nahm er wahr, dass die Schüler völlig anders reagierten, wie er vermutet hatte, denn sogar die ärgsten Rabauken, die fast allen anderen Kollegen das Leben schwer machten, fraßen ihr binnen Kurzem aus der Hand und legten einen Lerneifer an den Tag, den er nicht für möglich gehalten hatte. Ein wenig missgönnte er ihr diesen Erfolg, ging dieser doch auch auf Kosten seines eigenen Ansehens, aber er konnte ihr nicht wirklich böse sein. Die positive Ausstrahlung, die sie im Unterricht an den Tag legte, machte diese Unannehmlichkeiten mehr als wett. Ständig lächelte sie ihn an und zwinkerte ihm zu, wenn es ihr gelang, die Schüler für etwas Neues zu interessieren. Jedenfalls ließ er sich von diesem Verhalten blenden und bezog dieses Lächeln ausschließlich auf sich, was ihn zu dem

Irrtum verleitete, dass sie mehr als kollegiale Gefühle für ihn hegte. Ein fatales Missverständnis, wie sich schnell zeigte.

Bereits in der dritten Schulwoche drängte er sie nämlich auf dem Weg zum Turnunterricht in eine der Umkleidekabinen und versuchte sie zu küssen, wogegen sie sich mit allen Kräften zur Wehr setzte. Doch anstatt sie auf der Stelle loszulassen, umklammerte er sie und presste seinen Körper gegen den ihren. Erst als er ihren vernichtenden Blick bemerkte, erkannte er seinen Fehler. Sofort ließ er von ihr ab und bat sie um Verzeihung für sein unüberlegtes Vorgehen. Jede andere hätte die Entschuldigung akzeptiert und sich geschmeichelt gefühlt, dass er ein Auge auf sie geworfen hatte. Nicht jedoch Marlene Huber. Völlig außer sich stürmte sie in das Konferenzzimmer und verkündete lautstark, dass er gerade versucht habe, sie zu vergewaltigen. Seine Kollegen waren zutiefst entsetzt. Seinen Beteuerungen, dass sie ihn mit ihrem aufreizenden Verhalten geradezu zu dieser Tat herausgefordert habe, schenkte niemand Glauben. Der anwesende Direktor schickte ihn nach Hause und meldete den Vorfall der vorgesetzten Behörde, worauf ein Disziplinarverfahren gegen ihn eingeleitet wurde. Nur seines untadeligen Rufes wegen blieb es bei einer Ermahnung und wurde von weiteren disziplinären Maßnahmen abgesehen. Um Marlene Huber nicht noch einmal in die Quere zu kommen, gab er auf eigenen Wunsch die Klasse auf, in der er mit ihr gemeinsam Deutsch unterrichtete, obwohl er diese drei Jahre betreut hatte. Er ging ihr aus dem Weg und achtete penibel darauf, sich nichts mehr zuschulden kommen zu lassen. Trotzdem wurde seine Kontrahentin nicht müde, ihn vor den anderen schlechtzumachen. Ein Großteil seiner Kolleginnen verweigerte ihm fortab den Gruß und signalisierte deutlich, nichts mehr mit ihm zu tun haben zu wollen. Das war umso erstaunlicher, weil er bereits mit mehr als der Hälfte von ihnen eine Affäre gehabt hatte und sie sich dabei nicht so geziert hatten wie diese Huber. Auch der Rest ging auf Distanz zu ihm. Nur ein paar der älteren Kollegen warfen ihm heimlich anerkennende Blicke zu. Aber offiziell hielten auch sie sich von ihm fern. Natürlich grollte er ihr, aber er war nicht so dumm, sich auf einen Kampf mit ihr einzulassen, weil er wusste, dass er dabei den Kürzeren ziehen würde, solange der Makel dieser unbesonnenen Tat an ihm haftete. Also machte er das Beste aus der Situation, konzentrierte sich auf den Unterricht und verließ das Schulhaus, wenn seine Anwesenheit nicht unbedingt vonnöten war. Irgendwann, so hoffte er, würde Gras über die Sache gewachsen sein und alles wieder so werden, wie es vorher gewesen war.

Eine vergebliche Hoffnung, denn schon bald musste er entsetzt feststellen, dass das Gerede über seinen Fehltritt längst die Grenzen des Konferenzzimmers verlassen hatte und nach außen gedrungen war. Die Kinder begannen zu tuscheln, wenn sie seiner ansichtig wurden, Schülerinnen verweigerten ihm die Mitarbeit und eine Mutter erwirkte einen Klassenwechsel für ihre Tochter, weil diese nicht länger von ihm unterrichtet werden wollte. Im ersten Moment wollte er Marlene Huber zur Rede stellen und ihr mit Konsequenzen drohen, sollte sie das Konferenzgeheimnis gebrochen und dieses Gerücht verbreitet haben, allerdings hatte er keine Beweise dafür. Ganz im Gegenteil schien für sie die Sache erledigt zu sein. Natürlich schenkte sie ihm kein Lächeln mehr wie anfangs, unterließ es jedoch auch, weiter in aller Öffentlichkeit schlecht über ihn zu reden. Für sie war er schlichtweg Luft und er hielt es genauso. Er hatte seine Abreibung bekommen. Ein weiteres Mal würde ihm so etwas sicher nicht mehr passieren. Wenn er sich ruhig verhielt, würde auch das Gerede irgendwann verstummen und wieder Normalität Einzug halten.

Doch er hatte die Rechnung ohne Marlene Huber gemacht. Sie schien sich tatsächlich in den Kopf gesetzt zu haben, ihn zu vernichten. Wie anders war zu erklären, dass sie begann, seine Unterrichtsmethoden herabzuwürdigen und ihn vor seinen Schülern der Unfähigkeit zu bezichtigen. Damit hatte sie den Bogen eindeutig überspannt. Aber es kam noch schlimmer.

Seit dem Vorfall in der Turngarderobe war gut ein Monat vergangen, da ließ ihn der Direktor eines Vormittags zu sich rufen. Ohne Umschweife erklärte sein Vorgesetzter ihm, dass ihm zu Ohren gekommen sei, dass er seiner Lehrverpflichtung nicht gewissenhaft nachkomme und er die Korrektur der Schülerhefte schleifen lasse. Zum Beweis legte er ihm einige Exemplare vor, die vor Fehlern nur so strotzten. Er rechtfertigte sich damit, dass er alles an der Tafel vorschreibe und von den Schülern erwarte, dass sie in diesem Alter in der Lage seien, die Texte fehlerfrei in ihre Hefte zu übertragen. Das sei allerdings nur möglich, merkte sein Vorgesetzter an, wenn auch die Tafelbilder richtig verfasst seien. Um dies zu überprüfen, ersuche er ihn, ihm seine Aufzeichnungen vorzulegen. Ihm war längst klar, dass seine Kollegin ihm diese Suppe eingebrockt hatte, denn sein Vorgesetzter kümmerte sich sonst kaum um die Unterrichtsbelange und ließ seinen Lehrern völlig freie Hand bei der Methodenwahl. Außerdem wussten alle im Kollegium, darunter natürlich auch Marlene Huber, dass er es mit den Vorbereitungen nicht so genau nahm und den Unterricht nach Lust und Laune gestaltete. Er war beileibe nicht der Einzige, der das so handhabe, und bislang war das nie ein Problem gewesen. Auch dem Direktor musste dieser Umstand bekannt sein. Umso unverständlicher war, dass dieser jetzt etwas forderte, von dem er wusste, dass es nicht vorhanden war. Also schüttelte er nur den Kopf, worauf sein Vorgesetzter ihm ein Foto reichte. Darauf war die Tafel in seiner Klasse abgebildet. Das Tafelbild stammte von ihm. Er konnte sich sogar daran erinnern. Lustlos hatte er den Aufbau des Geschäftsbriefes an die Tafel geschmiert. Ein Teil der Wörter war unleserlich, drei Begriffe hatte er absichtlich falsch geschrieben, um zu überprüfen, ob dies jemandem auffiel, insgesamt handelte es sich um ein abschreckendes Beispiel dafür, wie ein Tafelbild nicht aussehen sollte. Keine Ahnung, was damals in ihn gefahren war. Im Nachhinein schrieb er es seiner schlechten Laune wegen des Vorfalls mit Marlene Huber zu. Aber dass diese ihm nachschnüffelte, um seine Fehler beim Direktor anzuzeigen, war eine kollegiale Schweinerei sondergleichen. Denn daran, dass sie dafür verantwortlich war, gab es für ihn keinen Zweifel. Diese Vermutung bestätigte sich, als er das Konferenzzimmer betrat, nachdem ihn sein Vorgesetzter mit der Weisung entlassen hatte, dass er ab jetzt jeden Montagmorgen die Vorbereitungen für den Rest der Woche zur Kontrolle vorzulegen habe. Zum ersten Mal seit besagtem Vorfall lächelte ihn seine Kollegin wieder an. Aber es war kein einnehmendes Lächeln, sondern es troff vor Schadenfreude und Hinterlist. Dieses Foto war das Kriegsbeil, mit dem sie ihn zu vernichten trachtete. Aber noch hatte er nicht verloren. Er nahm den Kampf an. Am Ende konnte nur einer von ihnen beiden übrig bleiben, und das würde er sein. Dass dies nicht einfach werden würde, war ihm bewusst. Schulisch konnte er ihr kaum etwas anhaben. Sie war gewissenhaft, ordentlich und beliebt. Sowohl bei den Schülern als auch bei seinen Kollegen. An ihrem Unterricht war nichts auszusetzen. Ganz im Gegenteil! Ihre Vorbereitungen waren vorbildlich und suchten ihresgleichen im Lehrkörper.

Er musste einen anderen Weg finden, um sie zu vernichten. Doch leichter gesagt, als getan. Seit drei Stunden saß er in seiner Lieblingsbar und zermarterte sich das Gehirn, was er ihr antun könnte. Mittlerweile hatte er ordentlich dem Alkohol zugesprochen, wodurch zwar seine Rachegelüste befeuert wurden, nicht jedoch die Einfälle, wie er ihr die Gemeinheiten vergelten könnte. Düster brütete er vor sich hin. Allein die Vorstellung, wie sie jeden Morgen vor seiner Klasse, die sie längst als ihre eigene betrachtete, am Geländer neben dem Stiegenaufgang lehnte und jeden Schüler jovial zur Begrüßung abklatschte, brachte sein Blut zum Wallen. Plötzlich kam ihm ein teuflischer Einfall. Vor einigen Jahren war die Schule generalsaniert worden. Zur Erleichterung für die Arbeiter hatte die Baufirma jenen Teil der Brüstung, an dem seine Kollegin immer herumlümmelte, damals abmontiert und durch einen Lastenaufzug ersetzt. Nach Abschluss der Arbeiten war das Geländer nur mehr provisorisch eingesetzt worden. Lediglich sechs Schrauben, drei auf jeder Seite, fixierten die Verstrebungen am Rest der Balustrade. Er hatte sogar in einer Konferenz auf dieses Manko hingewiesen und vor möglichen Gefahren gewarnt. Trotzdem war seines Wissens nie etwas daran geändert worden. Er wollte seiner Kollegin keinen körperlichen Schaden zufügen. Es reichte, wenn er ihr einen Schrecken einjagte, den sie ihr Leben lang nicht mehr vergaß. Dazu war nicht viel mehr nötig, als zwei Schrauben auf einer Seite zu lockern. Lehnte sie sich gegen das Geländer, würde dieses zwar nachgeben, aber trotzdem stabil genug sein, um sie nicht in die Tiefe stürzen zu lassen. Da jeder diesen Sabotageakt verübt haben könnte und er eindeutig gegen sie gerichtet war, weil sie stets dort lehnte, würde ihr Vertrauen in die Schüler für immer erschüttert sein.

Der heutige Abend eignete sich hervorragend dafür, die Tat auszuführen. Aus seiner Zeit als Betreuer wusste er, dass jeden Donnerstag bis einundzwanzig Uhr das Training der Nachwuchsfußballer im Turnsaal der Schule stattfand. Da sich unter den Spielern etliche ihrer Schüler befanden, war die Vermutung naheliegend, dass sich einer von ihnen in den zweiten Stock geschlichen und die Freveltat begangen hatte. Dass der Verdacht auf ihn fiel, war unwahrscheinlich.

Er wartete bis zehn, ehe er sich in die Schule schlich. Im Werkraum besorgte er sich einen Schraubenschlüssel und Einweghandschuhe. Schnell waren die Schrauben gelockert. Vorsichtig lehnte er sich gegen die Brüstung. Das Geländer federte zurück, hielt aber seinem Gewicht ohne Weiteres stand. Genau so, wie er es geplant hatte. Für seine Kollegin bestand keine unmittelbare Gefahr. Sie würde mit dem Schrecken davonkommen.

Zufrieden kehrte er in die Bar zurück und feierte seine schulische Wiedergeburt.

Als er früh am Morgen erwachte, wusste er im ersten Moment nicht, was mit ihm los war. Er hatte rasende Kopfschmerzen und war halb verdurstet. Er wankte ins Bad und hielt den Kopf unter das kalte Wasser. Das linderte die Schmerzen ein wenig, aber ihm war klar, dass er nicht in der Lage war, in die Schule zu gehen. Sein Arzt würde ihn ohne Probleme für einen oder mehrere Tage krankschreiben. Das ersparte ihm, Kollegin Huber über den Weg zu laufen. Kaum kam ihm ihr Name in den Sinn, fiel ihm wieder ein, was er am Vorabend angestellt hatte. Wie hatte er sich nur zu solch einer Dummheit hinreißen lassen können! Er wollte auf keinen Fall, dass irgendjemand zu Schaden kam. Die Schüler waren unberechenbar. Krachte einer gegen das Geländer, war nicht sicher, dass dieses nicht nachgab und er in die Tiefe stürzte. Das durfte auf keinen Fall passieren. Es war erst kurz vor fünf, also Zeit genug, die Sache wieder in Ordnung zu bringen. Er zog sich in Windeseile an und machte sich auf den Weg zur Schule. Die kühle Luft tat ihm gut, nüchtern war er deswegen noch lange nicht. Zweimal rutschte er auf dem feuchten Laub aus und schlitterte in den Straßengraben. Als er die Schule erreichte, stellte er erschrocken fest, dass das Gebäude hell erleuchtet war. Normalerweise kam das Putzpersonal erst gegen sechs. Er holte erneut den Schraubenschlüssel aus dem Werkraum und schlich in den zweiten Stock hinauf. Vor seiner Klasse wischte eine der Raumpflegerinnen den Boden. Es war die junge Frau, die ihm stets freundlich zunickte. Ein hübsches Ding, wäre nicht dieses Kopftuch gewesen.

»Schon so früh bei der Arbeit«, sagte er anstelle einer Begrüßung und schaute ihr tief in die Augen. Sie drehte den Kopf zur Seite und senkte beschämt den Kopf.

»Müssen früher weg, deshalb auch früher anfangen.«

Ihm entging nicht, wie unangenehm ihr seine Anwesenheit war. Eilig tauchte sie den Schrubber in den Eimer, wrang ihn aus und wollte sich entfernen. Doch er hielt sie zurück.

»Du wirst dich doch nicht vor mir fürchten, wo wir uns schon so lange kennen.«

Er spürte ihre Verunsicherung und konnte nicht verhehlen, dass ihre Angst ihn eigentümlich erregte. Das war etwas ganz anderes wie diese Emanze. Er trat einen Schritt vor und berührte die junge Frau behutsam an der Schulter.

»Du bist so schön. Warum versteckst du deine Haare unter diesem abscheulichen Tuch?« Er strich ihr über den Kopf und wollte das Tuch entfernen. In diesem Moment erwachte die junge Frau aus ihrer Erstarrung. Sie schrie gellend auf und stieß ihn angewidert von sich. Er kam auf dem nassen Boden ins Rutschen, krallte sich an dem Geländer fest und riss es mit voller Wucht aus der Verankerung. Erstaunt ruderte er mit den Armen in der Luft, ehe er in die Tiefe stürzte. Im Fallen streifte ihn noch der Gedanke, dass er aus seinen Fehlern hätte lernen sollen. Aber dafür war es jetzt eindeutig zu spät.

NICHT GENÜGEND

Hermann Bauer –
siebenunddreißig Dienstjahre

Als Erwin Marschall seine Klasse mit berufstätigen Abendschülern betrat, sah er ihn zunächst nur aus dem Augenwinkel.
Ein Fremder, dachte er. Doch der Mann machte keine Anstal-
ten zu gehen. »Wer sind Sie? Was wollen Sie hier?«, fragte er
deshalb und es klang unfreundlicher, als er beabsichtigt hatte.

»Mein Name ist Manfred Vogel. Ich bin Ihr neuer Schüler«, antwortete der Neue in provokantem Ton.

Nun stieg leichter Ärger in Marschall auf. Es war jedes
Semester dasselbe. Man bekam als Klassenvorstand einen
Haufen neuer Studierender, wie man Erwachsene nannte, die
noch einmal die Schulbank drückten, hatte mit deren Admi-
nistration einen Haufen Arbeit, teilte alles ein, so gut man
konnte, und wenn man nach zwei Wochen kräftig durch-
atmete, weil die Anmeldefrist auf dem Papier längst vorüber war, saß ein neuer Schüler da und der gesamte Papier-
kram begann von vorn.

»Ich habe Sie auf keiner Liste stehen und auch keine Ver-
ständigung über Ihre Aufnahme erhalten«, teilte er Vogel
mit. Er war nicht gewillt, dessen Anwesenheit ohne Weiteres hinzunehmen.

»Hier ist die Bestätigung Ihrer Chefin, Frau Professor König. Na, darf ich jetzt bleiben?«, ätzte Vogel und legte das entsprechende Papier vor.

Es war so, wie Marschall befürchtet hatte. Die Abendleiterin hatte, aus welchen Gründen auch immer, eine Ausnahme gemacht und er musste in den sauren Apfel beißen. »Kommen Sie in der Pause zum Lehrerzimmer, damit wir die Formalitäten erledigen können«, ersuchte er Vogel. »Ich heiße Sie übrigens an unserer Schule herzlich willkommen.«

✳

Manfred Vogel kam nicht. Er war plötzlich verschwunden und tauchte auch den gesamten restlichen Abend nicht mehr auf. Ein Gespräch mit Ursula König ergab, dass es berücksichtigungswürdige Gründe für die späte Aufnahme gegeben hatte, von denen Marschall jedoch nichts hören wollte. Vogel war da und machte bereits die ersten Schwierigkeiten. Das genügte ihm.

An den nächsten Abenden glänzte der neue Schüler ebenfalls durch Abwesenheit. Er zeigte damit gleich zu Beginn seiner Karriere an der Abendschule, wie viel Ehrgeiz in ihm steckte. Von arbeitenden Menschen konnte man nicht verlangen, dass sie jeden Abend die Schule besuchten, und so wurden die Regeln in dieser Hinsicht nicht sehr streng gehandhabt. Man nahm an, dass jeder Studierende im eigenen Interesse so viel Zeit wie möglich für den Unterricht erübrigen würde. Leider gab es jedoch neben vielen fleißigen Abendschülern auch eine große Zahl solcher, die das Schulleben erst dann ernst nahmen, wenn sie dazu gezwungen wurden, wozu es allerdings nur äußerst selten kam.

Langsam begann Marschall, Vogel zu vergessen. Einige

Zeit blieben ihm die dunklen, gewellten Haare, die Brille auf der schmalen Nase, der Vollbart und die vollen Lippen noch in Erinnerung, dann wurde der Eindruck nebulöser, ehe er schließlich ganz verschwand. Eines Abends wurde ihm jedoch sofort alles wieder ins Gedächtnis zurückgerufen. Er befand sich auf dem Weg in eine Klasse, die sich in einem entlegeneren Teil des Gebäudes befand. Der letzte Teil des Gangs war wieder einmal nicht beleuchtet. Mit einem Mal nahm er undeutlich Vogels Umrisse vor sich wahr. »Sie wollten einiges mit mir besprechen, Herr Professor«, hörte er ihn sagen.

»Jetzt geht es nicht, ich habe Unterricht«, versuchte Marschall, ihm klarzumachen. »Sie müssen schon zu einer Zeit kommen, die für solche Dinge vorgesehen ist. Besuchen Sie mich halt morgen in meiner Sprechstunde, Herr ...«

»Vogel, Manfred Vogel. Sie sollten diesen Namen nicht vergessen, im Gegenteil: Eigentlich müssten Sie sich sehr gut daran erinnern.« Dann war der Besucher so plötzlich weg, wie er vor Marschall erschienen war.

Marschall dachte darüber nach, was der Mann mit der besonderen Betonung seines Namens gemeint haben könnte. Erst später, zu Hause, fiel ihm die ganze furchtbare Sache wieder ein.

Er hatte vor etlichen Jahren, damals noch in der Tagesschule am Vormittag, einen Schüler namens Willibald Vogel gehabt. Er war ein netter, liebenswerter Kerl gewesen, dem nur eins fehlte: die Begabung für Fremdsprachen. Marschall hatte ihn in Englisch unterrichtet, und es war ein ständiger Kampf gewesen. Schließlich hatten sich Vogels Schwächen als zu groß erwiesen. Die entscheidende Schularbeit für den klaglosen Aufstieg in die nächsthöhere Schulstufe hatte der damals Fünfzehnjährige nicht geschafft.

Kurze Zeit später war er ums Leben gekommen. Selbstmord, wie man Marschall mitteilte. Er wurde daraufhin in die Abendschule versetzt.

*

Erwin Marschall versuchte, sich Willibald Vogels Gesicht ins Gedächtnis zurückzurufen und es mit dem von Manfred Vogel zu vergleichen. Er hatte damals natürlich keinen Vollbart getragen wie der Abendschüler. Wenn man sich diesen Bart und die Brille aber wegdachte, blieben die charakteristische spitze Nase, die vollen Lippen, wobei sich die Oberlippe immer wieder ein wenig hinter der Unterlippe versteckte, und die schmalen, aber wachen Augen. Es handelte sich praktisch um dasselbe Gesicht, nur war Manfreds Hautfarbe dunkler als bei dem stets blassen und nervösen Willibald.

Das ließ aufs Erste nur einen Schluss zu: Manfred war Willibalds Bruder, der nun auf einmal die Abendschule besuchte und Marschalls Klasse zugeordnet war. Wollte er hier tatsächlich studieren und die Matura machen wie die anderen auch? Oder steckte mehr hinter seiner Teilnahme am Unterricht? Waren etwa die Umstände des Ablebens seines Bruders der Hauptgrund dafür?

Marschall beschloss abzuwarten. Die Sprechstunde würde ihm genügend Zeit lassen herauszufinden, wer dieser Manfred Vogel wirklich war. Mit ein wenig Geschick würde er schnell wissen, woran er war.

Doch Manfred Vogel ließ auch diese Gelegenheit verstreichen. Marschall hatte mit einer Ungeduld auf ihn gewartet, die eine immer größere Unruhe in ihm auslöste. Weshalb kam Vogel nicht? Es war zwar nichts Außergewöhnliches, dass es die Abendschüler mit der Termintreue nicht so genau nahmen. Aber Vogel hatte anklingen lassen, dass ihm die Unterredung mit Marschall wichtig war. Er hatte sich am Vortag nur den falschen Zeitpunkt dafür ausgesucht. Wenn er etwas von ihm wollte, dann musste er doch vorbeikommen.

Ein kurzer Blick in die Klasse zeigte Marschall, dass Vogel nicht anwesend war. Daraufhin beschloss er, ihn anzurufen. Das war auch die von der Direktion gewünschte Vorgangsweise, wenn ein Studierender oft fehlte oder wichtige Termine unentschuldigt verstreichen ließ.

Manfred Vogel meldete sich am Telefon. Er gab an, aus beruflichen Gründen keine Zeit für die Schule und damit für die gewünschte Unterredung gehabt zu haben. Er werde kommen, sobald sich die Lage in der Firma, in der er tätig war, entspannte. Er hoffe, dass dies nächste Woche der Fall sein werde, und entschuldigte sich für sein Fehlen.

Als am Beginn der darauffolgenden Woche wieder nichts von Vogel zu sehen war, entspannte sich Marschall ein wenig. Seine Erfahrung sagte ihm, dass Vogel es sich wohl doch anders überlegt hatte. Wenn er ein halbwegs ordentlicher Mensch war, würde er in den nächsten Tagen eine Abmeldung an die Schule schicken und der Fall wäre damit erledigt. Tat er das nicht, konnte man ihn selbst von der Klassenliste streichen. Der Verdacht, er könne etwas mit Willibald Vogel zu tun haben, war wohl unberechtigt gewesen.

Eine Woche verging. Der Abendunterricht war zu Ende, und Erwin Marschall ging knapp vor zweiundzwanzig Uhr zu seinem Auto, das er in einer finsteren Nebengasse der Schule geparkt hatte. Manchmal musste er, so wie heute, ein wenig suchen, da er sich nur ungefähr erinnern konnte, wo er es abgestellt hatte. Da spürte er plötzlich die Nähe eines

Menschen hinter sich – etwas, das man ohne Geräusch, nur durch die bloße Ausstrahlung des anderen wahrnahm. Die Nähe von Manfred Vogel.

»Die Schule ist zu Ende«, sagte Marschall mit leichtem Ärger.

»Ich komme auch nicht, um mir von Ihnen irgendwelche Spielregeln erklären zu lassen«, vernahm er. »Ich komme, um Sie an etwas zu erinnern.«

Marschall drehte sich um. Er war müde von der Arbeit und erkannte in der Dunkelheit alles nur sehr undeutlich. Bilder poppten vor ihm auf. Sie schienen vom Display von Vogels Handy zu kommen. Er sah den Punkt, wo Willibald Vogel nicht weit von seiner Wohnung entfernt durch einen Sturz über die Böschung zu Tode gekommen war. Dann noch ein Foto von der letzten Seite der missglückten Englischschularbeit, auf der in roten Buchstaben ein »Nicht genügend« prangte. »Darüber möchte ich sprechen. Nicht hier und nicht heute, sondern morgen. Wir treffen uns nach der Schule an dem Ort. Sie kennen ihn ja.«

In Marschalls Kopf ging alles durcheinander. Eindrücke aus der Vergangenheit mischten sich mit dem Bedürfnis, alle Schuld von sich zu weisen. »Aber es war doch … Ich kann doch nichts …«, stammelte er.

»Morgen«, wiederholte Vogel. Dann war er auch schon weg wie eine Gestalt aus einem bösen Traum.

*

Erwin Marschall schlief in der darauffolgenden Nacht kaum. Er schwitzte und wachte immer wieder jäh aus seinen Albträumen auf. Zuerst erschien ihm darin das strenge, fordernde Gesicht Manfred Vogels mit seinem durchbohrenden Blick. Dann löste sich der Vollbart, bis er schließlich ganz verschwunden war. Übrig blieb ein junger, unschuldiger, fragender Ausdruck mit einem sanften Lächeln. Das war nun Willibald Vogel, dessen Gesichtszüge verschwammen und gleich darauf wieder schärfer wurden. Es schien, als wolle er etwas sagen, das ihn von jeglicher Schuld an seinem Tod befreite, doch genau in diesem Augenblick taumelte Marschall zurück in die Wachheit.

Wie viel Angst ihm diese Bilder doch machten, wie verstörend die von seinem Unterbewusstsein hervorgerufene Wiederbegegnung mit diesem sympathischen, liebenswerten Jungen, der nur über seine mangelnden Kenntnisse in der Fremdsprache Englisch gestolpert war, doch auf ihn wirkte. Was wollte sein Bruder Manfred von ihm? Sollte Marschall an den Ort des tragischen Geschehens zurückkehren, um sich dort mit ihm zu treffen? Oder einfach kneifen und darauf warten, dass Vogel sich wieder in der Schule zeigte?

Aber nein, es war besser, die Angelegenheit rasch zu erledigen. So verbrachte Marschall den Tag voll Nervosität und war auch während des Abendunterrichtes nicht voll bei der Sache. Er war bemüht, sich bei den Studierenden nichts anmerken zu lassen, aber vollständig konnte er seine Unruhe wohl nicht verbergen. Er fragte sich die ganze Zeit, was Manfred Vogel ihm vorzuwerfen hatte. Er hatte der Direktion und dem Stadtschulrat nach Willibalds Tod ohnehin Rede und Antwort stehen müssen. Er hatte dabei nachweisen können, dass er ihn den Vorschriften entsprechend behandelt und nach Möglichkeit im Gegenstand Englisch unterstützt hatte. Das hatten Vogels Mitschüler und Mitschülerinnen bestätigt. Und die ausschlaggebende, mit »Nicht genügend« beurteilte Schularbeit hatte den Anforderungen wirklich nicht entsprochen. Um Marschall über dieses tragische Ereignis hinwegzuhelfen und ihm die Möglichkeit eines Neuanfangs zu geben, war er in die Abendschule versetzt worden. So lag der Fall, und so würde er sich Manfred Vogel gegenüber auch verteidigen.

Er setzte sich in sein Auto und fuhr zu dem Ort, den Vogel ihm angedeutet hatte. Es handelte sich um einen aufgelassenen Steinbruch, der ein wenig außerhalb der Stadt in der Nähe des Hauses lag, wo Willibald Vogel mit seinen Eltern gelebt hatte. Dort war der Junge in den Tod gestürzt. Dort hatte er auch seinen Lieblingsplatz gehabt, wohin er sich des Abends oft zurückgezogen hatte. Es wunderte also niemanden, dass er ihn für seinen Selbstmord gewählt hatte.

Als Marschall dort ankam, schien alles menschenleer. Kein zweites Auto, das auf die Anwesenheit Manfred Vogels hingewiesen hätte. Aber vielleicht kam er zu Fuß von der Wohnung seiner Eltern. Marschall machte ein paar Schritte und atmete die herbstlich-kühle Nachtluft ein. Er zögerte, an den Rand der Böschung nach vorn zu gehen, dann tat er es doch. Er schaute hinunter. Jetzt in der Dunkelheit, wo sämtliche Konturen verschwammen, wirkte der Abgrund wie ein Schlund, der drohte, alles zu verschlingen, was ihm zu nahe kam.

Fröstelnd tat er einen Schritt zurück. Da spürte er, wie schon am Vortag nach dem Abendunterricht, die Nähe eines anderen Menschen.

»Ganz schön tief, nicht?«, hörte er eine Stimme sagen. Das musste Manfred Vogel sein. »Würden Sie da hinunterspringen?«, fragte er.

Man hatte damals eine halb volle Flasche Wein heroben gefunden. Die Obduktion hatte ergeben, dass Willibald Vogel leicht alkoholisiert gewesen war. Doch Marschall wollte nicht darüber reden, ob dies der letzte Anstoß für seine Entscheidung gewesen sein könnte. »Sagen Sie mir endlich, warum Sie mich hierher zitiert haben und was Sie von mir wollen«, forderte er.

»Sie können es sich nicht vorstellen? Ich habe Ihnen doch Bilder gezeigt.«

»Sie wollen mich für den Selbstmord Ihres Bruders verantwortlich machen. Aber man konnte mir nichts vorwerfen.«

»Es ging um eine Schularbeit in Englisch, nicht wahr? Man hat sie meinen Eltern und mir nach Willibalds Tod gezeigt. Ich habe die Arbeit damals fotografiert. Ich habe das automatisch getan, nicht weil ich irgendeinen Verdacht hatte. Aber vor ein paar Wochen habe ich mir die Fotos wieder einmal angesehen und da ist mir etwas aufgefallen.«

Marschall trieb es trotz der herbstlichen Kühle den Schweiß aus den Poren. »Das ›Nicht genügend‹ war vollkommen in Ordnung. Alle, die die Arbeit begutachtet haben, waren dieser Meinung«, rechtfertigte er sich.

»Wenn man das Foto größer macht, sieht man, dass etwas ausgebessert wurde. Es muss zuerst ›Genügend‹ dagestanden sein. Das ›Nicht‹ wurde geschickt eingeflickt und das ›G‹ mit einem kaum merkbaren Strich zu einem Kleinbuchstaben umgeformt. Es ist reiner Zufall, dass ich es entdeckt habe. Aber Sie sehen es doch auch, oder?«

Das Bild erschien plötzlich ganz nahe vor Marschalls Augen. »Sie werden doch nicht behaupten, ich hätte die Note nachträglich verändert, um Ihren Bruder seelisch zu quälen. Ich wiederhole: Die Leistung musste negativ beurteilt werden, von Anfang an«, beteuerte er.

»Sie wollten meinen Bruder nicht quälen, da bin ich mir ziemlich sicher. Ich habe von ihm gehört, dass er Sie sehr gemocht und das Gefühl gehabt hat, dass Sie ihn auch mögen. Ich denke, es war so: Sie haben ihm ein ›Genügend‹ gegeben, um ihm eine Freude zu machen, obwohl es eigentlich nicht zulässig war.«

Marschall wehrte sich, aber alles lief nun wie ein Film durch seinen Kopf. Er sah den jungen, etwas schwermütigen Willibald Vogel, der gegen seine ewige Schwäche in Englisch erfolglos ankämpfte und mit dem er sich aber wunderbar verstand. Er hatte ihm Entscheidungs- oder Nachprüfungen ersparen wollen, da er wusste, wie sehr sie ihn nervlich strapazieren würden. Er hatte beide Augen so weit zugedrückt, wie er es als Lehrer eigentlich nicht hätte dürfen.

»Sie haben ihm seine Note mitgeteilt, noch bevor Sie ihm und den anderen die Arbeit zurückgaben. Sie haben sich zu diesem Zweck hier oben getroffen, um das Weitere zu besprechen – Sie hätten wahrscheinlich einige seiner Fehler mit normaler Tinte ausbessern müssen – und um das Ergebnis zu feiern. Daher die Flasche Wein.«

Marschall hörte nur mehr schwach, wie Manfred Vogel weiter auf ihn einredete. Viel deutlicher kamen ihm die Ereignisse jenes Abends ins Gedächtnis zurück. Ja, sie hatten sich hier getroffen. Willibald hatte schon etwas getrunken. Er war vorlaut, fragte, ob er sich denn für die Note bedanken müsse oder ob er sie sich verdient habe. Einen kleinen Dank bloß. Nicht mehr als einen kleinen Dank hätte Marschall gewollt. Es wäre für Willibald ganz einfach gewesen. Er hätte nicht viel zu tun brauchen und Marschall hätte ihm auch gezeigt, wie es zu tun war. So einfach! Er erinnerte sich an Willibalds Mund mit den schönen vollen Lippen.

»Ich glaube, die Dinge sind dann aus dem Ruder geraten.«
Natürlich, sie hatten ja beide getrunken. Und Willibald

war nicht nur vorlaut gewesen, richtiggehend frech war er geworden. Nein, dieser Junge hatte nicht begriffen, dass Marschall für ihn seinen Beruf aufs Spiel gesetzt hatte. Er hatte sich nicht vorstellen wollen, wie viel Überwindung es kostete, einem Schüler einen solchen Antrag zu machen, und wie viele Gefühle man in die Hoffnung investierte, es werde sich alles so erfüllen, wie man es sich erwartete. So einfach wäre es gewesen. Ein bisschen Zärtlichkeit, ein paar Minuten. Das war alles, was Marschall gewollt hatte. Aber nein, Willibald hatte sich auf einmal über ihn lustig gemacht. »Eine richtige Schwuchtel ist unser Englischlehrer also! Das werde ich morgen gleich allen erzählen, damit sie auch verstehen, warum ich dieses ›Genügend‹ bekommen habe. Das wird ein Spaß!« So hatte er gelacht und war dabei sehr weit vorn am Rand der Böschung gestanden.

»Sie haben meinen Bruder in den Tod gestoßen. Wahrscheinlich kam es zu einer Auseinandersetzung, weil Sie ihm mehr zugetan waren, als er wollte. Anders kann ich mir das mit der Note nicht erklären. Sie mussten sie ja nun nach seinem Tod auf ›Nicht genügend‹ ausbessern. Damit hatte Willibald Grund genug für einen Selbstmord und niemand würde etwas anderes vermuten. Habe ich recht?«, kam es von fern, dann wieder von unmittelbar hinter ihm.

Ja, verdammt noch einmal, ich konnte in dem Augenblick nicht anders, als ihn die Böschung hinabzustoßen, dachte Marschall. Es war eine unvermeidliche Reaktion gewesen. Er merkte, dass er genau dort stand, wo Willibald gestanden war, spürte Manfred Vogel plötzlich unerträglich nahe. Er drängte ihn förmlich nach vorn. Es gab kein Zurück mehr. Er sprang. Es war die einzige Möglichkeit.

*

Erwin Marschalls Leiche wurde am nächsten Tag im Steinbruch gefunden. Man begründete seinen Selbstmord mit einer bedauernswerten Veränderung seines Gemütszustandes, die sowohl den Kolleginnen und Kollegen als auch den Studierenden schon länger aufgefallen war. Zeitweilig war es ihnen vorgekommen, als ob für ihn die Grenzen zwischen Realität und Fantasie verschwommen waren. Die Wahl dieses Ortes für seinen Freitod erklärten sie sich damit, dass er Willibald Vogels Tod und seine Umstände nie ganz verkraftet hatte.

Manfred Vogel, der in keinerlei verwandtschaftlicher Beziehung zu Willibald Vogel stand, hatte sich zwar zum Besuch der Abendschule im Wintersemester angemeldet, war aber nur ein einziges Mal zum Unterricht erschienen und aus diesem Grund von Frau Professor König bald wieder abgemeldet worden.

DIE TÜR INS DUNKEL

Raimund A. Mader –
sechsunddreißig Dienstjahre

Das Gymnasium in dem kleinen Oberpfälzer Städtchen W. befindet sich am Rande eines riesigen Truppenübungsplatzes, der sich einem Nationalpark gleich als eine unberührte Steppenlandschaft über viele Kilometer hin erstreckt. Hier wechseln sich herbstlich braune Grasflächen mit kahlem Brachland und rohem, aufgerissenem Erdreich ab. Dazwischen dunkle Weiher, die tief und unergründlich dahindümpeln. Mittendrin in diesem Naturjuwel finden sich Tier- und Pflanzenarten in großer Vielfalt. Die Landschaft ist so einmalig, dass sie auch »bayrische Serengeti« genannt wird.

Das Gymnasium selbst wurde in den Jahren nach dem ersten Krieg unmittelbar an den Truppenübungsplatz angrenzend erbaut und beherbergt gegenwärtig etwa sechshundert Schüler und ihre Lehrer. In den knapp hundert Jahren seines Bestehens haben unterschiedlichste Ereignisse das Leben der Menschen darin bestimmt. Keines jedoch in dem Ausmaß wie das, das vor etwa dreißig Jahren wie eine Naturkatastrophe über die Schulfamilie hereingebrochen ist.

Lange hat es damals gedauert, bis die Wunden, die in einer einzigen Nacht geschlagen wurden, vernarbt waren – und doch drohen sie nun wieder aufzubrechen …

Sie müsse unbedingt den Schulleiter sprechen, sagt sie. Den Herrn Direktor. Es sei sehr wichtig … Ingrid Goller, die Sekretärin, hat Mühe, sie zu verstehen.

»Herrn Dr. Winter?«

Die Frau nickt. »Den Herrn Direktor.«

»Worum geht es denn?«

Die Frau schüttelt den Kopf. »Den Herrn Direktor …«, wiederholt sie. »Es ist wichtig.«

Ingrid Goller blickt zu ihrer Kollegin, die neben ihr sitzt. Die zuckt mit den Schultern, schiebt ihr das Telefon hin, welches sie beide bei Bedarf benutzen.

Auf die Frage, wie sie denn heiße, murmelt die Frau etwas, was die Sekretärin nicht versteht. Sie gibt sich damit zufrieden, ruft ins Büro des Schulleiters. »Eine Frau möchte Sie sprechen …«

Der antwortet in seiner gewohnt schroffen Art. »Soll warten.«

Ingrid Goller bittet die Frau, Platz zu nehmen. Dann wendet sie sich wieder ihrem Computer zu. Minuten vergehen. Ab und an wirft sie einen verstohlenen Blick auf die Besucherin, die in sich zusammengesunken auf einem der harten Stühle kauert. Eine ehemalige Schülermutter? Da ist etwas an ihr, das ihr bekannt vorkommt, und dennoch ist sie sich sicher, dass sie ihr noch nie begegnet ist. Sie versucht, ihr Alter zu schätzen, tut sich dabei aber schwer. Sieht vermutlich älter aus, als sie ist, denkt sie. Die verhärmten Züge, die tiefen Falten … Da ist etwas Verstörendes in ihren Augen, etwas, das ihr Angst macht.

Dann öffnet sich die Tür zum Allerheiligsten. Dr. Winter steht im Rahmen, fordert die Frau mit einer Handbewegung auf einzutreten. Wie riesig er ist, denkt Ingrid Goller, ein stattlicher Mann, der Autorität ausstrahlt. Anders als sein Vorgänger …

Die Tür wird geschlossen. »Eigenartige Person«, sagt Ingrid Goller. Ihre Kollegin nickt. Dann konzentrieren sich die beiden wieder auf ihre Arbeit.

»Lang her, Paul.«

Dr. Winter nickt. »Dreißig Jahre, oder?« Er blickt an ihr vorbei zum Fenster. Beide schweigen. Es scheint, als müssten sie erst warten, dass ihre Gedanken aus weiter Ferne zurückkehrten. Es ist die Frau, die als Erste das Schweigen bricht.

»Du solltest nicht hier sein … Nicht an dieser Schule. Das Böse wird zurückkommen. Es wird wieder passieren.«

Paul Winter zuckt mit den Schultern. Er setzt sich, deutet auf den Stuhl vor seinem Schreibtisch. »Unsinn! … Das mit der Stelle hat sich nun mal so ergeben. Außerdem …«

Seine Worte lösen sich in Luft auf und er blickt ihnen nach, als wolle er ihnen folgen, sehen, wie sie unter der Decke zerplatzen.

Er schweigt und die Frau wirft ihm einen Blick zu, in dem sich Widerwille und Verachtung spiegeln.

»Meine Linda wäre jetzt eine Frau«, sagt sie dann, »hätte einen Mann, vielleicht Kinder … und du …«

Paul Winter sieht an ihr vorbei. »Deine Linda wird nie mehr zurückkehren«, erwidert er. »Und auch die anderen Kinder nicht.«

*

Damals …

Jungen und Mädchen, kaum älter als zehn oder elf Jahre, toben durch das Schulhaus. Es ist ein altes Gebäude, das auf eine mehr als siebzigjährige Geschichte zurückblicken kann. Dicke, stumme Mauern, die von schulischem Leid und Qual, von Trotz und Furcht, aber auch von Triumph und Erfolg berichten können. Den Kleinen ist es egal. Sie haben es geschafft, sind Teil der höheren Lehranstalt geworden, sind nun Gymnasiasten – was gestern war und was morgen sein wird, kümmert sie nicht.

Heute ist ihr großer Tag: Lese- und Spielenacht.

Die Eltern haben sie vorbeigebracht, ihnen Schlafsack, Decken und Kissen in die Hand gedrückt, sie kurz umarmt, und nun warten sie voll banger Ungeduld darauf, dass die Dunkelheit in die Aula kriecht.

Dann sind sie allein mit ihren Lehrern.

Da ist der alte Wimmer, seines Zeichens Studiendirektor, der seit Jahren für die Unterstufenschüler zuständig ist, der ein Händchen hat für die Kleinen, die sich hier näher kennenlernen sollen. Er weiß kaum, wie oft er schon bei einer dieser Veranstaltungen zu Beginn des Schuljahres dabei gewesen ist. Er lächelt in sich hinein, als er die Jahre vor seinem Auge vorüberziehen lässt. Einige der damals wild Herumtobenden sind in der Zwischenzeit Ärzte, Anwälte oder selbst Lehrer geworden. Manchmal trifft er den einen oder auch die andere von ihnen und immer sprechen sie dann über die Lese- und Spielenacht.

»Gruslig war's, aber schön«, sagen die meisten und dann wundern sie sich, wie die Zeit vergangen ist.

Wimmer blickt zu seiner Partnerin, einer blutjungen Referendarin, die ihm eher wie eine Schülerin vorkommt. Sie ist voll Eifer und schart die Kleinen um sich, bemüht, ihr Vertrauen zu gewinnen. Vor allem die Jungen blicken mit andächtigen Augen zu ihr hoch, Augen, die noch voll Unschuld sind. Sie hängen an ihren Lippen, lauschen ihren Worten, spüren die Unsicherheit, die sich ihrer angesichts der zunehmenden Dunkelheit immer stärker bemächtigt. Froh sind sie, dass sie jemanden haben, der sie vor den Schatten, die zu züngeln beginnen, beschützt.

Etwas abseits von der quirligen Horde steht ein Schüler, der die anderen um Haupteslänge überragt. Auch wenn seine Züge noch die Weichheit der Kindheit tragen, blitzt darunter gelegentlich ein Hauch von Härte und Brutalität auf, wenn er einen der verspielten Jüngeren zur Seite stößt, sobald dieser ihm zu nahe kommt. Auch seine Augen sind auf die junge Frau gerichtet, aber sie haben ihre Unschuld bereits verloren.

Wimmer beobachtet ihn einen Augenblick lang, als ahne er, dass an diesem Abend vor allem von ihm Ungemach drohen könnte.

Dann werden die Kinder in eines der Klassenzimmer geführt. Hier sind belegte Brote, Obst und Getränke vorbereitet, vom Elternbeirat finanziert. Wild und laut stürzen sie sich darauf, dass man meinen könnte, sie haben seit Wochen nichts mehr zu essen bekommen. Wimmer betrachtet die wilde Schlacht mit Gelassenheit, weiß er doch, dass bald wieder Ruhe einkehren wird, sobald der ärgste Hunger gestillt ist.

Und in der Tat, als die Meute abgefüttert ist und sie sich auf den vorbereiteten Matten niedergelassen haben, senkt sich allmählich Stille über die Versammelten. Es ist mittlerweile nach acht Uhr und herbstliche Dunkelheit hat sich ausgebreitet, sodass bald die flackernden Kerzenflammen die einzigen Lichtquellen sind, die den Raum erhellen. Verstohlen schieben die Mädchen und Jungen ihre Matten und

Luftmatratzen näher zusammen. Nur der Große, den alle Paule nennen, und einige wenige seiner Freunde bleiben dem Kreis der Kinder demonstrativ fern. Dazwischen ruht ein Mädchen, deren dunkle Augen auf Paule gerichtet sind. Es scheint, als wüsste sie nicht, welcher der beiden Gruppen sie sich zugehörig fühlen solle.

Dann werden Spiele gespielt, bei denen sich kaum einer der Kleinen aus dem engen Lichtkreis in der Mitte der Aula hinauswagt. Nur Paule und seine Freunde verlassen gelegentlich die erhellte Zone und tauchen ein in die graue Dunkelheit, um anschließend grell feixend wieder zurückzukehren. Es ist, als wollten sie den anderen zeigen, dass sie sich vor nichts und niemandem fürchten. Wimmer lacht in sich hinein. Das Imponiergehabe Heranwachsender erheitert ihn, gehört es doch zu diesen Abenden dazu wie die verstohlenen Blicke der nicht ganz so Mutigen. Und wieder ist es das Mädchen, das seine Aufmerksamkeit erregt. Er sieht, wie ihre Augen den Jungen um Paule folgen, und er ahnt etwas von ihrer inneren Gespaltenheit. Sie möchte sich wohl – so denkt er – im Kreis der anderen Kinder geborgen fühlen und doch scheint sie etwas von der Faszination des Dunklen zu erhaschen wollen, von einer aufregenden Welt, jenseits aller Sicherheit.

Als die Kinder des Spielens müde sind, kuscheln sie sich tiefer in ihre Decken und Schlafsäcke. Dann werden Bücher ausgepackt und jeder, der will, darf eine seiner Lieblingsgeschichten vorlesen. Es sind Geschichten von Pferden und Hunden und Internaten, aber auch Gruselgeschichten, die von Geistern und Zombies und anderen Schreckgespenstern handeln.

Alles scheint wie immer, und doch herrscht dieses Mal eine ganz eigenartige Stimmung unter den Schülern. Wimmer weiß, dass es an dem Großen und seinen Freunden liegt. Da wird getuschelt und gelacht, vor allem wenn die Mädchen ihre meist harmlosen Geschichten erzählen. Wiederholt hat er die Störenfriede ermahnt, sie um Aufmerksamkeit und Respekt gebeten, doch die Unruhe ist geblieben. Auch der jungen Referendarin ist es nicht gelungen, auf die kleine Gruppe einzuwirken. Eher hilflos sitzt sie da, den frechen, aggressiven Blicken der Jungen ausgesetzt. Wimmer registriert all das mit wachsendem Ärger und früher als sonst beschließt er, den Abend zu beenden, die Kinder zum Schlafen zu schicken.

Als daraufhin alle zu protestieren beginnen, verspricht er, ihnen zum Abschluss noch eine Geschichte zu erzählen.

»Es ist eine wahre Geschichte«, beginnt er, »eine Geschichte, die sich hier, ganz in der Nähe, abgespielt hat … Damals, vor mehr als fünfzig Jahren, kam unter den Menschen in der Gegend das Gerücht auf, ein riesiger Wolf sei an mehreren Stellen des Übungsplatzes gesichtet worden. Spuren hätten sich auch in unmittelbarer Nähe der Schule befunden …«

»Ein echter Wolf … huh. Und wo war Rotkäppchen?«

Es ist Paule, der die Frage stellt. Er lacht dabei übertrieben laut. Sofort richten sich alle Blicke auf ihn. Wimmer schweigt einen Moment, sieht ihn nachdenklich an.

»Das wurde nie geklärt. Und ja, ein Rotkäppchen gab es auch … Damals ist ein Mädchen in eurem Alter verschwunden. Man hat nach vielen Wochen des Suchens ihre blutigen, zerfetzten Kleidungsstücke entdeckt … am Rande eines Pfades, der in den Übungsplatz hineinführte. Da haben viele angenommen, dass sie dort dem Wolf zum Opfer gefallen war. Aber es gab keinen Beweis dafür … und ihre Leiche wurde nie gefunden.«

Das Mädchen mit den dunklen Augen richtet sich in ihrem Schlafsack auf. Wimmer nimmt Furcht in ihrem Blick wahr, aber auch Neugier und Zweifel.

»Gibt's denn dort draußen immer noch Wölfe?«, fragt sie und deutet vage in Richtung des Truppenübungsplatzes.

Wimmer erkennt erschrocken, dass er mit seiner Erzählung wohl über das Ziel hinausgeschossen ist. »Nein, nein«, beschwichtigt er. »Sind alles nur Geschichten.«

Dann wird abgebrochen und die Kinder kriechen – nunmehr ohne dagegen zu protestieren – in ihre Schlafsäcke, in die sie sich tief vergraben. Wimmer und seine junge Kollegin löschen die Kerzen und bald schon tritt Ruhe ein. Hie und da ein tiefes Atmen, ein leises Stöhnen, doch wenig später ist auch davon nur noch wenig zu hören. Als sie sicher sind, dass die Kinder schlafen, begeben sich auch die beiden Lehrkräfte – etwas abseits vom Pulk ihrer müden Krieger – ebenfalls zur Ruhe.

Die Zeit vergeht, tickt dahin, wirft Schatten auf die Schlafenden, die nach den aufregenden Stunden schnell hinweggedämmert sind. Auch von Wimmer und der Referendarin fällt allmählich die Spannung ab, die sie den ganzen Abend über begleitet hat, und wie die Kinder zuvor, gleiten die beiden ins Reich der Träume hinüber. Und bald schon ist nur noch Wimmers sonores Schnarchen zu vernehmen.

Ein Bild des Friedens – bis sich plötzlich in einigen der Schlafsäcke etwas regt. Als haben sie nur darauf gewartet, dass ihre Lehrer nicht länger über sie wachen, schälen sich mit einem Mal fünf oder sechs Gestalten aus ihren Schlafsäcken. Leise erheben sie sich, klatschen sich fast geräuschlos ab. Natürlich ist Paule unter ihnen. Der schleicht sofort, ohne sich um die anderen zu kümmern, zu dem Schlafsack mit dem Mädchen, das sich etwas abseits von den anderen niedergelegt hat. Sanft rüttelt er an ihrer Schulter, bis sie mit einem Ruck erwacht. Er legt einen Finger auf ihren Mund, macht ihr mit verschwörerischer Geste klar, dass sie leise sein solle. Dann beugt er sich zu ihr hinunter.

»Komm mit«, zischt er. »Wir suchen nach den Wölfen … und Rotkäppchen.«

»Spinnt ihr?«

»Hast du Angst?« Er lacht etwas verächtlich.

Da erhebt sich auch das Mädchen, öffnet den Reisverschluss ihres Schlafsacks und kriecht zögernd heraus.

»Ihr wollt auf den Truppenübungsplatz?«

Paule nickt.

»Hinter der Schule ist ein Pfad, der direkt hineinführt …«

»Aber alle Türen sind verschlossen … Wir können nicht einmal aus der Schule hinaus.«

»Kein Problem. Ich weiß, wie wir nach draußen kommen.«

»Ihr spinnt«, sagt sie noch einmal. Dann folgt sie doch den Jungs, die im Gänsemarsch hinter Paule herschleichen.

Sie verlassen die Aula und tapsen die Treppen hinunter, die zu den Kellern – dem Reich des Hausmeisters – und den Werk- und Zeichenräumen führen. Wie aus dem Nichts hat Paule eine Taschenlampe hervorgezaubert, deren zitterndem Lichtstrahl sie nun folgen. Ganz hinten, wo sonst kein Schüler je hinkommt, befindet sich ein Stapel von Stühlen, der eine dahinterliegende Tür notdürftig verdeckt.

»Wir müssen nur die Stühle versetzen, dann …«

»Aber …«

Paule lacht und dann werden Stühle in Windeseile herabgehoben und an die gegenüberliegende Wand gestellt. Fast lautlos geschieht dies alles, und bald ist die Tür frei. Da stehen sie dann – fünf Jungen und Linda, das Mädchen, zusammen mit ihrem Anführer. Vielleicht hoffen sie ja insgeheim, dass die Tür verschlossen ist, doch ihre Hoffnung löst sich in Luft auf, als Paule die Klinke niederdrückt und diese sich ohne Weiteres nach außen öffnet.

Über ihnen steht ein roter Mond, der ein seltsam helles Licht auf einen schmalen Pfad wirft, der sich zwischen dichten Sträuchern und Bäumen in die unendliche Weite des Truppenübungsplatzes schlängelt.

»Kommt!«, zischt Paule und dann verschwinden sie im Unterholz … einer nach dem anderen, das Mädchen als letzte.

Als man am nächsten Morgen das Fehlen der Schüler feststellt und die geöffnete Tür im Keller der Schule eine furchtbare Vermutung aufkommen lässt, beginnt eine fieberhafte Suche. Polizisten mit Suchhunden und Feuerwehrleute strömen aus, um nach den Verschwundenen zu suchen. Anfangs erfolglos, doch als sie sich dem Schlatterweiher nähern, beginnen die Hunde anzuschlagen. Am Rande der dunklen Wasserfläche, zusammengekrümmt unter einem Strauch, finden sie wenig später einen Jungen – es handelt sich um Paule Winter –, der ganz klein vor ihnen liegt und sie völlig verstört anblickt. Als sie ihn fragen, wo die anderen Kinder sind, verbirgt er sein Gesicht in den Händen. Dann beginnt er zu schluchzen, deutet hinaus auf den Weiher.

Nicht weit vom Ufer entfernt treibt im Nebel ein Kahn kieloben. Von den Kindern keine Spur … Taucher rücken an, doch alle Mühen, Gewissheit über den Verbleib der Kinder zu erlangen, bleiben ohne Erfolg. Auch die Versuche, Paule Winter dazu zu bringen, Zeugnis über die Vorgänge in der Nacht abzulegen, scheitern.

Tage später wird die Suche eingestellt ...

»Was der Schlatterweiher einmal hat, das gibt er nie wieder her«, sagt einer der Feuerwehrleute. Viele der meist älteren Männer, die wie er auf die Wasserfläche starren, nicken.

*

Und nun ist es wieder so weit: Die alljährliche Lese- und Spielenacht geht in die nächste Runde. Auch in diesem Jahr freuen sich die Neuen auf aufregende Stunden ohne Eltern. Bei den Abläufen der Veranstaltung hat sich nicht viel verändert. Vielleicht sind die Geschichten, die vorgelesen werden, nicht mehr mit denen zu vergleichen, die vor drei Jahrzehnten vorgelesen wurden. Jetzt sind Themen, die mit dem Internet zusammenhängen in den Vordergrund gerückt, Geschichten über Mobbing und Gewalt, die den Internatsgeschichten der Achtziger und Neunziger den Rang abgelaufen haben.

Natürlich ist auch der alte Wimmer nicht mehr dabei. Der hat kurz nach den damaligen Vorfällen den Schuldienst quittiert und ist bereits wenige Jahre später verstorben. Wie es hieß, ist er nie darüber hinweggekommen, dass er seiner Aufsichtspflicht nicht ausreichend nachgekommen ist. Wohl – so vermuteten seine Kollegen – fühlte er sich persönlich verantwortlich für das Verschwinden der Kinder.

Und noch etwas ist in diesem Jahr neu: Zum ersten Mal nimmt der Schulleiter selbst an der Kennenlernveranstaltung teil. Er sehe es – so Dr. Winter – als seine Pflicht an, den Kindern als Ansprechpartner zur Verfügung zu stehen. Ob das Gespräch mit der alten Frau, die ihn vor wenigen Tagen aufgesucht hat, mit seiner Entscheidung im Zusammenhang steht, ist natürlich nur ihm selbst bekannt. Den Schülern ist es egal. Für sie ist der »Chef« lediglich ein weiterer Lehrer, an den sie sich notfalls wenden können.

Anders stellt sich die Situation für die beiden Kolleginnen dar, die heuer zusammen mit Dr. Winter die Aufsicht über die Rasselbande übernehmen. Sie fühlen sich angesichts der Anwesenheit ihres Vorgesetzten doch etwas in ihrer Freiheit eingeschränkt. Allerdings löst sich dieses Gefühl bald, als sie sehen, wie intensiv sich Dr. Winter mit den Schülern beschäftigt. Was die beiden jedoch seltsam berührt, ist die melancholische Milde, die er den Schülern, aber auch ihnen gegenüber an den Tag legt. Das ist an diesem Abend nicht der strenge, oftmals verletzende Schulleiter, der sich hinter seiner Autorität verschanzt. Vielmehr erscheint er ihnen als jemand, der bei allen Aktivitäten mit seinen Gedanken weit weg ist, so als habe ihn eine Erinnerung eingeholt, die ihn über die Maßen traurig stimmt.

Letztlich ist es ihnen einerlei, fordern die Kinder doch ihre ganze Aufmerksamkeit. Da bleibt wenig Raum, um über die Sorgen des Schulleiters nachzudenken.

Und so vergeht der Abend. Kurz vor Mitternacht werden die Schüler zu Bett geschickt, werden die Lichter gelöscht und bald schon tritt Ruhe ein, senkt sich die trübe Dunkelheit der Nacht über Lehrer und Schüler.

Nur Dr. Winter liegt auf seiner Matratze, die Arme unter dem Kopf verschränkt und den Blick nach oben gerichtet. Wie es den Anschein hat, flieht ihn der Schlaf, und nach geraumer Zeit erhebt er sich ganz leise, kriecht aus dem Schlafsack und schleicht entschlossen zum Treppenhaus.

Wie vor vielen Jahren steigt er hinunter in den Kellertrakt. Unten angekommen, zieht er eine Taschenlampe hervor, folgt ihrem Strahl und steht schon bald vor der Tür, durch die die Kinder in jener unheilvollen Nacht vor nunmehr dreißig Jahren verschwunden sind.

Heute befinden sich keine Stühle davor, und anders als damals ist die Tür mit einer schweren Eisenkette samt Schloss gesichert. Eine Weile verharrt er, dann zieht er einen Schlüssel aus der Tasche und öffnet Schloss und Tür …

In diesem Augenblick löst sich eine Gestalt aus der Dunkelheit des Kellerganges, tritt ins fahle Licht, das nunmehr von draußen hereinfällt, und geht auf Dr. Winter zu. Dieser wartet, bis die Gestalt – es ist die Frau, die ihn vor einiger Zeit aufgesucht hat – stehen bleibt. Ohne sonderlich überrascht zu wirken, nickt er ihr zu.

»Da bist du ja, Paule«, sagt sie. »Ich habe gewusst, dass du kommen würdest.«

»Was willst du denn von mir?«, fragt er mit trauriger Stimme.

»Aber, das weißt du doch, nicht wahr Paule?«

Auch in ihrer Stimme schwingt Trauer, aber mit einem Mal ist sie hart und fest und unerbittlich.

»Du hast mir mein Kind genommen, meine kleine Linda … und jetzt möchte ich, dass du mit mir kommst.«

Er ist betroffen von der Bitterkeit, mit der die Frau die Worte hervorstößt, und er blickt hinab auf die kleine Gestalt und will ihr sagen, wie leid ihm alles tue, aber ihre Augen sind in die Ferne gerichtet und verwehren ihm jegliche Hoffnung. Und da ihre Worte keinen Widerspruch dulden, folgt er ihr nach draußen auf den vom Mond beschienenen Pfad. Dann marschieren sie los … Unerbittlich schreitet die alte Frau voran, ohne einen Blick auf den Mann zu werfen, der ihr folgt. Weiter und weiter kämpfen sie sich durch Unterholz und eng stehendes Gehölz, bis sie endlich auf freie Fläche gelangen und sich der Schlatterweiher wie ein riesiger dunkler Spiegel vor ihnen ausbreitet.

Lange stehen die beiden am Ufer und schweigen, ehe sich die alte Frau schließlich an den Mann neben ihr wendet. Sie sieht hoch zu ihm, legt eine Hand auf die seine.

»Meine Linda … Was ist damals passiert, Paule?«

Da beginnt Paule Winter zu erzählen, und die Worte sprudeln aus ihm heraus und zum ersten Mal kann er aussprechen, was damals geschehen ist … wie die Kinder den alten morschen Kahn gefunden haben, wie sie im Überschwang der Gefühle eingestiegen und hinausgerudert sind, wie sie sich dort draußen auf hoher See als Seeräuber unbesiegbar und frei gefühlt haben, wie sie voll Übermut gespielt haben und sich das Boot allmählich mit Wasser gefüllt hat – und sie in die Tiefe hinabgezogen wurden. Nur – weswegen er als einziges der Kinder dem Unheil entgangen ist, darüber schweigt er nach wie vor.

»Warum, Paule? Warum nur …?«

Ohne zu antworten, sinkt er auf die Knie und wie er da so vor der alten Frau verharrt, ist er nicht mehr der Schulleiter, sondern der kleine Junge, den die anderen Kinder Paule rufen.

»Kannst du mir denn nicht vergeben?«, fragt er ohne Hoffnung. »Nach all den Jahren …«

Die Frau schüttelt leise den Kopf. »Nein, Paule«, sagt sie. »Ich kann dir nicht vergeben … Und jetzt geh! Es ist Zeit.«

Noch einmal blickt er auf die Frau, dann erhebt er sich, setzt sich in Bewegung. Schon nach wenigen Metern reicht ihm das Wasser bis zur Brust und als er sich noch einmal zögerlich umwendet, zieht die Frau eine klobige Schusswaffe hervor, richtet sie auf ihn … und drückt ab.

Der laute Knall scheint einen Moment lang in der Luft zu stehen, breitet sich dann in alle Richtungen aus und verliert sich schließlich über dem Truppenübungsplatz mit seinen dunklen Weihern, verglüht im Nichts …

Der Mord an Dr. Winter lenkt noch einmal den Blick auf die Ereignisse vor dreißig Jahren und die Medien fallen über das kleine Oberpfälzer Gymnasium her wie ein Schwarm Mücken über die Angler am Schlatterweiher. Gerade in den sozialen Medien wird mit unerbittlicher Schärfe und Häme über die Tat geurteilt, eine Tat, die für viele aus dem unmittelbaren Umfeld der Schule unverständlich bleibt. Dazu kommt, dass die alte Frau bei ihren Vernehmungen schweigt, was Raum für wildeste Spekulationen lässt.

Bald aber verdrängen neue Sensationen das Geschehene. –

Ja, vielleicht sollten wir froh sein, dass wir in Zeiten leben, die vorwiegend vom Kitzel der unmittelbaren Gegenwart zehren.

DER AUFBRUCH

Christiane Höhmann –
fünfunddreißig Dienstjahre

Er hörte den Motor aufheulen und hob den Blick von seinem Buch: »Vom Prager Fenstersturz zum Westfälischen Frieden«.

Draußen setzte gerade der kobaltblaue Flitzer zurück, wie immer zu schnell und ohne Rücksicht auf die Schüler und Kollegen, die den Parkplatz überquerten. Kurz vor der backsteinroten Mauer der Schule stoppte der Wagen abrupt. Der Fahrer legte den Vorwärtsgang ein und das Auto schnurrte vom Parkplatz.

»Schade«, dachte Harald Laumeskämper, der schon mit innerem Genuss auf den Knall gewartet hatte, mit dem der Schulleiter den Flitzer endlich gegen die Mauer setzte. Laumeskämper hatte errechnet, auf welche Größe der teure Wagen schrumpfen würde, wenn man ihn mit fünfzig Kilometern pro Stunde rückwärts gegen eine Steinmauer knallte. Mindestens ein Drittel kürzer wäre er dann. Wie die Person im Cabrio aussehen würde, falls sie den Gurt nicht angelegt hätte, stellte er sich aber selten vor, nur dann nämlich, wenn er sich dringend beruhigen musste.

Laumeskämper war kein rücksichtsloser Mensch und

schon gar nicht schadenfroh oder rachsüchtig. Er hatte sich sein Leben lang auf seine humanistischen Werte und seine Moralität verlassen können. Als Gymnasiallehrer für Deutsch und Geschichte und als Pädagoge, der er durch und durch war, musste er das auch.

Aber je länger die Pein dauerte, in der Schule durchhalten zu müssen, desto üppiger wucherten seine Fantasien und Vorstellungen eines schnellen, aber nicht gewaltfreien Ablebens gewisser, ebenfalls in dieser Anstalt tätiger Personen.

Er selbst war mit seinen fünfundfünfzig Jahren zu jung, um die Tage bis zu seiner Pensionierung auf dem Kalender ausstreichen zu können, und zu alt, um noch mal eine Leitungsaufgabe zu erkämpfen. Mehr als die Leitung der Oberstufe, die ihm immerhin etwas Entlastung von den Korrekturarbeiten bot, würde ihm wohl nicht mehr anvertraut werden. Wenn überhaupt.

An dieser Stelle seiner Gedanken, die längst nichts mehr mit dem Westfälischen Frieden zu tun hatten, fiel ihm wieder ein, was sich Alfred jüngst geleistet hatte. Laumeskämpers Magen krampfte und bittere Flüssigkeit schoss in seine Kehle. Alles schmeckte nach Beschämung. Er war degradiert worden.

Vor einer Woche hatte ihn Schomaker in sein Büro einbestellt und ihm mitgeteilt, dass er zum kommenden Schuljahr die Leitung der Oberstufe in jüngere Hände legen müsse. Harald sei ja nun in dem Alter, wo es wichtig wäre, für mehr Entlastung zu sorgen, auch von verantwortlichen Aufgaben, das könne er ruhig in Anspruch nehmen. Schomaker meine es nur gut mit ihm.

Laumeskämper hatte seinen Chef entsetzt angesehen. Was sollte dieser Entzug seiner Leitungsposition bedeuten? Was war der wahre Grund dafür? War es die Tatsache, dass sich die Schüler über seine Vorsicht beim Gebrauch des Computers und seine Ablehnung der »Digitalen Schule«, die ihnen die Landesregierung verordnet hatte, in der letzten Abiturzeitung lustig gemacht hatten? Dr. Harald Laumeskämper war nicht bereit, sich allen modernen Trends anzuschließen, die sich die Stadt und die Regierung und weiß der Kuckuck wer noch für die Schule ausdachten. Er leitete die Oberstufe, wie er es immer getan hatte, schrieb Listen und alle wichtigen Mitteilungen und druckte sie aus. So hatte er es immer gehalten. Die »Digitale Schule«, eine Plattform, auf der alle mit allen kommunizierten und alles für Schüler und Kollegen sichtbar war, war eine gefährliche Idee, davon war er überzeugt. Sie öffnete der Gefahr, ausspioniert zu werden, Tür und Tor. Und ausgerechnet sein Festhalten am Richtigen hatte Alfred Schomaker zum Anlass genommen, seinen einzigen Freund und loyalsten Mitarbeiter an der Schule abzuschießen.

Bevor er sich weiter diesen zersetzenden Gedanken hingeben konnte, ertönte der Gong. Laumeskämper schloss die Bibliothek sorgfältig hinter sich ab und ging gemessenen Schrittes den Gang entlang, bereit für die achte Stunde. Im Klassenraum würde ihn eine Horde Schüler der neunten Klasse johlend begrüßen. Draußen schien die Sonne und die Klassenräume waren schon seit zehn Uhr zu heiß, um hier noch Unterrichtsstoff aufnehmen zu können. Hinzu kam, dass niemand an dieser Schule genug Wasser trank. Alle seine Hinweise darauf, dass das Wichtigste beim Lernen regelmäßiges Trinken sei und dass man auf jeden Flur Wasserspender einrichten müsse, an denen die Kollegen Wasser ausschenkten, waren an dieser Schule bisher ungehört verhallt. Im Gegenteil. Man hatte ihn auch zu diesem Thema verlacht.

Aber er würde heute in der neunten Klasse wieder über den Westfälischen Frieden reden, bis auch der letzte Schüler begriffen hatte, dass nichts anderes als Zuhören, Mitschreiben und Lernen ihm beim nächsten Geschichtstest den Kopf retten konnte.

Rita arbeitete im Garten, als er am späten Nachmittag zu Hause ankam.

»Es ist zu heiß für so was«, sagte er. Der Garten war sein Job im Haushalt. Wenn Rita damit anfing, zeigte sie ihre Missbilligung darüber, dass er das Unkraut konsequent ignorierte.

Im Haus zog er eine Flasche Mineralwasser aus dem Kasten, nahm zwei Gläser aus dem Schrank, ging wieder hinaus und stellte alles auf den Gartentisch. Er goss gerade Wasser ein, als das Telefon im Wohnzimmer klingelte.

Das hört auch wieder auf, dachte er. Er legte sich in seinen Gartensessel, zog sein Lieblingsbuch heran, ein zerschlissenes Paperback-Exemplar von Franz Kafkas »Erzählungen und Parabeln« und las zum hundertsten Male das Prosastück »Der Aufbruch«. »Weg von hier, nur weg von hier, das ist mein Ziel«, murmelte er, als das Telefon zum zweiten Mal klingelte.

Rita richtete sich auf, die Hand im Kreuz, und warf ihm einen anklagenden Blick zu. Also wuchtete er sich hoch, ging ins Wohnzimmer und blickte auf das Display des Telefons. Es war die Schule. Das Sekretariat, wenn ihn nicht alles täuschte. Was sollte das? Hatte er nicht den ganzen Tag in der Anstalt verbracht? Das Klingeln hörte auf.

Zwei Stunden später, als Rita die dampfenden Kartoffeln auf den Tisch stellte, fielen ihm die Anrufe wieder ein.

»Ich muss eben zurückrufen«, sagte er.

Rita verdrehte die Augen. Sie aß ihr Essen nur heiß oder gar nicht, selbst bei fünfundzwanzig Grad Außentemperatur, und wenn er nicht pünktlich am Tisch erschien, war sie stinksauer.

Die Sekretärin war am Apparat. Laumeskämper warf einen Blick auf die Uhr. Es war sieben. Was machte Meike jetzt noch in der Schule?

»Harald«, sie klang vollkommen aufgelöst, »du musst kommen. Schnell! Alfred ist verunglückt. Er liegt im Krankenhaus.«

»Wie jetzt?«, Harald bemühte sich, seiner Stimme einen neutralen Klang zu geben. »Ist ihm was passiert? Mit dem Auto?« Er verschluckte gerade noch das Wort »Flitzer«.

»Ja!« Jetzt fing Meike an zu weinen. Unter heftigem Schluchzen brach alles aus ihr heraus, »aus dem Auto geflogen … die Böschung hinunter … schwer verletzt, Auto kaputt, Schulleiter lebt«, reimte sich Harald zusammen. Er wurde hektisch.

»Bist du noch in der Schule? Bleib, wo du bist, ich komme!«

Rita saß am Tisch, hatte sich Kartoffeln und Brokkoli auf den Teller geladen und angefangen zu essen. Er erklärte kurz, was passiert war, ignorierte ihr Schnauben und setzte sich auf sein Fahrrad.

Alfred Schomaker hatte den Unfall überlebt, aber er war in einem erbärmlichen Zustand. Man hatte ihn nach der OP ins künstliche Koma versetzt. Außerdem wusste keiner so genau, ob die Fraktur seiner Halswirbel es ihm je wieder erlauben würde, sich irgendwohin zu bewegen.

Im Krankenhaus kümmerte sich Laumeskämper um die Sekretärin und um Alfreds Freundin Birgit, die mit einiger Verspätung und einer Alkoholfahne hinzugetreten war.

Während Harald mit den beiden Frauen auf dem Krankenhausflur saß, fühlte er tiefes Mitleid mit Alfred und versprach zugleich, sich umfassend um die anstehenden Aufgaben in der Schule zu kümmern. Er ging davon aus, dass er als dienstältester Beamter jetzt auch einen entscheidenden Teil der Schulleitung übernehmen musste, wozu er selbstverständlich bereit war.

Letzteres erwies sich als Irrtum, da die stellvertretende Schulleiterin Greta Lürsen sich durchaus imstande sah, die Amtsgeschäfte zur Zufriedenheit aller alleine weiterzuführen. Sie residierte bereits im Schulleiterbüro, als Laumeskämper am nächsten Tag wieder zum Dienst erschien.

Es ist zwecklos, dachte er und ging in den Oberstufentrakt. Grundkurs Geschichte. Sie brauchen mich nicht, selbst in dieser großen Krise können sie auf mich verzichten. Er blieb vor dem geschlossenen Kursraum stehen und alles stürzte sich auf ihn. Lürsen, die verhasste junge Kollegin, eine Aufsteigerin mit steiler Karriere, digital gebildet, medial umfassend ausgestattet, verbindlich und ehrgeizig bis zum Anschlag, war da angekommen, wo sie hinwollte. Jetzt leitete sie diese Schule, *sein* Stadtgymnasium, an dem er bereits seit dreißig Jahren wirkte.

Dabei hatte er alles getan, um zu verhindern, dass die Kollegin in eine Leitungsposition gelangte. Er hatte sogar dafür gesorgt, dass sich Alfred Schomaker, den er auf einer Führungskräftefortbildung kennengelernt hatte, um die freiwerdende Schulleiterstelle bewarb, und hatte dem Jüngeren geholfen, wo er nur konnte, damit er die Bewerbung mit »Hervorragend« abschloss und Greta Lürsen mit ihrem Geschlechtsbonus den Rang ablaufen konnte. Und Schomaker war nicht einmal der typische Schulleiter. Er war dafür bekannt, dass er versuchte, möglichst viele Kolleginnen flachzulegen. Dieser Ruf war ihm an allen seinen bisherigen Dienststellen vorausgeeilt.

Und jetzt das. Alfred war vermutlich künftig dienstunfähig und die Lürsen würde ihn, Dr. Harald Laumeskämper, Deutsch und Geschichte, herumkommandieren und mit allen möglichen langweiligen Zusatzaufgaben beschäftigen.

Er war nahe daran, kehrtzumachen, die Schule zu verlassen und sich ins Café zu setzen. So etwas hatte er noch nie getan und selbstverständlich würde er es auch nicht tun. Auf ihn konnte man sich verlassen, was auch immer passierte.

Ein paar Tage später empfing ihn Greta Lürsen mit eisigem Gesicht im Schulleiterbüro. Sie deutete auf zwei Männer in der Sitzecke. »Die Herren sind von der Polizei. Sie möchten Sie sprechen.«

Die Kriminalbeamten nickten Laumeskämper zu und bedeuteten ihm, sich zu ihnen zu setzen. Der ältere, etwas beleibte Beamte kam schnell zur Sache. »Leider müssen wir Ihnen mitteilen, dass Herr Schomaker heute Morgen seinen Verletzungen erlegen ist.« Eine Pause entstand.

Laumeskämper nickte pietätvoll und senkte den Kopf auf die Hände. Als er ihn wieder hob, musste sogar Greta Lürsen hinter dem Schreibtisch sehen, dass ihm Tränen in den Augen standen.

»Ihr Chef ist allerdings nicht das Opfer eines Unfalls geworden. Vermutlich gab es einen Mordanschlag auf ihn«, ergänzte der junge Polizist eifrig.

Harald schwieg zunächst. Befragten die Beamten eigentlich nur ihn oder auch die anderen Kollegen?

»Was ist denn passiert?«, fragte er mit schwacher Stimme.

Offenbar hatte man in den Vorderreifen des Flitzers lange Schrauben gefunden, sodass die Luft aus dem zunächst noch fahrbereiten Auto entweder schnell oder allmählich entwichen war. Bei hoher Geschwindigkeit hatte sich der Wagen auf der Landstraße überschlagen.

»Könnte er sich die Nägel irgendwo in der Stadt in die Reifen gefahren haben?«, fragte Laumeskämper, nachdem er sich die Tränen mit einem frisch gebügelten Stofftaschentuch aus dem Gesicht gewischt hatte. »Wissen Sie, mir ist das neulich auch mal passiert, auf einer Reise. Da musste ich den ADAC rufen und ...«

Der Beleibte sah ihn intensiv an. »Aber Ihre Sicherheitsgurte waren intakt, oder?«

»Wie bitte?«, fragte Laumeskämper, leicht verwirrt.

»Hinzu kommt«, erläuterte der Jüngere, »Herr Schomaker war nicht angeschnallt.«

»Ja«, sagte Laumeskämper. »Unser Chef fuhr gerne mal, ich meine ... äh, es kam vor, dass er die Sicherheitsgurte nicht sofort anlegte.«

»Der Gurt auf der Fahrerseite war abgeschnitten. Den konnte sich Herr Schomaker nicht anlegen«, sagte der Polizist. »In welchem Verhältnis standen Sie zu Ihrem Chef?«

»Werde ich verdächtigt?« Laumeskämper sah ihn mit großen Augen an. »Er war mein Freund.« Wieder kamen ihm die Tränen.

Sie waren der Meinung, dass die Indizien dafür ausreichten, ihn in Gewahrsam zu nehmen. Laumeskämper sei kurz vor der Abfahrt des Schulleiters auf dem Parkplatz gesehen worden, als er offenbar den Sportwagen inspizierte, danach in der Bibliothek, wie er aus dem Fenster starrte. Mehrere Kollegen – vielmehr wahrscheinlich eine bestimmte Kollegin, dachte Harald – hatten bezeugt, dass er ein paar Tage zuvor eine lautstarke Auseinandersetzung mit Schomaker gehabt und anschließend, auf dem Gang zum Lehrerzimmer, Drohungen gegen ihn ausgestoßen habe.

Zudem war er in Schomakers Auto gesehen worden.

»Ja sicher«, sagte Laumeskämper. »Alfred nimmt mich manchmal mit. Wenn es regnet und ich nicht mit dem Rad fahren kann. Er kommt ja jeden Tag bei mir vorbei, wenn er zur Schule fährt.« Aber diese Erklärung interessierte niemanden.

Laumeskämper kam in Untersuchungshaft. Verhöre folgten, er musste einen Anwalt engagieren und er wurde, nachdem man außerdem seine Fingerabdrücke im Auto gefunden hatte, unter Anklage gestellt.

Nur die wütenden Rachepläne, die er in der Haft entwarf, retteten ihn davor, durchzudrehen. Hundeexkremente in den Briefkasten von Lürsen zu werfen, würde ihn nicht weiterbringen. Ein Amoklauf ins Schulleiterbüro vertrug sich nicht mit seinen Prinzipien. Gegenanzeigen lancieren wegen übler Nachrede – ach, das war ihm einfach zu läppisch. Selbst zu ermitteln, wer den Gurt abgeschnitten und die Nägel verteilt hatte, das war der Stoff von schlechten Krimis, aber nicht seine Lebensaufgabe.

In mehr als einer Nacht begann er zu bedauern, dass er je Gewaltfantasien zum Nachteil von Alfred Schomaker gehegt hatte. Waren seine Wut und sein Hass am Ende verantwortlich dafür, dass er in so eine Lage geraten war? Hatte seine Negativität so viel Macht über sein Schicksal gewonnen? Ach was, dachte er, so denken neben Franz Kafka höchstens noch die Pfaffen in der Kirche. Aber der Gedanke ließ ihn nicht los.

Als sich die Beweislage schließlich als doch zu dünn erwies und er aus der Untersuchungshaft entlassen wurde, stand er vor den Trümmern seines Lebens. Greta Lürsen hatte ihn vom Dienst freigestellt, bis der tragische Tod des Schulleiters aufgeklärt wäre, die Beerdigung war längst vorbei, Rita war aus dem gemeinsamen Haus ausgezogen und hatte ihm die Hälfte der Möbel hinterlassen, aber nicht unbedingt den Teil, den er gerne behalten hätte. Gegen ihn wurde weiterhin ermittelt und er durfte die Stadt nicht verlassen.

Harald legte sich in sein Bett und schlief zwei Tage und Nächte lang. Als er vollkommen erfrischt am dritten Tag aufwachte, wusste er, was zu machen war. Er musste tatsächlich – so spät in seinem Leben – einmal etwas Ungesetzliches tun. Er musste gegen die Auflagen des Gerichtes, die Stadt nicht zu verlassen, verstoßen.

Er zog die Parabeln von Franz Kafka aus dem Schrank und las die Geschichte noch einmal, die ihn schon so lange beschäftigte.»›Weg von hier, nur weg von hier, das ist mein Ziel‹«, sagte er laut, packte die Sachen, die er in den nächsten Tagen brauchte, und verließ die Stadt und bald darauf das Land, um nie mehr wiederzukehren.

So verpasste er es auch, dass die Mordermittlung gegen ihn eingestellt wurde, weil Schomakers Lebensgefährtin schließlich ihrem schlechten Gewissen nachgegeben und bei der Polizei eingestanden hatte, dass Schomaker den Gurt selbst abgeschnitten hatte, weil der ihn bei manchen Betätigungen im Fahrzeug mit geschlossenem Wagendach im Weg war.

Die langen Schrauben, die die Reifen zerstört hatten, stammten aus einem Kasten, den zwei Schüler aus der siebten Klasse dem Hausmeister gestohlen hatten, um ein paar Autos auf dem Lehrerparkplatz zu platten, wie sie sagten.

Harald Laumeskämper begab sich auf eine Reise durch die Welt. Er übertrat die Grenzen Europas und bereiste viele Kontinente.

An einem Dezembertag saß er an einem palmengesäumten Südseestrand und sah auf das Meer. Über ihm tobten Affen in den Bäumen. Plötzlich wusste er, warum er sich so befreit und zufrieden fühlte, obwohl es keine Sicherheit in seinem Leben mehr gab.

Ein Schleier hatte sich vor seinen Augen weggezogen. Sein Blick in die Welt war sonnendurchflutet und warm statt wie vorher grau und kalt.

Man kann ohne Arbeit und Ehrgeiz glücklich sein, fand er. Sehr glücklich sogar.

So war es am Ende doch Greta Lürsens Verdienst, dass Dr. Harald Laumeskämper, Deutsch und Geschichte, sein Leben rettete, indem er es verlor.

LUCY

Richard Wiemers –
fünfunddreißig Dienstjahre

Englisch ist mein Lieblingsfach, schon seit der ersten Klasse. Unser Lehrer war total jung, für einen Lehrer, meine ich, also er war schon alt, klar, aber nicht so alt wie die anderen Lehrer, so über dreißig. So gesehen war er dann doch eher jung. Er hatte voll die süße Frontzahnlücke. Für das »th« bei »thank you« schob er seine Zunge so weit nach vorn, dass sie zwischen den Zähnen stecken blieb. Um uns zu demonstrieren, wie der englische th-Laut gebildet wird, sagte er immer: »Thunge thwischen die Thähne.« Dabei übertrieb er voll, um es deutlich zu machen. Und immer blieb die Zunge stecken und ploppte dann zurück. Ich verehrte ihn für diese kurzen Momente und war mir sicher, er tat es nur für mich.

Nach der Grundschule wollte ich eigentlich nicht zur Real, weil das Gebäude uralt war. Allein die Klos waren eine Katastrophe und das Regenwasser drang durch die Außenwände. Ich wäre gern zum Gymi gegangen, aber alle meine Freunde gingen zur Real, und so bin ich hier gelandet. Irgendwann fing ich an, Netflix-Serien und »Family Guy« auf Englisch zu gucken. Nur wenn meine Ma nicht zu

Hause war natürlich, die fand das nämlich nicht gut. Mein Pa war eh nicht da, der zog irgendwann aus und wohnt jetzt bei seiner neuen Tusse. Die steht nicht so auf mich und ich erst recht nicht auf sie. Voll spießig war die, hat wie wild rumgeschrien wegen ihrem fetten Kater. Bloß weil ich dem einmal den Schwanz auf dem Boden festgenagelt habe und der dabei krepiert ist. Na und? Was läuft der mir ständig zwischen den Füßen rum? Andauernd bin ich über den gestolpert. Der ist doch am Herzinfarkt verreckt, nicht an dem Nagel. Wegen Herzverfettung. Voll das Weichei. Nicht schade drum, würde ich sagen. Aber die Tusse sah das irgendwie anders. Seitdem war's das mit den Pa-Wochenenden. Die oder ich, sagte sie zu ihm. Okay, sagte ich, ich geh ja schon. Mach's gut, Pa, und schreib mal, wenn ihr wieder auseinander seid. Dann besuche ich dich wieder. Vielleicht.

Auch hier blieb mir die Eins in Englisch, wofür Ma mir jedes Mal einen XXXL-Abend bei Mäckes spendierte. Bis zu dem Tag, als Madam kam. Sorry, Frau Feldmann natürlich. Aber wir sollten sie Madam nennen. Sie kam in die Klasse geschossen und es war direkt Ruhe. Das war neu! Normalerweise, wenn ein Lehrer zu uns in die 7a kommt, sitze ich mit Emily auf dem Schrank, Timo sitzt mit Lars unterm Tisch, Levin wirft mal wieder etwas durch die Klasse, meist eine volle Flasche, Karl und Max brüllen sich an, eigentlich brüllen sich alle an, nur Milena nicht, die brüllt, weil Melina ihr Etui aus dem Fenster geworfen hat, David wischt die Pfütze vor der Tafel mit Papier auf, weil Lea und Josefine sich beim Tafelputzen gezofft haben und das in eine Wasserschlacht ausgeartet ist, und so weiter. Ganz krass wird es, wenn jemand Flüssigseife auf den Boden gespritzt hat, sodass es einen leicht hinschlägt, wenn man nicht aufpasst. Finn-Louis weiß nämlich, wie man den

Behälter ganz leicht aus der Wandhalterung herauskriegt. Wenn der Lehrer dann keinen Film dabei hat, war's das direkt mit der Stunde.

Bei Madam war es vom ersten Tag an anders. Ich hatte gerade Stress mit Melvin wegen Justin und war nicht gut drauf. Kaum war sie in der Tür, wieherte sie los: »Good morning everybody!« Das saß. Und dieses Riesen-Pferde-gebiss! Alter, das ging ja gar nicht! Hab ich spontan gesagt und sie hat es gehört. Laut genug war's ja. Darauf wollte sie meinen Namen wissen. Ich bin Lucy, sagte ich. Und Sie sind? Das war's dann direkt mit ihr und mir. Sie hat rum-geschnauzt und mich fertiggemacht, und ich hab mir auf die Lippen gebissen und wäre ganz sicher geplatzt, wenn Emily mich nicht auf meinen Stuhl gedrückt hätte.

Von dem Moment an hatte sie mich auf dem Kieker. In einer der ersten Stunden bekamen wir die Hausaufgabe, eine kleine Präsentation einzuüben. Es ging um Schott-land. Wir durften uns auch freiwillig für den Vortrag mel-den. Die meisten von uns hatten sich echt gut vorbereitet. Finn-Louis und Damian hatten sich voll den genialen Spi-cker auf den Tisch geklebt und Aaliyah hatte ihren kom-pletten Vortrag auf dem Handy und ihre Ohrhörer drin. Die räumten dann auch die guten Noten ab. Und wer kam nicht dran? Ich! Dabei wusste ich alles, vom Kilt bis zu den Highland Games. Und das ganz ohne Spicker.

Ein paar Tage später gab ich ihr einen Text ab, den ich geschrieben hatte. Freiwillig. Sie hatte uns ermuntert, ein-mal etwas Eigenständiges zu schreiben, wann immer wir es wollten, und bot an, es zu lesen und zu kommentieren. Das fand ich gut. Meiner war eine Art Poetry-Slam-Text über Liebeskummer. Ich war echt stolz darauf. Am nächs-ten Tag bekam ich ihn zurück. Sie hatte in fettem Rot eine

Bemerkung darunter geschmiert, dass ich doch besser Eigenes versuchen sollte, statt etwas aus dem Internet zu ziehen und zu glauben, ich könnte sie täuschen. Es war so klar: Sie hasste mich.

Im Unterricht habe ich trotzdem gut mitgemacht. Zuerst stellte ich Namensschilder auf meinen Tisch: Black Beauty, Fury, Rosinante. Als sie mich fragte, was das mit den Pferdenamen sollte, antwortete ich, och, nur so. Dann gab ich mir Künstlernamen: Cherry Lady, Sexy Beast, Böses Mädchen. Das fand sie verdorben. Von da an wollte sie mich stets im Blick haben. Okay, setze ich mich eben in die erste Reihe, und sie muss es tolerieren, dass ich mich vor ihren Augen kämme und schminke. Fand ich lustig. Sie aber nicht. Aber das tut nun mal jedes Mädchen in meinem Alter. Und sie selbst ja auch, sie sollte sich mal im Spiegel ansehen, das sieht ja wohl ein Blinder auf zehn Meter, fett lackiert, wie sie ist. Aber komplett ohne Skills.

Überhaupt mochte sie eigentlich nichts, was ich tat, die Klasse dafür umso mehr. Sie mochte nicht, wenn ich dick Lippenstift auftrug und ihr einen Kussmund zuwarf. Aber Frau Feldmann, das ist doch ein Zeichen von Sympathie. Sie mochte es nicht, wenn ich leise sang oder summte. Wieso nicht, Frau Feldmann, Musik ist doch etwas Schönes, und ich bin ein fröhliches Mädchen. Sie mochte es nicht, wenn ich zur Toilette wollte, obwohl ich ihr erklärte, dass ich öfter mal ein frauliches Problem hätte und sie ja wohl wüsste, was das ist, auch wenn sie es eventuell nicht mehr hätte. Und es ginge sie nichts an, wie oft, und wenn es dreimal die Stunde und fünfmal die Woche wäre. Dass ich manchmal im Klassenraum nur zwei Balken habe, auf dem Klo aber vier, weil da der Empfang besser ist, habe ich ihr erst später gesagt. Da war sie schon die Palme hoch.

Alter, wenn ich gerade angeschrieben werde, was soll ich denn machen?

Beim ersten Elternsprechtag hat sie noch Verständnis geheuchelt und meiner Ma erzählt, dass ich eigentlich ein nettes Mädchen sei, aber dass in mir ein kleines diabolisches Wesen wohnt, ein Teufelchen, wie Ma mir anschließend erklärte, das manchmal die Kontrolle über mich gewinnt, und dann tue ich Dinge, die ich im Grunde gar nicht will.

Okay, dann eben weiter. Sie hat es so gewollt. Einmal fragte sie, wer ihr etwas über London erzählen könne. Ich zeigte auf und kam auch dran: »London is se capital of se UK. And it is se biggest city in Europe. Se famous sights are ...« Sie hat mich direkt unterbrochen und gesagt, ich sollte auf mein »th« achten, und mich dann total blöd nachgeäfft. Darauf fing ich noch mal an, aber es war wieder nicht richtig. Sollte es ja auch nicht, na und? Sie hat mich wieder unterbrochen und dieses Mal das »th« vorgemacht, voll bescheuert. Ich dann so ganz deutlich: Se capital of se UK ... Dann fing sie an rumzuzicken, ich würde das mit Absicht machen, und fühlte sich voll beleidigt. Ich sagte so, besser kann ich es nicht, und sie so, doch, und ich wieder, nee, und so weiter, bis sie total rumgewiehert hat und geschrien, die Quittung für meine Dreistigkeiten würde ich in der nächsten Klassenarbeit bekommen. Darauf ich grinsend, ob ich dann in ihren Förderunterricht müsste, wenn ich eine Fünf hätte. Sie hat natürlich gemerkt, was dahintersteckte, hat mich unverschämtes Luder genannt und gesagt, man müsste mir den Hintern versohlen. Ich hab sie dann gefragt, ob sie das nicht meinem Vater sagen wollte, sie könnte ihn ja mal anrufen, er arbeitet beim Oberlandesgericht. Dass der Gebäudereiniger ist und da nur die Fenster putzt, brauchte sie ja nicht zu wissen.

In der Klassenarbeit war ich echt kreativ. »Fill in the reflexive pronouns« lautete eine Aufgabe. Satz Nummer eins: »Sometimes I look at … in the mirror." Ich probierte aus. Mineself? Meself? Ich entschied mich für Iself. Weiter. Satz zwei: »Some students can't behave … in the lessons.« Theirselves? Nein, lieber sheselfs. Das klang so schön nach Meeresmuschel. Ich zeichnete eine daneben, zusammen mit einem kleinen Teufelchen. Und so weiter. Als sie mir die Arbeit aushändigte, schnaubte sie laut und knallte das Heft auf den Tisch. Ungenügend. Das ist kein Grund zum Grinsen, fauchte sie mich an. Vom nächsten Freitag an saß ich im Förderunterricht. Eine weitere Stunde, die sie mit mir verbringen musste. Selbst schuld.

Beim zweiten Sprechtag war nix mehr mit Teufelchen. Da war ich nur noch verhaltensgestört. Ich würde ihren Unterricht sabotieren und das müsse mir ausgetrieben werden. Eigentlich müsste ich Luzifer heißen statt Lucy. Es sei schon schlimm, was einem heutzutage an Schülern vorgesetzt würde. Und man könne in der Schule einfach nicht all das nachholen, was im Elternhaus an Erziehung versäumt worden sei. Meine Ma wurde ganz kleinlaut und hat nur erwidert, dass ich zu Hause ganz anders sei, immer den Haushalt mache, mit meiner kleinen Schwester spiele und vor allem mich lieb um unsere Katze kümmere.

Im Frühjahr fingen die Renovierungsarbeiten in der Schule an. Im ganzen Gebäude konnten nur noch zwei Toiletten genutzt werden. Natürlich habe ich dann aufgehört, in den Stunden rauszugehen, aus Rücksicht auf andere Schüler. Auch das Singen und Summen ließ ich. Im ständigen Baulärm hätte man es sowieso nicht gehört. Im Grunde war die Schule eine einzige Baustelle. In vielen Räumen wurden Wanddurchbrüche bis zum Boden vorgenommen, auch in unserer Klasse. Die waren nur notdürftig gesichert mit Baufolie und Absperrband, aber gänzlich sperren konnte man die Räume auch nicht, der Unterricht musste ja weitergehen. Von mir aus hätte der gern für ein paar Wochen ausfallen können. Lernen bei dem Geräuschpegel und all dem Dreck, das kann man doch vergessen.

Und dann saß ich auf einmal in dieser Klassenkonferenz. In meinem Klassenraum! Alle waren sie da, die Direktorin Frau Riepe-Mey, mein Klassenlehrer Herr Brandt, sämtliche Lehrer der Klasse und meine Eltern. Ja sogar mein Pa hatte sich mal von seiner Tusse lösen können. Danke, Pa, echt krass von dir. Herr Brandt bat meine Eltern um Entschuldigung für die Baustelle, in der wir saßen, und für die Katastrophe auf dem Gelände. Sie sollten mal aus dem Fenster schauen. Dort, direkt unterhalb des Klassenraums, links neben dem Springbrunnen, wo eigentlich der Schulteich ist, prangte eine monstermäßige Schaumwolke. In der Nacht musste jemand paketeweise Waschpulver hineingekippt haben. Nicht auszudenken, welche Folgen dieser sogenannte Scherz für all das Leben in dem Biotop haben würde. Aber der Vandalismus würde ja immer gesellschaftsfähiger, so bedauerlich es sei. Dann wurde er offiziell. Wir alle seien hier, damit ich zur Einsicht wegen meines Fehlverhaltens komme und um mir auf den rechten Weg zu verhelfen. Pädagogenscheiß, blabla und kotz! Er fuhr fort, stellte fest, dass Frau Feldmann noch nicht erschienen war, aber sicherlich gleich auftauchen werde. Darauf könnt ihr lange warten, dachte ich und sagte, tja. Doch Herr Brandt meinte, kein Problem, man könne getrost schon mal anfangen, denn die Kollegin habe eine umfangreiche schriftliche Schilderung der Vorfälle vorgelegt. Euer Ernst? Ohne die Alte beginnen? Ich protestierte, aber vergeblich. Frau Riepe-Mey las genüsslich der Reihe nach alles vor, was Madam geschrieben hatte, und es könne nicht angehen, dass die Kollegin permanent aus dem Unterricht rennt und sich bei ihr ausheult, und Herr Brandt, der blöde Sack, ich kann ihn sowieso nicht ab, laberte was von Kooperation von Schule und Elternhaus. Mein Pa wandte ein, vielleicht könne Frau Feldmann ja einfach nicht mit mir umgehen. Respekt, Pa. Aber das war wohl völlig verkehrt. Die Kollegin sei die beste Kraft der Schule, und in einer Gesellschaft gelten nun mal Normen, die jeder einhalten müsse, Compliance, Herr B., Compliance. Pffft!

Irgendwann bemerkte er, dass Frau Feldmann immer noch nicht aufgetaucht war, bedauerlicherweise. Seltsam, er hatte sie am Morgen noch in der Schule gesehen. Die 7a hatte doch laut Plan in der sechsten Stunde Englisch bei ihr. Ob sie denn die Stunde gehalten hätte? Darauf berichtete Herr Krogmeier, er habe die Kollegin bei uns in der Stunde vertreten. Etwa zehn Minuten nach Stundenbeginn hatte der Schüler Damian ans Lehrerzimmer geklopft und gemeldet, die 7a sei ohne Lehrer, und weil er gerade frei war, war er gegangen. Herr Brandt sah mich an. Ja, okay, am Anfang war sie da, aber nur kurz, dann war sie direkt wieder verschwunden. Verschwunden? Wie, verschwunden? Ja, einfach verschwunden. Weg vom Fenster.

Da ging die Tür auf. Herr Wieseler, der Hausmeister. Er war seit geraumer Zeit mit der Beseitigung der Schaumwolke beschäftigt. Nun hatte er Neuigkeiten. Frau Feldmann war aufgetaucht. Im Teich.

Stille. Dann, wie auf ein Zeichen, richteten sich alle Augen auf mich.

Ja, sorry! Irgendwas musste ich doch tun. Madam, ich meine, Frau Feldmann hatte angekündigt, sie würde dafür sorgen, dass ich von der Schule fliege. Das musste ich doch verhindern. Hätte ich gewusst, dass so eine Klassenkonferenz auch ohne sie stattfinden kann, dann … Ich wusste es doch nicht.

Eigentlich war die Sache ganz einfach. Nachts mit ein paar Leuten das Waschmittel in den Teich kippen, aufrühren, fertig. Den Rest hat der Regen erledigt. Dann vor der Stunde schnell den Boden vor der Tafel nass machen, bevor die Alte kommt, Flüssigseife drauf, aber Finn-Louis weiß ja, wie man den Behälter rauskriegt, und eine Klopperei anfangen. Levin und Kai haben das übernommen, zum Schein nur natürlich. Eigentlich sind die beiden best friends. Okay, die Aktion war jetzt 'n bisschen nah vor dem Loch in der Wand, aber so was passiert halt. Nee, echt jetzt, es gibt Dinge, die passieren einfach, ohne dass jemand sagen könnte, wieso. Wir wollten doch nur einen Scherz machen. Ein paar blaue Flecke oder von mir aus auch Knochenbrüche hätten voll gereicht. Rettungswagen, Blaulicht, das volle Programm, und nach einer Woche wäre die Alte wieder raus gewesen aus dem Krankenhaus. Ich hatte doch gedacht, ohne sie konnte man die ganze Konferenz knicken und den Schulverweis erst recht, und über die Ferien wäre die ganze Sache in Vergessenheit geraten. Ich hab sie dann auf dem Flur schon abgeholt und gesagt, Levin und Kai kloppen sich gerade. Hab's ein bisschen dramatisch gemacht, mit Nasenbluten und so. Sie donnert rein wie ein … hihi … sorry … ein Rennpferd, und ehe sie etwas sagen kann, rutscht sie aus, schlägt der Länge nach hin, ist doch selbst schuld, was muss sie auch immer diese bescheuerten Pfennigabsätze tragen? Sie rutscht auf die beiden Jungs zu, die Füße voran. Dass die dann zur Seite springen müssen, ist doch klar. Was hätten sie denn machen sollen? Mit der Alten zusammen rausfallen? Als sie weg war, haben wir noch hinterhergeguckt, aber da war keine Madam. Kein Wunder, wir wussten ja, in dem Schaum würde sie unmöglich zu sehen sein. Dann nichts wie hinsetzen, Spuren verwischen und einen Vertretungslehrer organisieren, bevor es auffallen würde. Aber wir haben uns danach bei Herrn Krogmeier mustergültig benommen. Stimmt doch, Herr Krogmeier, oder? War 'ne echt nette Stunde mit Ihnen. – Was? Wieso rutscht keiner von selbst mal eben drei Meter auf dem Boden entlang und fällt durch ein Loch? Kann doch sein! Das war voll die Schlitterbahn! Passiert eben. Sie hat ja noch versucht, sich am Sperrband festzuhalten, aber was können wir denn dafür, wenn das bescheuerte Band nicht hält? Voll die läppische Qualität! Hä? Was meinen Sie mit Schubs gegeben? Okay, ganz so schnell wäre sie wahrscheinlich nicht … Wie gesagt, sollte ja 'n Scherz sein. Wie? Was heißt hier kriminelle Energie? Wollt ihr etwa sagen, dass ICH …? Euer Ernst? Und was ist mit den anderen?

»Lucy?«
    Keine Antwort.
    »Lucy. Aufwachen.«
    »W-was?«, fragte Lucy matt. »Wo bin ich?«
    »In der Klasse«, sagte Frau Feldmann. »Wir haben Englisch und die Stunde ist gleich zu Ende.«
    »Oh …« Ihre Lider waren schwer. »Frau Feldmann … Gott sei Dank, Sie leben! Ich dachte schon …«
    »Was?« Sie lächelte. »Kann es sein, dass du geträumt hast?«
    »Ich weiß nicht … der Springbrunnen …«
    »Ach, du hast mal wieder aus dem Fenster gesehen. Ja, der Brunnen ist schön, nicht wahr?« Ihre Stimme war sanft

und gütig. »Weißt du was, Lucy? Jetzt reibst du dir noch einen Moment die Augen, streckst dich ein wenig, trinkst einen Schluck und dann schreibst du dir die Hausaufgabe auf, okay?« Sie legte ihren Arm um Lucy.

»Klar«, sagte Lucy. »Worum geht es denn?«

»Um die reflexive pronouns.«

»Easy«, sagte Lucy. Sie mochte Frau Feldmanns Lächeln.

»Sehr gut. Und ich verspreche dir, dass ich Herrn Brandt nichts verrate.«

»Danke, das ist lieb von Ihnen.«

Lucy schrieb noch die Aufgaben von der Tafel ab, dann gongte es. Die Schüler standen auf, packten ihre Taschen, stellten ihre Stühle auf die Tische und verließen den Raum. Nur Lucy blieb sitzen.

»Lucy?«, fragte Emily. »Kommst du?«

Doch Lucy hörte sie nicht. Noch immer war sie nicht ganz aufgewacht und in ihrem Kopf gingen Bilder herum. Der Springbrunnen unter ihrem Fenster … Schaum … Herr Brandt … Er stank nach Zigaretten und Männerschweiß. Und immer diese braunen Cordhosen. Voll ekelig! Dann das zerrissene Absperrband … wieder der Schaum, diesmal im Springbrunnen …

Ein Lächeln umspielte ihre Lippen und ihre Augen begannen zu funkeln.

»Lucy? Was ist mit dir? O Gott, wie siehst du denn aus? Du machst mir Angst!«

DAS BROTREZEPT

Paul Lascaux –
vierunddreißig Dienstjahre

Punkt acht Uhr hätte der Deutschunterricht beginnen sollen. Wie jeden Mittwochmorgen war die ganze Klasse pünktlich, ein Ereignis, das von anderen Lehrern mit einem Glas Champagner gefeiert worden wäre. Heute jedoch blieb es in jeder Hinsicht beim Konjunktiv II. Denn Herr Sander tauchte nicht auf.

Peter Sander hatte noch keine Lektion verpasst, mit Ausnahme jener Woche, die er im Spital verbrachte, als das neue Aquarium unter der Last der Wassermassen zusammengebrochen war und er sich schwere Schnittwunden zugefügt hatte. Das Gefäß hatte dem Gewicht nicht standgehalten, weil Sander für das übergroße neue Wasserbecken zu dünnes Glas gekauft hatte. Er war ja auch kein Mathematiklehrer, deswegen berechnete er nur das Gesamtgewicht, das mit dickerem Glas erheblich erhöht worden wäre. Als Peter Sander den neu erworbenen goldenen Koi mit den weißen Bauchflecken ins Wasser gleiten ließ, war dies der berüchtigte Tropfen zu viel.

Seit damals übrigens hatte Sander seinen Spitznamen weg. Die Schüler zischten das »S« wie ein »Z« oder nannten ihn gleich von Beginn weg »Fisch«.

Nun war Sander seit zehn Minuten überfällig. Die Schüler, erst noch mit Nachschlummern beschäftigt, wurden langsam wach, scharrten mit den Füßen, hier und da flog ein Fetzen Papier oder das Bruchstück einer Kreide durch den Raum. In der Klasse 5b des Gymnasiums Schmalenberg machte sich Unruhe und die Hoffnung auf eine Freistunde breit. Schließlich erhob sich Miriam, die Klassensprecherin, schwerfällig von ihrem Stuhl und schlurfte durch die dunklen Gänge zum Sekretariat.

Weder war eine Nachricht des Lehrers eingegangen, dass er unpässlich sei, noch antwortete er auf einen Anruf, Festnetztelefon sowie Handy. Die Klasse wurde gebeten, möglichst ruhig den Beginn der nächsten Lektion abzuwarten, die Direktorin war unabkömmlich oder hatte einfach keine Lust, ihre Zeit mit einem nicht erreichbaren Deutschlehrer zu vertrödeln, und die Polizei, die man schließlich einschaltete, ließ ausrichten, sie könne nicht jede beliebige Wohnung aufbrechen, bloß weil einer nicht zur Arbeit erschienen war.

Da Herr Sander nicht allzu weit von der Schule entfernt wohnte, schickte die Sekretärin den Hauswart zum dreistöckigen Mietshaus am Libellenweg, dessen Parterre Peter Sander bewohnte. Als sich keiner auf das Läuten und Klopfen meldete, versuchte es der Hauswart über die hinten liegende Gartentür. Nichts. Beim schräg gestellten Küchenfenster musste er hochspringen und erfasste mit einem Blick einen am Tisch zusammengesunkenen Körper. Nur Minuten nach dem Anruf des Hauswarts standen Feuerwehr, Kriminalpolizei und Notarztwagen vor dem Haus.

Nun war der Hauswart nicht als Geschichtenerzähler bekannt, aber es sprach sich doch erstaunlich schnell herum, dass es mit dem Sander ein Unglück gegeben hatte.

Und spätestens, als die Polizei im Gymnasium auftauchte, schossen die Gerüchte ins Kraut. Dabei hatte Kommissar Markus Forrer von der Einheit »Leib und Leben« der Police Bern doch nur die Absicht, den Schülern ein paar Fragen zur Person ihres Deutschlehrers zu stellen, denn offenbar gab es sonst niemanden, der Herrn Sander näher kannte.

Die Klasse 5b war am Nachmittag nach wie vor vollzählig, auch ein eher seltenes Ereignis, waren doch die Schüler oft von überraschenden und unerklärlichen Halbtageskrankheiten betroffen, deren medizinische Diagnose sich im Ungefähren verlief und die mit Medikamenten nicht zu behandeln waren. Heute jedoch: alle gesund.

Der Kommissar wollte nicht ins Detail gehen. »Noch nicht«, hinterließ er als Versprechen, falls man ihn mit Informationen füttere.

»Fisch«, begann ein schlaksiger Kerl in der hinteren Ecke der in U-Form angeordneten Stühle und Tische, »ist der einzige Mensch, den ich kenne, der gleichzeitig reden und gähnen kann.«

Das eisige Schweigen der Kolleginnen und Kollegen zeigte ihm bald, dass mit seinem Witz etwas schiefgelaufen sein musste.

Einer nach dem andern wurde nun aufgefordert, seine Einschätzung zu formulieren. Dabei ergab sich das Bild von Peter Sander als eines einsamen, schrulligen, altmodischen Mannes von bald sechzig Jahren, den man immer alleine sah, einer, der völlig aus der Zeit gefallen schien.

»Sander hört Punk auf Schallplatten«, sagte eine kleinwüchsige Blonde, und ihre Kollegin mit dem blauen Lidstrich ergänzte: »Aber einen übergroßen TV hat er neulich gekauft. Nimmt mich wunder, was er sich darauf reinzieht.«

Genauso hätte es einen gewundert, woher sie diese Information hatte, aber darauf gab es keine Wortmeldung.

Ein schmaler rothaariger Bursche trommelte mit den Fingern auf dem Tisch und erklärte: »Sander hat ganz begeistert berichtet, er habe sich von einer Emmentaler Schreinerei einen Tisch aus Birnholz zimmern lassen, für den er ein ganzes Monatsgehalt bezahlt habe.«

»Eine Investition fürs Leben, hat er behauptet«, sagte ein Mädchen, das sich als Melinda vorstellte, »dabei kann man für dasselbe Geld fünf Tische bei IKEA kaufen.«

»O-Ton Zander«, mischte sich Miriam ein: »Ich brauche aber nur einen. Ich bezahle damit lokale Handwerker und keine Billiglohnsklaven in Osteuropa.«

Fast alle lachten, denn sie hatte eine schleppende, tiefe Stimme nachgeahmt, was ihr offensichtlich gut gelungen war.

»Auch für digitale Medien hat er wenig übrig«, sagte die Kurzhaarige am Fenster, deren Gesicht im Gegenlicht nicht zu erkennen war. »Sie können von Glück reden, wenn er eine SMS beantwortet. WhatsApp, Twitter, Facebook: Fehlanzeige.«

»Nur auf eine E-Mail hat er reagiert«, berichtete ein Mädchen mit einer hochtoupierten Beehive-Frisur, das bisher sehr still geblieben war. »Das ist seine elektronische Briefpost.«

»Sie müssen Isabelle sein«, sagte Forrer und verblüffte die ganze Klasse mit seinem Spezialwissen. »Darf ich Sie alleine sprechen? Alle anderen Schüler sind entlassen.«

Der Kommissar riss einen Stuhl aus der Reihe, stellte ihn vor das Pult, hieß die Schülerin, darauf zu sitzen, und nahm ihr gegenüber auf dem Stuhl des Lehrers Platz. Er holte sein

Smartphone aus der Innentasche seines Kittels und zeigte Isabelle ein Foto, ein Mädchen mit haselnussbraunen Augen.

»Können Sie mir erklären, weshalb Sie Herrn Sander ein Foto von sich schicken?«

Sie wollte zuerst schweigen, seufzte dann aber und erklärte: »Ich wusste nicht, ob er rein vom Namen her wusste, wer ich war. Im Wiedererkennen von Gesichtern hingegen war er große Klasse.«

»Ich mag Ihren analogen Zugang zum Leben«, las Forrer den Mailtext vor. »Ich würde es auch so halten, wenn ich könnte. Ich komme in zwei Stunden vorbei und möchte Ihnen etwas zeigen. Melden Sie sich bitte, falls Sie nicht zu Hause sind.«

»Woher haben Sie das?«, fragte Isabelle tonlos.

»Bei einem Mann, der nicht viel Wert auf digitale Kommunikation legt, ist es einfach, die nicht verschlüsselten Dateien zu öffnen und die wenigen Mails zu lesen, die er bekommt.« Dann wollte er wissen: »Sie waren also bei ihm?«

»Fragen Sie ihn doch selber«, antwortete Isabelle etwas schnippisch, denn sie hatte sich wieder gefasst.

»Das ist im Moment schlecht möglich«, erwiderte Forrer.

Isabelle stutzte, fuhr dann aber fort: »Er hatte nicht viel Zeit. Er war gerade dabei, einen Brotteig zu kneten, und trat mir mit mehligen Fingern gegenüber. Das war gestern Nachmittag um fünf Uhr.«

»Wann haben Sie Ihren Lehrer wieder verlassen?«

»Gegen neunzehn Uhr«, erklärte Isabelle.

»Kann das jemand bestätigen?«

Die Schülerin sagte: »Ja. Meine Mutter. Ich war vor zwanzig Uhr zu Hause. Sie müsste sich erinnern. Sie hat reklamiert, ich käme wieder zu spät zum Essen.«

»Was haben Sie Herrn Sander mitgebracht?«

»Ach, das war nichts … Ich wollte einfach wissen, wie es bei ihm zu Hause aussieht.«

»Was genau?«, insistierte Markus Forrer.

»Eine Schallplatte vom Flohmarkt. Passend der Bandname: Floh de Cologne. Ich habe sie bei ihm gelassen.«

»Sie haben nicht zufälligerweise etwas Haschisch mitgebracht?«

»Nein.« Sie wand sich auf dem Stuhl. »Er hatte welches vor Ort. Er hatte bereits eine halbe Zigarette geraucht und reichte mir den Stummel herüber. Während er den Brotteig liebevoll weiterknetete, erzählte er von der Lehrerkonferenz zu Anfang des Schuljahres. Warten Sie …« Isabelle nestelte in ihrer Tasche. »Ich habe ihn mit meinem Handy aufgenommen.«

Sie drückte mit dem Daumen auf dem Glas herum, bis sie die Tondatei gefunden hatte. Man hörte eine heisere Männerstimme: »Die Fraktion der Grauhaarigen und Glatzköpfigen, Naturfarbkolorierten oder Fremdbehaarten traf sich zum Konferenztag nach den großen Ferien, der mit dem Ritual des Händeschüttelns beginnt. Austausch der Viren und Bakterien, denen sie auf der ganzen Welt begegnet sind oder die sie von zu Hause mitbringen, um ihre Kollegen daran teilhaben zu lassen. Impfprogramm.

Ich selber in dezentem Grau, damit ich nicht jederzeit als ›Mann mit dem roten Hemd‹ erkennbar bin. Ich wollte mich verkriechen, unsichtbar bleiben und keinesfalls nach meinen Ferienerlebnissen gefragt werden. Denn ich habe keine. Jedenfalls keine, die im Markt der Eitelkeiten für Aufmerksamkeit gesorgt hätten.

So habe ich mich durch den Morgen geschmuggelt, eingepfercht in enge Stuhlreihen. Von der Menschenrechtskonvention verboten, aber bei der Käfighaltung von Lehrpersonen an unendlich langweiligen Sitzungen erlaubt.« Sander holte kurz Atem und sprach weiter: »In der späten Nachmittagspause hielt ich mich an einer Kaffeetasse aus Plastik fest, als mich eine Junglehrerin ansprach, gegen deren Blick eine Schlaftablette ein Muntermacher war: ›Nach halb fünf sollte man keinen Kaffee mehr trinken, wenn man noch schlafen will.‹ Ich entgegnete: ›Ich nehme täglich vier bis fünf Tassen davon.‹ Sie neigte den Kopf und sagte bedeutungsschwanger: ›Ich weiß nicht, wie ich es anständig ausdrücken soll, aber das grenzt bereits an Abhängigkeit.‹ Mir vertrocknete beim Zuhören beinahe das Gehirn.«

»In dieser melancholischen Stimmung standen wir am Fenster«, fuhr Isabelle fort, »aneinandergelehnt. Denken Sie nicht falsch darüber. Er war wie ein Vater, den ich nie hatte. Es lag eine angenehme Spannung in der Luft, aber nichts Erotisches.«

Der Kommissar ließ es sich nicht anmerken, ob er genauso dachte.

Dann fragte Isabelle: »Was ist denn genau passiert, dass Sie das alles wissen wollen?«

»Sander ist wohl nach zwanzig Uhr eingeschlafen«, erklärte Forrer und beobachtete genau, wie Isabelle darauf reagierte. »Er wird vom Kiffen müde geworden sein und hat sich noch eine halbe Flasche Rotwein hinter die Binde gekippt. Jedenfalls sank er mit dem Gesicht nach vorne in den Teig. Es gibt keinen Hinweis auf Fremdeinwirkung. Wir gehen von einem Unfall aus.«

Er zeigte Isabelle das Foto. Sie erkannte das schüttere Haar am Hinterkopf, den ausrasierten Nacken. Das Gesicht war allerdings bis zu den Ohren vom gärenden Hefeteig eingerahmt worden.

»Erstickt?«

Der Kommissar nickte. »Sauerstoffentzug.«

»Das Leben hat ihn niedergedrückt. Er war von der Geschwindigkeit der modernen Gesellschaft überfordert. Peter ist aus der Zeit gefallen ...« Isabelle stockte. »Wie ich«, fügte sie an und hielt die Tränen nicht mehr zurück. Dann schniefte sie auf und fragte: »Sie glauben doch nicht, dass ich ...?«

»Nein«, antwortete Forrer. »Er hat Ihren Namen in den Teig geritzt. Davon wussten Sie nichts.«

Isabelle wühlte weiter in ihrer Tasche und förderte ein zerknülltes Kuvert zutage.

»Das hat er mir mitgegeben, falls ihm etwas Ungewöhnliches geschehen sollte.«

Sie riss es auf und überreichte dem Kommissar ein zusammengefaltetes Blatt. Darauf stand:

»Brotrezept
Man nehme
- ein Haus voller Menschen, jung und alt
- einen gehäuften Löffel Behördenwahnsinn
- eine Prise Gärhefe
- 2–3 Gläser Rotwein
- eine dicht gestopfte Zigarette
- ein gehöriges Maß Lebensüberdruss
Alle Zutaten gut mischen. Mit geschlossenen Augen langsam einwirken lassen.«

GO, TELL IS ON THE MOUNTAIN!

Tom Zai –

dreiunddreißig Dienstjahre

Schulhaus Höfli, Zimmer A34, 19.03 Uhr, Elternabend der 6b

Reto Odermatter schließt die Tür zu seinem Schulzimmer. Die Eltern von Cyrill sind noch nicht da. Mehr als drei akademische Minuten will er offenbar nicht warten. Es wird ruhig im Zimmer. Ruhig beschränkt sich dabei auf das Akustische. Blicke fliegen hin und her, Sitzpositionen werden gewechselt, Finger geknackst, Handys ausgeschaltet, Kleidungsstücke glatt gestrichen. Es bilden sich rote Flecken am Hals des Lehrers. Ein Zeichen für den Ausstoß von Adrenalin in seinem Körper und einen erhöhten CO_2-Gehalt der Atemluft.

Odermatter ist noch nicht mit der Begrüßung durch, da geht die Linke von Rahels Vater mit ausgestrecktem Zeigefinger nach oben. Odermatter stoppt mitten im Satz: »… und des Weiteren möchte ich Sie alle … Ähm, Herr Fischbacher?«

Die Blicke der Elternschaft flitzen wie bei einem Tennismatch zwischen Odermatter und Fischbacher hin und her.

»Ist es richtig, dass Sie, Herr Odermatter, im Unterricht unseren Nationalhelden Wilhelm Tell als Terroristen bezeichnet haben?« Fischbacher verschränkt die Arme.

Reto Odermatter braucht einen Moment. »Ähm, nein«, sagt er schließlich, was etwas wie eine Frage klingt.

»Aha«, erwidert Fischbacher und lehnt sich zurück, soweit dies das Schulmobiliar zulässt. »Da hat mir meine Tochter aber was ganz anderes erzählt. Und, wie mir meine Frau berichtet, haben das mindestens fünf andere Mütter im Fitnessklub bestätigt. Tell! Ein Terrorist! Wie kommen Sie dazu? Wir verlangen eine Erklärung!«

»Nun, denn«, antwortet Odermatter, »wenn Sie darauf bestehen, erkläre ich Ihnen gerne die Zusammenhänge. Beklagen Sie sich aber nicht, wenn der Zeitplan aus dem Ruder läuft.«

»Ich bitte darum«, sagt Fischbacher.

Reto Odermatter hält inne. Vielleicht will er nachfragen, worum Fischbacher denn genau bitte. Oder er sammelt sich, indem er besagte Schulstunde vor seinem geistigen Auge vorüberziehen lässt.

»Also«, beginnt Odermatter seine Schilderung, »da wir die Gründung der Eidgenossenschaft durchnehmen, sind wir um Wilhelm Tell natürlich nicht herumgekommen. Um den Realitätsbezug herzustellen und die kleinen grauen Zellen der Kids zu stimulieren, habe ich der Klasse folgende Frage gestellt: Wie würde Wilhelm Tell wohl in der heutigen Tagesschau bezeichnet, hätte er in der Hohlen Gasse den Landvogt Gessler von hinten mittels Armbrust vom Pferd geschossen?« Odermatter macht eine Kunstpause. »Ich kann Ihnen sagen, liebe Eltern, das Schweigen des Waldes unterhalb der Gesslerburg hätte die Klasse nicht besser umsetzen können. Nichts, nada, keine Reaktion. Also habe ich die Frage selber beantwortet. Ich will Ihnen das gerne veranschaulichen.« Reto Odermatter setzt sich an sein Pult, schnappt sich ein paar Blätter, aus welchen er eine scheinbar eben hereingekommene Eilmeldung abliest: »Landvogt Gessler, der aktuelle Machthaber der Innerschweiz, ist heute, kurz vorm Einnachten, in der Hohlen Gasse bei Küssnacht, umringt von seinen unglücklich agierenden Bodyguards, einem Attentat zum Opfer gefallen. Der Täter konnte fliehen. Beim Terroristen handelt es sich um Wilhelm Tell aus Bürglen, einem bislang unbescholtenen Bürger, der im lokalen Schützenverein aktiv war. In Tells Haus wurden diverse Schusswaffen sichergestellt. Seine Frau Hedwig hat sich aus lauter Kummer vor eine Postkutsche geworfen mit den Worten: ›Kümmert euch um Haus und Kinder!‹ Wir schalten nun live zu unserem Korrespondenten Ulrich von Attinghausen in Altdorf, wo noch immer Gesslers Hut, der ursprüngliche Zankapfel, auf der Stange sitzt.« Odermatter schlüpft wieder aus seiner Rolle als Tagesschausprecher und will mit den Eltern noch kurz »auf die Metaebene«, wie er es ausdrückt, und einen »Perspektivenwechsel machen«. Geschichte werde ja grundsätzlich von den Siegern geschrieben und deswegen dürfte an österreichischen Schulen wohl kaum vom Volkshelden Tell die Rede sein, schulmeistert er. Die Stunde abgerundet habe er übrigens mit einem versteckten Witzchen, indem er mit den Schülerinnen und Schülern das Lied »Go, Tell is on the mountain!« gesungen habe. Soviel er feststellen konnte, habe niemand den tieferen Sinn dahinter verstanden.

www.jaurs.ch/ver-petz-den-pauker

Die Jungen AufRechten Schweizer, JAURS, eine Vereinigung patriotischer Jungbürger, fordern mehr patriotische Bildung an Schweizer Schulen, Stopp der links-grünen Kuschelpädagogik, Stopp Heimat-Bashing, Stopp Klimalüge, Stopp Verschwuchtelung der Schullandschaft (Schwullandschaft lol), Stopp Verniedlichung von Wolf, Bär und Luchs und weiterer Migranten aus Afrika, Stopp Kreuzverteufelung im Klassenzimmer, Stopp Fake-Bildung!

Auf dieser Seite darfst du Klartext reden und dich zur Wehr setzen gegen unpatriotische Bildung. Melde uns unschweizerische Vorfälle an deiner Schule!

NEUSTE MELDUNGEN

Einmal mehr: Geschichtslüge

Die zwölfjährige R. F. aus N. schreibt uns von einem besonders krassen Fall: Ihr Lehrer, R. O. (Name ist der Redaktion bekannt und wir wissen auch, wo du wohnst!), bezeichnet im Geschichtsunterricht unseren Nationalhelden Wilhelm Tell als Terroristen. Dabei war Tell, wie allgemein bekannt ist, schon am 1. August 1291 auf dem Rütli bei der Gründung der Eidgenossenschaft dabei. Gut möglich, dass wir ohne sein mutiges und selbstloses Handeln heute Österreicher wären und somit Mitglieder der EU.

Schülerinnen und Schüler der 6b in N., wir können nur sagen: Ihr tut uns leid! Dieser sogenannte Pädagoge ist eine Schande. Er erzählt nur Lügen.

Facebook, offizielle Seite von Norbert Zürcher, Kantonsrat, Kanton Schwyz

Dieser Lehrer lehrt die Schüler: Tell ist ein Terrorist!

Da er die Kommentare auf meiner Seite eh nicht liest, möchte ihm vielleicht jemand persönlich mitteilen, was er davon hält. Hier seine Kontaktdaten:

Reto Odermatter, Schützenweg 3, 6427 Neuenkofen
Mobile: 0041 555 61 22 89
E-Mail: reto.odermatter@schule-neuenkofen.ch
Beweise? Hier ein Filmausschnitt des Elternabends,
in welchem der sogenannte Lehrer der entsetzten
Elternschaft aus einem Arbeitsblatt vorliest.

PLAY!

Briefkasten, Mailpostfach und Handy von Reto Odermatter sowie Medien
Praktisch gleichzeitig und in einem anschwellenden
Strom ergießen sich Hassnachrichten zuerst in und dann
aus Reto Odermatters Briefkasten, dem Mailpostfach seiner Schuladresse und seinem Handy. Als der Briefkasten
im wahrsten Sinne des Wortes explodiert, stellt ihm die
Briefträgerin die Briefe gleich korbweise vor die Tür, klingelt zweimal und macht sich davon. Nachdem Odermatter in einem der Umschläge ein weißliches Pulver vorfin-
det, öffnet er keine Briefe mehr und auch keine Pakete, in
denen besorgte Bürger »die Scheiße, die du erzählst«, an
den Absender zurückschicken.
　　Dafür spült er mit dem Schlauch die Eier von der Fassade, bevor sie eingetrocknet sind.

Am dritten Tag nach Erscheinen des Facebook-Posts ist die
Sache in den Medien. Hier drei Auszüge:
　　»... der sich bereits 1991 zur 700-Jahrfeier der Eidgenossenschaft weigerte, die Jubiläumslinde mit der Klasse
zu pflanzen ...«
　　»... der nach einem Streit mit dem Kaplan das Kruzifix
im Schulzimmer abhängte ...«

»… der im Schullager nie Schweinefleisch aufs Tages-
menü setzt …«

Der »Oberste Lehrer der Schweiz«, der Präsident des Dach-
verbandes aller Schweizer Lehrkräfte, äußert sich in einem
vielzitierten Kommentar:
»Es geht hier um nichts anderes als um die Methoden-
freiheit unserer Lehrkräfte.«

Sitzungszimmer, Rathaus, Gemeinde Neuenkofen-Altkofen
Die Schulratspräsidentin und Vize-Gemeindepräsidentin
von Neuenkofen-Altkofen, Silke Sonderegger Möller, wendet sich an die zahlreich erschienenen Medien. Live dazu-
geschaltet ist per Video-Stream der Vorsteher des Bildungs-
departements des Kantons Schwyz, Guido Morgartner. In
perfektem Hochdeutsch spricht die Gemeindepräsidentin
zu den Medienleuten. Sie braucht Wendungen wie: »… keinesfalls tolerieren … unter gar keinen Umständen einrei-
ßen lassen … wo kämen wir denn da hin … einer unserer
fähigsten Mitarbeiter … Verletzung der Integrität … völlig aus dem Zusammenhang gerissen … stehen wir wie ein
Mann beziehungsweise wie eine Frau hinter Reto Odermatter … überlegen uns, rechtliche Schritte einzuleiten …«
Der Departementsvorsteher gibt sich magistral, obschon
ihm die Lokalpolitikerin die meisten Schlagwörter und
somit die Show gestohlen hat.

Facebook, offizielle Seite von Norbert Zürcher, Kantons-
rat, Kanton Schwyz
»Und ich lese sehr wohl die Kommentare«, schreibt Reto
Odermatter als Kommentar zu den Kommentaren zum

ursprünglichen Post von Norbert Zürcher. »Und überhaupt, wer behauptet, Tell wäre 1291 auf dem Rütli dabei gewesen, hat noch nicht einmal ansatzweise etwas von Geschichte verstanden. Gerade die Leute im Kanton Schwyz müssten doch wissen, dass der Bundesbrief von 1291, das älteste schriftliche Dokument der Eidgenossen, nichts mit dem Rütlischwur zu tun hat, der, falls er denn überhaupt stattgefunden hat – was historisch nicht gesichert ist –, also FALLS!, am 8. November 1307 und nicht am 1. August 1291 geleistet worden sein soll. Populär geworden war die Tell-Geschichte ohnehin erst um 1800 durch Friedrich Schiller, einem DEUTSCHEN!, der die Schweiz nie besuchte und von seinem Kumpel Goethe zum Verfassen dieses berühmten THEATERSTÜCKS angestiftet worden war. Ich hoffe, dass ich hiermit zur Klärung der Fakten beigetragen habe und fortan keine sinnentleerten Behauptungen mehr lesen muss. Ich bin kein Rütlischwurleugner, sondern ein durch die Faktenlage sich in guter Gesellschaft Befindender, der sich, gerade einer gesicherten historischen Tatsache wegen (Rütlirapport von General Guisan im Zweiten Weltkrieg), durchaus der positiven Symbolkraft des Rütlischwurs und der Identifikationsfigur Tell bewusst ist. Wer immer noch nicht überzeugt ist: Schaut euch doch mal die Jahreszahl auf dem Tell-Denkmal in Altdorf an! Ich sag nur: 1307! Abgesehen davon, ich vermute, die Eidgenossen haben den Eid genossen, wenn nicht sogar begossen. Haha, kleiner Scherz am Rande.«

Studio 4, Schweizer Fernsehen SRF, Zürich Leutschenbach, Aufzeichnung der Sendung »Talk unplugged!«

Die Moderatorin Henriette Breu begrüßt alle Anwesenden, erläutert noch mal das Thema – Bildung und Nationalstolz – und spricht gleich zu Beginn Reto Odermatter an.

»Reto Odermatter, der Facebook-Post unseres Gasts Norbert Zürcher mit dem heimlich gedrehten Video eines Elternabends, das wir später in der Sendung noch sehen werden, ist viral gegangen, aber mittlerweile gelöscht. Würden Sie, falls Sie noch mal auf Feld eins könnten, alles wieder gleich machen?«

»Aber diese Frage macht doch abso…«

»Wenn ich dann mal die Gretchenfrage stellen darf«, geht Norbert Zürcher dazwischen, »Wie halten Sie es, Reto Odermatter, eigentlich mit der Landeshymne?«

»Ich … ähm …«

»Es stimmt also, dass Sie diese aus Prinzip nicht im Unterricht singen?«

»Ja … aber … da tritt doch … ähm … Gott im Morgenrot daher … Das ist doch völlig … Und überhaupt singen die Kinder immer ›Trittst im Morgenrock daher‹ und …«

»Also stimmt es, dass Sie ein Atheist, ein Rütlischwurleugner und ein Militärdienstverweigerer sind?«

Die Moderatorin hebt den Finger ihrer rechten Hand und öffnet den Mund. Doch Reto Odermatter ist schneller.

»Ich habe den Militärdienst nicht verweigert. Man wäre doch damals ins Gefängnis gegangen und als Lehrer unwählbar … Wir hatten keine Wahl. Das müssten Sie doch wissen, schließlich sind Sie Ober…«

»Aber Sie sind schon Mitglied der GSoA, Der Gruppe Schweiz ohne Armee, oder nicht?«

»Das tut zwar nichts zur Sache«, antwortet Reto Odermatter, »aber um der Ehrlichkeit Genüge zu tun: ja. Außerdem habe ich im Dienst sogar das Schützenabzeichen ge…«

»Ein Militärgegner mit Schützenabzeichen also. Ich …«

»Herr Zürcher«, unterbricht die Moderatorin, »ich möchte den Ball nun gerne unserer Expertin in dieser

Runde, Frau Dr. Ines Rüdisüli Arpagaus, Dozentin für Geschichtsdidaktik an der Pädagogischen Hochschule in Zürich, zuspielen. Frau Rüdisüli Arpagaus …«

Schulhaus Höfli, Zimmer A34, 8.15 Uhr, Unterricht der 6b
Reto Odermatter betritt das Klassenzimmer. Seine Klasse sitzt in den Bänken. Alle Schülerinnen und Schüler tragen Edelweißhemden und kauen an einem Süßholz, das auf Distanz wie eine Brissago aussieht.

»Aha«, meint Odermatter und liest, was an der Tafel steht: STOPP FAKE-BILDUNG!

Die Klasse schweigt ihn an. Er schweigt zurück. Dann gibt er sich einen Ruck und sagt: »Nehmt eure Geschichtshefte hervor.«

Die Klasse gehorcht erst nach einem Blickkontakt mit Rahel.

»Ich, ähm …«, Odermatter räuspert sich, »werde euch nun Fakten diktieren. Fakten! Das ist zwar etwas aus der Mode geraten, aber es geht ja um Geschichte, die grundsätzlich nie modern ist. Und, ganz wichtig, ein Diktierender ist nicht automatisch ein Diktator. Haha. Kleiner Witz am Rande. Schreibt: Der Freiheitskämpfer Wilhelm Tell befreite die Eidgenossen vom tyrannischen Habsburger Vogt Gessler.

Gessler ließ seinen Hut, den alle grüßen mussten, öffentlich auf einer Stange von Schergen bewachen.

Nichtgrüßer wurden automatisch politische Häftlinge.

Tell, der bekannteste Nichtgrüßer, ist ein Held, zu dem wir alle wie sein Sohn Walterli aufblicken.

Tell war beim Rütlischwur sowohl 1291 als auch 1307 dabei, als die Schweiz von unseren Vätern und Urvätern gleich zweimal erfunden wurde.

Das sogenannte Klima ist eine Lüge der Grünen und Netten und war schon 1291 vor allem vom Wetter abhängig.

In der guten alten Eidgenossenschaft gab es mit Sicherheit keine Homosexualität, da diese Krankheit erst im letzten Jahrhundert von schwulen Migranten eingeschleppt worden ist.

Viele Eidgenössische Frauen trugen zwar bis zur Einführung des Frauenstimmrechts 1971 in der Öffentlichkeit Kopftücher, aber sicher keine Burkinis. Auf Nonnen trifft das heute noch zu.

Die Erde war am ersten August 1291 auf den Tag genau sechstausend Jahre alt und entweder eine Scheibe oder hohl wie die Hohle Gasse und der Kopf von Norbert Zürcher.

Der KKK ist eine traditionsreiche, lustige Fasnachtsgruppe mit Fackeln, weißen Umhängen und Spitzmützen, welche seit der Schlacht von Morgarten 1315 – was man übrigens ohne H schreibt, gell! – jeweils in der Nacht zum Aschermittwoch Holzkreuze verbr...«

Von Reto Odermatter unbemerkt, hat die Schulleiterin das Zimmer betreten, eine Weile zugehört und ihn erst zaghaft, dann vehement an die Schulter getippt.

»Reto, ich glaube es wäre besser, wenn du mal nach draußen kommst«, sagt sie.

Der Lehrer geht mit ihr in den Korridor, kommt bald darauf wieder rein, nimmt seine Jacke vom Stuhl und den Velohelm vom Sims. Grußlos geht er aus dem Zimmer.

Schützenweg 3, Neuenkofen, Eingangsbereich

Als Reto Odermatter zur Tür reinkommt, stehen seine Frau und sein Sohn mit gepackten Koffern im Eingang. Die Schminke hat lange, nun vertrocknete Bahnen über Anitas

Gesicht gezogen. Auch Laurin sieht nicht gut aus. Anita packt ihren Mann am Kragen.

»Weißt du, was die gemacht haben?«, fährt sie ihn an.

Odermatter weiß es nicht.

»Die haben ihn nackt an einen Baum gefesselt und einen Apfel über seinem Kopf in den Stamm genagelt. Mich hat im Coop eine angespuckt und jemand hat die Pneus am Auto zerstochen und da gibt es Männer, welche die Frau dieses schwanzlosen Wichsers so lange durchficken wollen, bis sie … also ich …« Anita bricht schluchzend ab. Dann gibt sie sich einen Ruck, nimmt die Hand ihres Sohnes und sagt: »Wir sind bei meiner Schwester. Ich muss jetzt vor allem an unsere Sicherheit denken. Was hast du uns nur angetan?«

»Aber *uns* das sind doch eigentlich *wir*«, stellt Odermatter tonlos fest.

»Klugscheißer!« Seine voraussichtliche Exfrau schiebt ihn zur Seite, verlässt das Haus und steigt ins Taxi, das eben eingetroffen ist.

Der Fahrer holt die Koffer und verstaut sie im Wagen.

Odermatters Handy klingelt. Es ist die Schulratspräsidentin. Er nimmt ab und hört zu, wie sie sagt: »Sorry, Reto. Du bist bis auf Weiteres freigestellt. Du musst das verstehen, aber unter den gegebenen Umständen ist an einen normalen Schulbetrieb … Am besten, du lässt abklären, ob du ein Burn-out hast. Melde dich sobald du …«

Odermatter drückt sie weg.

Jagd und Outdoor Wenger, Marktgasse 24, Altkofen

Reto Odermatter lässt sich vom Verkäufer den Gebrauch der Armbrustpistole Cobra System R9 erklären. Rasch entscheidet er sich für den Kauf, den er noch durch einen Handschutz und drei Sechzehn-Zoll-Pfeile ergänzt.

»Die hat schon die Durchschlagskraft, um einen Apfel zu durchbohren, oder?«, fragt er, als der Verkäufer alles einpackt.

»Die kann noch ganz andere Dinge durchbohren«, meint dieser und grinst. »Da müssen Sie echt aufpassen. Neu im Sortiment haben wir übrigens diese Meerschweinchen aus Kautschuk. Sehr lebensecht und ...«

»Danke, ich möchte gerne zahlen«, sagt Reto Odermatter.

Schützenweg 3, Neuenkofen, in der Garage

Das Tor ist geschlossen. Das Auto steht wohl noch vor dem Coop auf den Felgen. Reto Odermatter fixiert die Armbrust im Schraubstock auf der Werkbank. Er richtet die Waffe auf die gegenüberliegende Wand. Dort steht auf einem Stapel Kisten knapp über Kopfhöhe ein Apfel, der darauf wartet, durchbohrt zu werden. Nach einigen Fehlversuchen, zwischen denen Odermatter jeweils die Flasche Obstler ansetzt, hat er die Waffe so justiert, dass sie sauber trifft. Flatsch! Rein in den Apfel, raus aus dem Apfel. Odermatter montiert eine Umlenkrolle am Gestell hinter der Armbrust, fädelt ein Nylonseil ein und verknotet das eine Ende mit dem Abzug der Waffe. Das andere Ende zieht er bis zum Kistenstapel, den er beiseite stellt. Dann geht er zur Armbrust, spannt sie, legt den Pfeil ein, nimmt noch mal einen Schluck und verlässt die Garage Richtung Wohnbereich. Er kommt mit einem Blatt Papier zurück, das er neben die Armbrust auf die Werkbank legt. Ein letztes Mal überfliegt er den Text.

Wenn Freiheit durch Waffengewalt gewonnen werden kann, dann will auch ich ein Freiheitskämpfer sein. Ein Schuss, zwei Optionen ein Held zu werden. Entweder durch den Glanzschuss, der mich befreit, oder den ehrenvollen Tyrannenmord an mir selbst.

Sollte Letzteres zutreffen, wird jemand diesen Brief finden. Ansonsten werde ich mich endgültig besaufen und ihn dann morgen wegschmeißen.

Reto W. Odermatter, Alt-Lehrer

Nach einem letzten Schluck aus der Flasche verbindet er sein Handy mit der Stereoanlage über der Werkbank. Mani Matters Lied »Si hei dr Wilhälm Täll ufgfüert« spielt in der Endlosschlaufe. Reto Odermatter stellt sich vor die Wand, hebt die Schnur vom Boden auf, wartet bis im Lied die Stelle mit der Freiheit kommt, holt ein letztes Mal tief Luft, legt sich einen neuen Apfel auf den Kopf, schließt die Augen und zieht. Er muss sich bewegt haben, eventuell die Schussdistanz verkürzt. Vielleicht war er beim Spannen der Armbrust auch etwas unvorsichtig. Denn der Pfeil schrammt seinen Hals und zerfetzt die Halsschlagader. Odermatter fällt ohnmächtig zu Boden und verblutet. Der Apfel rollt zum Abfluss, wo er liegen bleibt und bald von der Blutlache eingeholt wird.

DER WORKSHOP

Daniel Badraun –
dreiunddreißig Dienstjahre

Ein kalter und ungemütlicher Abend im Februar. Die Idee, den Workshop der Schule auf Schloss Stapfenstein durchzuführen, stammt wohl von einem Schöngeist, davon ist Giancarlo Corradi, Mathe, Physik, Chemie und in seiner Selbsteinschätzung leidenschaftlicher Latin Lover, überzeugt. Er hätte das Ziel anders ausgewählt.

»Mir gefällt die Idee mit dem Schloss, das ist mal etwas anderes. Was hättest du gemacht?«, fragt Simone Kreuzer, die Französischlehrerin, die mangels eigenen Fahrzeugs mit ihm durch den Abend gondelt.

Corradi lenkt den Alfa durch die nächste Kurve. »Das ist doch ganz einfach, Simone.« Ein schmieriges Lächeln streift die Kollegin.

»Spar dir deine billige Anmache«, gibt die Kreuzer etwas zu heftig zurück und zieht ihre Jacke aus reiner Alpaka-Schurwolle, gefertigt in einem Max-Havelaar-zertifizierten Indio-Kollektiv, zurecht.

»Na gut. Ich hätte geschaut, welches Restaurant im Umkreis von vier Kilometern zum Schulhaus über einen geeigneten Raum verfügt, dann hätte ich den Workshop speditiv durchgezogen. Zack! Schnell und schmerzlos.« Er schaltet in den zweiten Gang, bremst kurz vor einer Kurve und beschleunigt gleich wieder. Simone Kreuzer klammert sich am Haltegriff fest, was ihm ein Lächeln entlockt. »Dann würden, wenn es gemütlich wird, die Langeweiler in unserem Team abrauschen und man könnte eine schöne Party feiern. Capisce?«

Simone will schon sagen, dass Giancarlo beim letztjährigen Weihnachtsessen als Erster verschwunden ist und dass er sich nie beim Mittagstisch im Lehrerzimmer blicken lasse, doch da biegt der Mathematiklehrer mit der Gelfrisur, der von den Schülern hinter vorgehaltener Hand »Don Pollo« genannt wird, bereits auf den Parkplatz von Schloss Stapfenstein ein. In Reih und Glied stehen da die Wagen der anderen Lehrer. Giancarlo parkt seinen Alfa zwischen einem Toyota Land Cruiser mit schwäbischem Kennzeichen und einem angerosteten Mitsubishi-Kombi.

»Ich bin gespannt auf das Programm von heute Abend. Wenigstens ist es nicht das gleiche wie vor zwei Jahren. Da stand Riverrafting mit anschließendem Barbecue und dem nicht enden wollenden Vortrag über ›Die Grundbedürfnisse des Menschen in der Informationsgesellschaft‹ auf dem Programm, und das alles auf einer Sandbank im Rhein, von der man nicht abhauen konnte.«

»Freu dich nicht zu früh, Giancarlo. Das Motto ›Auf der Suche nach dem Teamgeist‹ lässt auch einige Interpretationen zu.« Simone zeigt hinauf zum Turm. »Vielleicht ist heute Abend noch Abseilen angesagt.«

Fackeln beleuchten den Weg zum Schloss. Kies knirscht unter den Sohlen von rahmengenähten Halbschuhen und den Gesundheitstretern der Sprachlehrerin.

»Herzlich willkommen«, haucht ein bleicher Diener in einer Fantasieuniform und führt die Neuankömmlinge in einen Rittersaal mit Versatzstücken aus verschiedenen Jahrhunderten. Herausgekommen ist eine Mischung aus Alphütten-Gemütlichkeit und Dracula-Feeling. Die Hühnerhaut der Neuankömmlinge stammt aber nicht von den malerisch hergerichteten Folterwerkzeugen, sie wird vielmehr durch den bunten Haufen von übertrieben fröhlichen Kolleginnen und Kollegen hervorgerufen.

»Los!« Corradi nimmt Simone am Arm. »Hauen wir ab, bevor die Show beginnt.«

Zu spät. Man hat sie bereits gesehen. Es wird in die Hände geklatscht, im allgemeinen Gewusel gelingt es dem Latin Lover gerade noch, ein Weinglas für sich und einen frisch gepressten Orangensaft für seine Begleitung zu besorgen.

»Nun sind auch die letzten Nachzügler eingetroffen.« Schulleiterin Rosa Reiffer macht eine Kunstpause, um den Lachern Raum zu geben. »Unser Teamgeist. Was ist damit gemeint? Ganz besonders freue ich mich, dass ihr heute vollzählig zum Workshop erschienen seid und euch mit mir auf diesen spannenden Weg machen wollt.«

»Haben wir bei einer obligatorischen Veranstaltung etwa die Wahl?«, brummt Zeichenlehrer Jonas Keller gut hörbar.

Die Reiffer verkneift sich eine bissige Bemerkung. »Ganz toll finde ich, dass wir mit Gerd Strobele, Mentalcoach aus Donaueschingen, einen ausgewiesenen Fachmann …«

»Mentalcoach FLK und Leiter für Yogazentriertes Pädagogisches Prozessing IPP«, ergänzt Strobele freundlich.

»Ja, genau. Wie gesagt, der Herr Strobele wird uns durch den Abend führen, den wir dann mit einem gemeinsamen Nachtessen abschließen werden.«

»Und das ist sicher auch obligatorisch, habe ich recht?«, kann es sich Keller, der notorische Zwischenrufer und Nörgler, nicht verkneifen.

»Diesen Input des Kollegen finde ich äußerst spannend«, sagt Strobele und streift die Anwesenden mit einem Blick, der wissend sein sollte, aber etwas deppert daherkommt. »Prozesse laufen ja vielfach unter der Oberfläche ab, gell?«

Der Zeichenlehrer wendet sich dem Buffet zu, um sich mit Salzstangen und einem weiteren Bier für den Abend zu stärken. Karl Korber, Geschichte, Latein und andere überflüssige Dinge, versucht, ein Schulbehördenmitglied zu überreden, doch einmal seinen Unterricht zu besuchen, während Sandra Stoffel, verantwortlich für textiles Werken im Allgemeinen und Emanzipation im Besonderen, vom Schlossherrn Peterhans von Stapfenstein, der früher eine Großmetzgerei besessen und sich nun Schloss und Titel gekauft hatte, wissen will, warum die geknüpften Wappenteppiche mehr nach Brigitte-Schnittmustern und weniger nach Gobelin aussehen. Corradi macht sich an Strobele heran. »Kennen Sie den? Ein Primarlehrer, ein Oberstufenlehrer und eine Heilpädagogin besuchen gemeinsam eine Weiterbildung. Was passiert?«

»Jo mei«, lässt der sich vernehmen und schaut Corradi erwartungsvoll an.

»Der Primarlehrer hat große Mühe, dem Programm zu folgen, die Heilpädagogin überlegt sich krampfhaft, wie sie die gehörten Fremdwörter in ihrem Berufsalltag möglichst effektvoll integrieren könnte. Der Oberstufenlehrer aber ...«

»Herrschaften!« Die Schulleiterin klopft an ihr Glas. »Wir würden jetzt hinübergehen in den Konferenzraum. Sonst verlieren wir zu viel Zeit.«

Strobele klopft Corradi herzhaft auf die Schultern. »Sie sollten ab und an etwas mit den Kollegen unternehmen, dann geht das auch vorbei, gell!«

Die Schulleiterin treibt die Gesellschaft hinüber in einen gemütlichen Raum mit Kamin. Gegen dreißig Stühle stehen im Kreis. Die Schulleiterin setzt sich gegenüber von Strobele hin, damit sie ihre Schäfchen im Blick hat. Die Behördenmitglieder mischen sich unauffällig unter die Lehrkräfte, die Geografie geht der Biologie aus dem Weg, während sich zwei Sprachlehrerinnen unauffällig auffällig über die Bluse der Sportlehrerin auslassen.

»Wir machen jetzt eine Vorstellungsrunde. Wir sagen uns hier du, wenn das für euch stimmt. Alles, was in diesem Raum geschieht, bleibt hier drin.« Strobele lächelt. »Ihr könnt euch also geschützt und geborgen fühlen.«

»Es ist aber schon klar, dass hier ein gewisses Machtgefälle herrscht.« Kellers Blick wandert von der Schulleiterin hinüber zu den Behördenmitgliedern. »Wie kann ich wissen ….« Er macht eine vielsagende Handbewegung.

»Wir sind unter uns, es geht um den Prozess, liebe Kolleginnen und Kollegen, nur um den Prozess«, sagt Schulleiterin Rosa Reiffer, lächelt gewinnend und setzt unauffällig das Diktiergerät in ihrer Tasche in Gang. Nasen werden geschnäuzt. Die Chefin lehnt sich zurück. Zu gegebener Zeit wird sie auf die eine oder andere Aussage der Anwesenden zurückkommen, schließlich führt sie eine Schule und keinen Turnverein. Nächste Woche muss sie sich den Keller vornehmen. Dringend. Bei einer Unterredung am frühen Morgen würde auch dieser Sprücheklopfer weich.

»Also, wir wollen nun ganz in unserer Atmung aufgehen. Versucht, mit den Fußsohlen die Erde zu spüren, eine

Verbindung mit der Tiefe herzustellen, eure Mitte zu finden im Hier und Jetzt.«

Einige Streber haben tatsächlich die Augen geschlossen und atmen tief, andere müssen sich anstrengen, um nicht zu lachen. Der Kopf des Informatiklehrers kippt nach vorn. Bevor er wegtaucht, nimmt Strobele die Hand des Apnoikers, schaut ihn freundlich an und sagt dann zu allen: »Ja, die Schule ist kein einfaches Feld, meine Herrschaften. Die Erde ist hart und nicht jeder Samen fällt auf fruchtbaren Boden.« Dann setzt er sich wieder, atmet nochmals tief ein und aus und mustert die Anwesenden. »Ich hoffe, dass sich jede und jeder hier in unsere Runde einbringen kann.« Eine Kunstpause gibt dem Folgenden das nötige Gewicht. »Ich habe euch ja eine kleine Aufgabe gestellt.«

Sein erwartungsvoller Blick löst bei einigen Schweißausbrüche aus.

»Gell, das habt ihr jetzt nicht vergessen, oder?«

Erschrockene Gesichter, scharrende Füße. Was war das doch gleich? Die Aufgabe … die Aufgabe! Ach richtig, man sollte einen Gegenstand mitbringen, der einen Bezug zur persönlichen Situation im Schulalltag herstellen kann. Wie kommt man hier bloß zu einem solchen Gegenstand? Die Frauen haben es gut, denkt Corradi, etwas Brauchbares steckt in jeder Handtasche.

Spontan legt Jonas Keller seinen Schlüsselbund vor sich auf den Boden. »Ich bin der Jonas, ich fühle mich hier oft eingesperrt, aber solange ich dieses Ding habe, gibt es immer einen Weg hinaus.« Er grinst, einige Hände der Kollegen verkrampfen sich in den Hosentaschen, denn die Lösung Schlüssel ist für den Rest des Teams versperrt.

»Diese Figur«, Simone stellt einen kleinen Eiffelturm auf den Boden, »erinnert mich an Paris, sie zeigt mir auch, dass mein Unterricht nicht im originalen Leben stattfindet, sondern in einem luftleeren Raum.«

Die Werklehrerin zieht einen Schraubenzieher hervor und deutet an, dass im Team doch an diversen Orten Schrauben nachgezogen werden müssten, Madame Werken Textil faltet ein Schnittmuster auseinander und erzählt etwas von fehlender Orientierung, der Informatiker legt einen USB-Stick auf den Boden und teilt seine Befürchtung mit, dass sich die heutige Jugend zu schnell im Netz verlieren könnte. Der Turnlehrer zaubert einen Tischtennisball hervor, und Corradi murmelt etwas von einem dritten Ei, was ihm einen bösen Blick der Schulleiterin einträgt.

So kommt doch einiges aus dem Nichts zusammen. Da liegen Anhänger in Form eines Saxofones, eines Seepferdchens und eines Phallus, daneben ein Notizbuch, eine Kinokarte und ein Liebesbrief. Es wird über Sehnsüchte nach anderen Orten gesprochen, über die Wichtigkeit eines Lebens neben der Schule, über entschlossene Schritte in einer orientierungslosen Zeit.

Schließlich steht Strobele auf. »Dann bin ich jetzt an der Reihe.« Ein verlegenes Hüsteln. »Ich bin der Gerd, ich hab da schon einiges gemacht in meinem Leben. Eure Welt ist mir nicht fremd, früher stand ich auch vor einer Klasse, bis ich mich nicht mehr gespürt habe, da wusste ich, dass etwas geschehen muss. So habe ich mich dann auf der mentalen Ebene weiterentwickelt, ich war in Sibirien zum Meditieren, badete in Indien mit Gurus am Ganges und wandelte auf den Spuren von Buddha und Hermann Hesse. Dadurch gelangte ich zur Einsicht, dass Heilung nur aus unserer eigenen Kultur kommen kann. Versteht ihr?«

Die eine und der andere fragen sich, wer hier geheilt

werden müsse. Das pädagogische Korps harrt gespannt der Dinge, die nun kommen werden.

»Unsere Kultur ist mit dem Fasten und mit der Stille groß geworden.«

»Was ist mit unserem Abendessen?«, flüstert die Biologie erschrocken.

»Das fällt aus«, sagt Keller. »Dafür gibt's einen Vortrag zum abendländischen Klosterleben.«

»Jonas!«, faucht die Schulleiterin und kann sich kaum mehr beherrschen, »ich denke, ein wenig Stille könnte auch dir nicht schaden.«

»Jawohl! Diese Ruhe gönne ich mir, und zwar sofort.« Der Zeichenlehrer springt auf, mit einem Knall fällt sein Stuhl um, »jetzt gehe ich eine rauchen, ganz für mich alleine und genieße die Stille, ohne euer hohles Gelaber.«

»Jonas Keller«, ruft die Schulleiterin außer sich, »du bleibst jetzt hier!«

Ohne sich umzudrehen, geht der Zeichenlehrer hinaus. Fassungslos schaut man ihm nach. Bei der Tür steht der bleiche Diener. Schulleiterin Reiffer gibt ihm ein Zeichen. Keller verschwindet und der Diener zieht hinter ihnen die Türe zu.

Die Zeit scheint still zu stehen, man schaut wieder zu Boden, wartet.

»Stille«, übernimmt Strobele die Initiative, »genau das ist es, was wir brauchen.«

Betroffenes Nicken, man lehnt sich dankbar zurück.

»Es gibt Stunden des Fastens und Stunden des Essens. So wollen wir es auch heute halten. Es gibt auch unter Mitarbeitern wertvolle Momente der Stille. Aus der Stille können Wahrheit und Wahrhaftigkeit wachsen, Ernst und Fairness. Danach kann man alles sagen. So wollen wir es handhaben. Erst Stille, dann Gespräch.« Ein Blick in die Runde.

Zaghaft hebt die Geografie die Hand. »Und wir dürfen wirklich alles sagen?«

»Alles!« Strobele schaut die Schulleiterin an.

»Alles«, antwortet diese und hofft, dass ihr Diktiergerät genug Aufnahmekapazität hat.

»Auch die Sache mit der Kaffeemaschine?«

»Auch die, aber erst …«

»Und dass es bei den Parkplätzen immer …«

»Erst …«

»Und die Sache mit dem Kopierer? Keiner …«

»Erst Stille, dann Worte«, befiehlt Strobele und hebt gebieterisch die Arme.

Es wird ruhig im Raum. Diese erste Stille scheint die anwesenden Lehrerinnen und Lehrer einige Anstrengungen zu kosten, die Kolleginnen und Kollegen atmen schwer. Simone schließt die Augen. Eine hektische Bilderflut türmt sich vor ihr auf und droht, sie zu ertränken. Schülerinnen und Schüler strecken ihr Arbeitsblätter zum Korrigieren entgegen, der Abwart beschwert sich über den Zustand der Bänke. Kollegen rauschen vorbei, hektisch winkend und nach Luft schnappend. Und von fern ertönt ein Schrei.

Danach scheint es, als würde sie in tiefes Wasser tauchen, die Laute verstummen, alles ist in Dämmerlicht getaucht. Simone wird ganz Atem, ganz Stille.

Viel zu schnell wird sie herausgerissen aus dieser wohltuenden Ruhe. Wann, fragt sie sich, wird sie diese Geborgenheit wieder fühlen können.

»Nun ist es Zeit für offene, reinigende Worte.« Strobele schaut ermutigend in die Runde.

Die Geografie will endlich ihrem Ärger Luft machen, die Biologie stimmt ihr zu, findet allerdings, dass die Sache mit der Kaffeemaschine übertrieben sei, beim Kopierer hingegen gebe sie der Kollegin recht, was sie da erlebt habe, gehe wirklich auf keine Kuhhaut. Gleichzeitig fragt der Informatiklehrer den Turnlehrer, ob es wohl möglich sei, dass die Delle an seiner Stoßstange von der Anhängerkupplung des Kollegen stamme, dieser nutzt die Gelegenheit, um darauf hinzuweisen, dass er in der Turnhalle immer noch über keinen anständigen Laptop mit Internetanschluss verfüge, obwohl man doch auf dem ganzen Areal WLAN …

Immer wenn es hektisch wird, wenn Emotionen hochkochen, immer dann meldet sich Simones Blase. Erst drückt sie die Beine etwas zusammen, atmet dann tief in den Unterleib, wie sie es beim Beckenbodentraining gelernt hat, doch nichts hilft. Sie muss einfach raus hier. Dringend. Und zwar jetzt gleich.

Die Diskussion hat sich auf die andere Seite verlagert, unbemerkt stellt sie den Stuhl zur Seite und trippelt hinaus. Corradi folgt ihr.

»Hast du auch genug von dem Gewäsch?«

»Eigentlich finde ich die Beiträge der Kolleginnen und Kollegen sehr interessant und bereichernd«, weicht sie aus. Nur jetzt keine Komplizenschaft mit Corradi eingehen, denkt Simone. Sie kann sich vorstellen, wie so etwas endet, erst im Bett des Latin Lovers, dann, am nächsten Tag, würde sie wie die Zeitung von gestern im Altpapier landen. Sie hat keine Lust, nächste Woche von ihm wie Luft behandelt zu werden, auch auf das Getuschel der Kolleginnen und Kollegen hinter ihrem Rücken kann sie gut verzichten.

»Was machst du dann hier draußen, wenn die Ergüsse der andern so bereichernd sind?«, fragt er spöttisch.

Sie zeigt den Flur entlang. »Toilette.«

»Gute Idee.« Giancarlo grinst. »Da komme ich gerne mit.«

»Wie bitte?« Panik.

»Natürlich getrennt. Männlein und Weiblein für sich alleine.«

»Ach so.« Was hatte sie schon wieder gedacht? Dieser Workshop schafft sie mit Haut und Haaren. Schnell verschwindet Simone durch die Türe mit dem Frauensymbol und setzt sich erleichtert in eine der Kabinen. Drüben hinter der Wand hört sie die Spülung. Sie wartet. Was sind das für Geräusche? Eine Türe wird aufgestoßen. Giancarlo ruft etwas. Gleich wird er reinkommen, denkt sie und weiß nicht so recht, ob sie sich darüber freuen oder davor fürchten soll. Als sie die Hände wäscht, ist es wieder still drüben bei den Herren. Sie geht hinaus, doch es wartet kein Verehrer vor der Toilette.

Einen Moment bleibt die Französischlehrerin unschlüssig stehen. Was nun? Zurück zu den anderen? Das hat Zeit. Hastig durchquert sie den Rittersaal. Ein leises Geräusch lässt sie herumfahren, in einer Ecke des Raumes steht der bleiche Diener und macht sich an einer Rüstung zu schaffen. Sein Gesicht verzieht sich zu einer Grimasse, möglicherweise ein Lächeln. Schnell geht Simone weiter. Das Eingangsportal öffnet sich knarrend. Sicher steht Corradi draußen, zusammen mit Jonas Keller, der sich hoffentlich etwas beruhigt hat. Sie kommt sich etwas verrucht vor, weil sie an einem Ort ist, an dem sie nicht sein dürfte. Statt im Kreis mit den anderen Teammitgliedern über pädagogische Fragen zu diskutieren, ist sie draußen in der Kälte bei den Revoluzzern. Vielleicht wird sie heute auch noch eine Zigarette rauchen. An diesem Abend ist wirklich alles möglich.

Sie horcht. Auch hier in der Dunkelheit hat sich Strobeles Stille ausgebreitet. Nur der Nachtwind rauscht leise in den Tannen. Über ihr wölbt sich der dunkle Sternenhimmel. Der Orion breitet seine Arme aus, der große Wagen steht bereit, um sie mitzunehmen. »Giancarlo?«, ruft sie in die Dunkelheit hinaus. »Bist du da?«

Nichts.

Sie macht einige Schritte auf dem Kies, zieht den pflanzengefärbten Kaschmirpullover, hergestellt von einer Frauenkooperative, enger um sich. Dann sieht sie es. Da rechts in den Bäumen bewegt sich etwas Rotes. Das muss sie sich genauer anschauen. Neugierig geht die Lehrerin über die Wiese auf die Tannen zu.

Und da … baumelt Jonas Keller an einem hellen Abschleppseil zwischen den Tannen. Sein roter Schal wiegt im Wind hin und her. Her und hin.

Einen Moment noch bleibt Simone stehen und schaut hinauf zu Kellers Füßen. Dann sieht sie weiter drüben eine Leiter am Baum lehnen. Der Abstand ist so groß, dass Keller wohl kaum selber gesprungen sein kann. Erst jetzt wird ihr bewusst, dass der Tod nicht alleine ans Lehrerzimmer der Sonnmatt geklopft hat. Irgendwo lauert noch sein irdischer Helfer.

Völlig durcheinander hastet sie über die Wiese. Wer würde am Montag Kellers Stunden übernehmen? Schule sollte doch jederzeit stattfinden. Das war ein Grundsatz, an dem in der Sonnmatt unbedingt festgehalten wurde. Simone hat trotz Freistunden am Morgen keine Lust auf Zeichnen mit der 3d. Das werden die anderen sicher verstehen. Ihr war noch nie eine Skizze geglückt. Wenn sie versucht, Grün zu mischen, kommt ein schmutziges Braun heraus. Keine guten Voraussetzungen, um Zeichnungsstunden zu übernehmen. Simone öffnet das knarrende Eingangsportal. Sie muss mit Corradi sprechen. Jetzt gleich. Wenn er nicht draußen ist, steckt er wohl noch in dieser Toilette.

Erneut durchquert sie den Rittersaal. Der Diener mit der wächsernen Haut kommt ihr entgegen, bleibt kurz stehen, schaut sie eindringlich an und gebietet ihr mit dem Finger am Mund zu schweigen. Dann ist er auch schon wieder verschwunden. Eine Türe wird geöffnet. Kurz nur sind Küchengeräusche hörbar, es riecht verführerisch nach Essen, bald schon wird Strobeles Fastenzeit zu Ende sein.

Simone stößt die Toilettentüre bei den Herren auf. Es gelingt ihr aber nicht ganz, etwas drückt von innen gegen das Holz. So quetscht sie sich durch die Öffnung in den Raum. Da, hinter der Türe unter dem Lavabo sitzt ihr Latin Lover. In seiner Brust steckt ein großes Küchenmesser, das weiße Hemd ist blutverschmiert. Beide Hände umfassen den Messergriff, Corradis Gesicht sieht aus, als könne er nicht begreifen, was mit ihm geschehen sei. Die öligen Haare hängen über einem traurigen Gesicht.

Simone Kreuzer seufzt hörbar. So stark ihr seine anzügliche Art auf die Nerven ging, so stark wird ihr seine anziehende Seite nun fehlen. Jonas Keller tot. Giancarlo Corradi tot. Wer ist als Nächstes dran? Sie schüttelt den Kopf. Das sind bloß Unfälle und Zufälle, sagt sie sich. Es ist nichts geschehen, ich habe nichts gesehen, ich muss nur schnell zurück auf meinen Platz, dann wird alles gut. Schnell verlässt sie die Herrentoilette.

Der Diener öffnet ihr die Türe zum Konferenzraum, beim Vorbeigehen streift sie seinen kalten Arm. Ein Schauer jagt ihr den Rücken hinunter. Unbemerkt huscht Simone auf ihren Platz zurück und schließt sofort die Augen. Stille, denkt sie, Stille ist alles, was ich brauche. Beim Wegtauchen hat sie noch das Gefühl, als würde ihr die Schulleiterin zunicken, dann schlagen die Wogen auch schon über ihr zusammen und sie taucht ab.

»Übertreibst du es nicht etwas mit der Stille, meine Liebe?« Simone reißt die Augen auf. Vor ihr das Gesicht von Korber. »Du hast die ganze Diskussion verpasst.«

Etwas benommen lässt sich Simone hinausführen. Die Tafel ist festlich gedeckt.

»Kommt«, ruft Strobele, als hätte er eigenhändig gekocht, »nun ist die Fastenzeit vorbei. Nach der geistigen Nahrung wollen wir dem Körper etwas Ordentliches vorsetzen. Ich wünsche allen einen guten Appetit.«

Die Schulleiterin klatscht in die Hände, der Diener trägt die Speisen auf und der Schlossherr erklärt als ehemaliger Fleischfachmann, was hier auf die Teller kommt. »Das Beste vom Rind, vom Schwein und vom Schaf. Alles aus der Gegend.«

Simone setzt sich zwischen Korber und den Turnlehrer, isst Suppe, Braten und Wurst. Dabei vergisst sie völlig, dass sie aus politischen und moralischen Gründen Vegetarierin ist. Ihre ganze Aufmerksamkeit gilt den Männern, die aufs Klo verschwinden und den Leuten, die hinausgehen, um vor dem Schloss zu rauchen. Nichts passiert. Niemand kommt schreiend herein und berichtet, dass da eine Leiche baumle oder dass bei den Männern unter dem Lavabo der erstochene Kollege liege.

Langsam beruhigt sich die Französischlehrerin, obwohl Keller und Corradi nicht mit am Tisch sitzen. Als sie sich nach dem Verbleib der beiden erkundigt, zuckt der Turnlehrer mit den Schultern, murmelt etwas von Querulanten, er hat den Spruch mit dem dritten Ei noch nicht ganz verdaut. Korber hingegen antwortet mit einem lateinischen

Spruch, der wohl von Cäsar stammt und bedeutet, dass alles, was man nicht weiß, eine Sache nicht schlimmer, sondern besser machen könne. Die Feinde hätten es darauf angelegt, die Siegreichen zu täuschen. Oder so ähnlich.

Vor der Nachspeise folgt noch ein Evaluierungsrunde. Das Team ist einhellig der Meinung, dass das Essen einmalig gewesen sei und Strobele seine Sache ordentlich gemacht habe. Punkt. Danach Kaffee, Mousse au Chocolat und Schnäpse. Alles erstklassig.

Gegen elf folgt der allgemeine Aufbruch. Einige Minuten steht man noch auf dem Parkplatz herum. Simone sieht, dass der Alfa von Giancarlo und der Mitsubishi von Keller bereits weg sind. Zuvorkommend bietet ihr die Schulleiterin an, sie nach Hause zu bringen. Müde steigt sie ein. Die Reiffer lässt den Motor an, leise beginnt die Lüftung zu surren.

»Einen Moment!« Der bleiche Diener klopft an die Scheibe der Schulleiterin. Er reicht ihr ein weißes Abschleppseil durch die heruntergelassene Scheibe, das sie entgegennimmt und achtlos auf die Rückbank legt.

»Danke für alles«, sagt sie, winkt dem Diener und dem Schlossherrn zu und fährt los. »Das war jetzt wirklich eine gelungene Veranstaltung«, sagt sie. »So offen habe ich unsere Lehrerschaft noch selten erlebt, ich denke, dass unser Teamgeist auf einem guten Weg ist.«

Müde nickt die Französischlehrerin. Sie will nur noch nach Hause, freut sich auf ihr weiches Bett und auf ein warmes Bad am Samstagmorgen. Die Schule ist im Moment noch sehr weit weg.

»Da wäre noch eine Kleinigkeit«, sagt die Schulleiterin, als sie in Simones Straße anhält, »ich wollte dich bitten, am Montagmorgen zwei Zeichenstunden zu übernehmen.«

DAS FOUCAULT'SCHE PENDEL

Thomas Breuer –

neunundzwanzig Dienstjahre

Oberstudiendirektor Stöcker baumelte im Treppenhaus drei Meter über dem Marmorboden. Das war kein schöner Anblick, denn erstens war Stöckers Gesicht fauligblau angelaufen und zweitens hatte sich beim Eintritt des Todes sein Schließmuskel nachweislich entspannt. Der Gestank waberte durch die Eingangshalle des Gymnasiums und hatte sicher einen entscheidenden Anteil an den blassen Gesichtern des umstehenden Lehrkörpers. Schüler waren nicht in der Halle. Die wurden als lärmender Haufen draußen vor dem Haupteingang vom Hausmeister in Schach gehalten.

»Was ist das für ein Haken da oben?«, erkundigte sich Hauptkommissar Wiesner und deutete zwei Etagen nach oben an das entgegengesetzte Ende des Seiles.

»Da soll nächste Woche ein Foucault'sches Pendel angebracht werden«, antwortete Studiendirektor Rehbein, der Stellvertretende Schulleiter.

»Das passt ja«, stellte Wiesner fest und erklärte auf Rehbeins fragenden Blick hin: »Zu meiner Zeit hat Herr Stöcker Physik unterrichtet.«

Kommissar Leitner zog die Stirn kraus. Der kapiert mal wieder nichts, dachte Wiesner, was auch umgehend durch Leitners Nachfrage bestätigt wurde.

»Mit einem Foucault'schen Pendel«, erklärte Rehbein, »kann man die Erdrotation nachweisen, ohne die Sterne dafür zu benötigen.«

Wiesner rezitierte aus der Erinnerung: »›Wie schön könnte dieser Beruf sein, wenn es euch dumme Bande nicht gäbe!‹«, wobei er offenbar so treffend Stöckers Stimme imitierte, dass Rehbein erstaunt nickte.

In diesem Moment wurde es vom Eingang her laut. Die Kriminaltechniker in ihren weißen Overalls bahnten sich mit ihren Koffern den Weg durch die Schülermeute und wurden vom Hausmeister ins Gebäude gelassen. KTU-Leiter Hagemann nickte Wiesner knapp zu, während seine Leute direkt damit begannen, ihre Utensilien auszupacken.

»Lassen Sie uns in Ihr Büro gehen«, forderte Wiesner den Stellvertretenden Schulleiter auf. »Hier stehen wir nur im Weg. Die Lehrer sollen sich im Lehrerzimmer zur Verfügung halten, die Schüler am besten in der Aula, für den Fall, dass wir mit einigen von ihnen sprechen müssen.«

Studiendirektor Rehbein gab die nötigen Anweisungen und dirigierte sein Lehrpersonal mit ausgebreiteten Armen in Richtung Verwaltungsflur.

Der Studiendirektor deutete auf vier Stühle, die um einen kleinen Glastisch herumstanden. Den räumte er erst von Zettelstapeln frei, bevor er sich zu den Kriminalbeamten setzte.

»Können Sie sich vorstellen, dass Herr Stöcker Selbstmord begangen hat?«, eröffnete Wiesner die Befragung.

Rehbein schaute einen Moment irritiert von einem zum

anderen und schüttelte dann halbherzig den Kopf. »Eigentlich nicht.«

»Was heißt *eigentlich*?«

»Na ja, wenn es kein Selbstmord war, dann war es Mord, oder? Und dass ihn jemand umgebracht hat …«

»Das können Sie sich noch weniger vorstellen?« Wiesner merkte selbst, dass die Frage etwas zu hämisch rüberkam.

»Sie offenbar schon«, reagierte Rehbein entsprechend gereizt.

»Nun ja«, antwortete Hauptkommissar Wiesner. »Zu meiner Zeit war Herr Stöcker, ganz vorsichtig formuliert, nicht sehr beliebt.«

Rehbein wiegte zweideutig den Kopf hin und her. »Unser Schulleiter war ein konsequenter Verfechter des Leistungsgedankens, wenn Sie verstehen, was ich meine.«

»Er hat knallhart zensiert«, antwortete Wiesner.

»Vielleicht, ja. Nicht, dass die anderen Lehrer ihre Noten verschenken, aber Herr Stöcker hat sich häufig über die Inflation der guten Noten beklagt«, erläuterte der Studiendirektor. »Da ist ja auch was dran. Im Gegensatz zu unserer Zeit« – er wies mit nach oben gerichteter Handfläche auf den etwa gleichaltrigen Hauptkommissar – »steht heute bei dreißig Prozent der Abschlüsse eine Eins vor dem Komma.«

»Vielleicht sind die heutigen Schüler ja intelligenter«, vermutete Leitner.

»Das bezweifle ich«, warf sein Vorgesetzter mit einem abwertenden Seitenblick ein. »Sonst müsste man das ja auch bei unserem Nachwuchs merken.«

Auch Rehbein wiegte erneut seinen Kopf hin und her. »Es ist wohl eher politisch gewollt, dass möglichst viele Schüler das Abitur machen und studieren.«

»Und das passte Herrn Stöcker nicht«, schloss Wiesner.

»Nein. Er hielt es für seine Verantwortung, eine sorgfältige Auswahl zu treffen, wenn ich das mal so formulieren darf.«

»Da gab es sicher häufig Probleme mit Schülern und Eltern?«

»Von Jahr zu Jahr mehr«, bestätigte Rehbein. »Wissen Sie, Eltern sind heutzutage fordernder und selbstbewusster. Sie betrachten unsere Lehrtätigkeit eher als Dienstleistung und glauben, beurteilen zu können, ob wir das gut machen oder nicht. Ihr einziges Kriterium ist selbstverständlich die Note, die ihr Zögling bekommt. Na ja, wenn dann so ein Rechtsanwaltstöchterchen Probleme mit der Lesekompetenz hat und eine Klausur versemmelt, dann gibt es schon mal böse Anrufe und Widerspruchsandrohungen.«

»Sie denken jetzt an jemand Bestimmten?«

Studiendirektor Rehbein zögerte einen Moment, als wäre er sich nicht sicher, ob es klug war, das zu bestätigen. Dann gab er sich einen Ruck: »Mit Charlotte Klinger und ihrem Vater hat es diesbezüglich Differenzen gegeben.«

»Rechtsanwalt Klinger?«, hakte Wiesner nach.

»Richtig. Herr Klinger war der Ansicht, dass die Defizite seiner Tochter ihren Ursprung in der schlechten Klausurvorbereitung durch Herrn Stöcker haben und nicht in dem IQ seiner Tochter. Bei Herrn Stöcker falle einfach zu viel Unterricht aus.«

»Stimmt das denn?«

Rehbein rang einen Moment mit sich, bevor er fortfuhr: »Sie werden es ja ohnehin erfahren. Herr Stöcker war auf dem Sprung in den Bundestag und nur noch selten in der Schule. Die Dienstgeschäfte hier habe im Wesentlichen ich geführt.«

»Trotzdem hat er Herrn Klinger nicht nachgegeben, nehme ich an«, wollte Wiesner wissen.

»Nein, für ihn ging es da ums Prinzip. Der Steuerzahler sollte nicht für die ohnehin aussichtslosen Studienversuche unterbelichteter Abiturienten bezahlen.«

»Wie hat Rechtsanwalt Klinger reagiert?«

»Er hat angedroht, sich im Falle einer schlechten Zeugnisnote an die Bezirksregierung zu wenden und Widerspruch einzulegen. So etwas hat Herrn Stöcker aber nicht beeindruckt. Er hatte ausgesprochen gute Beziehungen nach oben.«

»Kein Grund also für einen Suizid«, schloss Wiesner. »Und Mord dürfte in dem Fall auch wohl eher unwahrscheinlich sein. Rechtsanwalt Klinger kenne ich zwar als einen sehr unnachgiebigen Verfechter seiner Position, allerdings immer mit rein juristischen Mitteln.«

Leitner nickte bestätigend.

»Wie war das im Kollegium?«, wechselte Wiesner nun die Blickrichtung. »Seine politischen Ambitionen dürften dort auf wenig Gegenliebe gestoßen sein, zumal sein Unterricht ja auch immer vertreten werden musste. Wer war denn da besonders aufmüpfig?«

»Die Kollegin Wolf und der Kollege Brüggemeier«, kam es wie aus der Pistole geschossen. »Die haben allerdings immer etwas zu meckern.«

»Gut«, schloss der Hauptkommissar die Befragung. »Dann möchte ich jetzt zunächst die beiden renitenten Kollegen sprechen.«

»Natürlich.« Rehbein sprang regelrecht auf. »Ich schicke sie Ihnen.«

Anna Wolf war eine kämpferisch wirkende Mittfünfzigerin, ihr Kollege Friedhelm Brüggemeier vielleicht drei oder vier

Jahre jünger und eher der bequeme Paukertyp, der beschlossen hatte, dem korrupten System mit einer Leck-mich-am-Arsch-Attitüde zu trotzen.

»Wir können es kurz machen«, überrumpelte Anna Wolf den Hauptkommissar, bevor er die Befragung eröffnen wollte. »Stöcker war ein Drecksack. Er hatte seine arschkriechenden Günstlinge, die er auch fleißig befördert hat, und seine erklärten Gegner, zu denen wir beide gehören. Dass der nun da draußen baumelt, ist zwar etwas krass, aber es hat keinen Falschen getroffen.«

»Soll das ein Geständnis werden?«, fiel Leitner in ihren Redeschwall.

Anna Wolf und Friedhelm Brüggemeier grinsten einander an. »Nee«, antwortete der Lehrer nun gedehnt. »An so einem machen wir uns nicht die Finger schmutzig. Außerdem wäre er ja sowieso bald weg gewesen.«

»Dafür hätte er erst mal gewählt werden müssen«, erwiderte Wiesner.

Brüggemeier winkte ab. »In unserem Wahlkreis reine Formsache. Nee, nee, Herr Kommissar, der Stöcker war als CDU-Mann schon so gut wie in Berlin und in den letzten Monaten kaum noch in der Schule.«

»Wo waren Sie denn in der vergangenen Nacht?«, zeigte sich Leitner unnachgiebig.

»Zu Hause«, antwortete Anna Wolf. »Frau Brüggemeier und mein Mann werden Ihnen das gerne bezeugen.«

»Haben Sie einen Verdacht, wer als Täter infrage kommen könnte?«, erkundigte sich Wiesner wie beiläufig. »Oder halten Sie Selbsttötung für möglich?«

»Also, für einen Selbstmord hatte der keine Eier«, antwortete Anna Wolf. »Und wer ihn da hingehängt hat? Keine Ahnung. Aber wenn Sie den finden, sollten Sie ihm das Bundesverdienstkreuz verleihen. Da ist uns allen in Berlin einiges an Inkompetenz erspart geblieben.«

»Was sagt denn der Kollege Rehbein dazu?«, fragte Friedhelm Brüggemeier unvermittelt.

Wiesner sah ihn herausfordernd an. »Wieso? Hat er Ihrer Ansicht nach ein Motiv?«

»Na, immerhin ist er von Stöcker übel ausgebremst worden.«

»Das müssen Sie mir näher erklären«, forderte Wiesner ihn auf.

»Rehbein war so etwas wie der Kronprinz an dieser Schule und sollte Stöckers Nachfolger werden«, erklärte Brüggemeier.

»Bis die Kollegin Münster ihren Hut in den Ring geworfen hat«, ergänzte Anna Wolf hämisch lachend.

»Und deren Mann ist Landtagsabgeordneter.« Brüggemeier zog vielsagend die Augenbrauen hoch.

»Ich weiß ja nicht, wie Sie ticken, Herr Kommissar«, schloss Anna Wolf, »aber ich an Rehbeins Stelle hätte zumindest Rachegedanken.«

In diesem Moment betrat Kriminaltechniker Hagemann vom Flur her das Büro, ohne vorher anzuklopfen. »Das müsst ihr euch ansehen«, sagte er.

»Vielen Dank erst mal«, verabschiedete Wiesner die beiden Lehrer. »Wir werden Ihre Alibis überprüfen und melden uns, wenn wir noch Fragen haben.«

»Was gibt's denn so Dringendes?«, erkundigte sich Wiesner bei dem Mann im weißen Overall, als die beiden das Büro verlassen hatten.

Der hielt ihm ein Smartphone entgegen, auf dessen Display ein Foto sichtbar wurde. Hauptdarsteller der abgelichteten Szene war Schulleiter Stöcker, der mit geschlossenen

Augen nackt neben einem Teich im Gras lag. Ihm zur Seite ruhte eine junge blonde Schönheit, splitterfasernackt wie er und ebenfalls mit geschlossenen Augen. Stöcker hatte den rechten Arm um sie gelegt, sodass seine Hand an ihrer rechten Brust Halt fand.

»Schau an, der Herr Schulleiter«, staunte Wiesner. »Das ist das Handy des Toten?«

Hagemann nickte. »E-Mail-Anhang«, erklärte er. »Die Mail ist an Stöckers Dienst-Postfach gegangen und kam von … Sekunde …« – er wischte und tippte etwas herum – »einem Maik Rölling. Text: ›Ich hoffe, wir verstehen uns jetzt besser.‹«

»Hört sich nach Erpressung an«, kam es nachdenklich von Leitner.

»Gib mal her«, forderte Wiesner den Kriminaltechniker auf, nahm ihm das Gerät aus der Hand und ging ins Sekretariat hinüber.

Dort saß die Sekretärin völlig verheult an ihrem Schreibtisch. Sie war offenbar die Einzige in dieser Schule, der Stöckers Tod naheging.

»Kennen Sie dieses Mädchen?«, fragte Wiesner und hielt ihr das Smartphone hin.

Wie von einem Faustschlag getroffen, zuckte sie zurück. »Natürlich. Das ist die Charlotte Klinger. Aber was …«

»Ist Maik Rölling auch Schüler an dieser Schule?«

Die Sekretärin nickte. »Maik ist Charlottes Freund.«

»Lassen Sie die beiden bitte sofort aus der Aula holen«, ordnete Wiesner an.

Die Sekretärin sprang auf und rannte aus dem Büro.

Charlotte Klinger hielt sich dicht an der Seite ihres Freundes und bemühte sich um ein unschuldiges Gesicht. Maik Rölling hingegen trat betont herausfordernd auf.

»Frau Klinger«, begann Wiesner, »es hat in letzter Zeit Unstimmigkeiten zwischen Ihnen und Herrn Stöcker gegeben, was Ihre Noten anging. Stimmt das?«

Sie winkte leichthin ab. »Nichts, das ich nicht mit der nächsten Klausur hätte korrigieren können.«

»Charlotte ist intelligent«, stimmte ihr Freund zu. »Die hätte das schon gepackt.«

»Da war Herr Stöcker offenbar anderer Meinung«, warf Leitner ein.

»Ach, der!« Maik machte eine wegwerfende Handbewegung.

»Ich war auch mal Schüler an dieser Schule«, bekannte Wiesner unvermittelt. »Und ich weiß, wie Herr Stöcker war. Fast hätte er mir das Abitur versaut. So ein Pauker sitzt am Ende immer am längeren Hebel.«

»Mein Vater ist Rechtsanwalt«, entgegnete Charlotte. »Der hätte ihm das nicht durchgehen lassen.«

»Wenn Herr Stöcker sich in den letzten Jahren nicht geändert hat, dann wette ich, dass er Ihre schlechte Note lückenlos hätte begründen können«, entgegnete Wiesner.

Charlotte schlug die Augen nieder und zuckte leicht mit den Schultern.

»Da ist es ja schon fast Notwehr«, fuhr Wiesner fort, »wenn man zu anderen Mitteln greift.«

Die beiden Schüler sahen sich kurz an, sagten aber nichts dazu.

»Wer von Ihnen beiden hatte die Idee?«, griff Wiesner sie nun direkt an.

»Was meinen Sie?«, kam es vorsichtig von dem Mädchen zurück, und »Welche Idee denn?«, fragte ihr Freund.

»Die mit dem Foto.« Wiesner hielt den beiden das Smartphone unter die Nase.

Charlotte wurde blass. »Scheiße«, stieß sie hervor und wandte sich wütend Maik zu: »Ich habe dir doch gesagt: Das geht schief.«

»Ja klar«, konterte der. »Jetzt bin ich der Blöde.«

»Dann erzählen Sie mal«, forderte der Hauptkommissar ihn auf und lehnte sich zurück, um zu signalisieren, dass er Zeit hatte.

Was die Beamten nun zu hören bekamen, war eine Geschichte wie aus einer Privatsender-Soap: Oberstudiendirektor Stöcker hatte sich hartnäckig den Versuchen von Rechtsanwalt Klinger widersetzt, Charlottes Note zu verändern. Daraufhin hatten Maik und Charlotte beschlossen, die Sache selbst in die Hand zu nehmen, und ihrem Lehrer beim letzten Schulfest am Abend im Schülercafé K.-o.-Tropfen ins Bier geschüttet. Er war benommen in den Park hinter der Schule getorkelt und neben dem Teich zusammengebrochen. Maik und Charlotte hatten die verfängliche Szene arrangiert und mit dem Smartphone jenes Foto gemacht, um den Ahnungslosen anschließend zu erpressen.

»Wie hat Herr Stöcker reagiert?«, fragte Wiesner.

»Na, wie schon?«, antwortete Maik leicht aufmüpfig. »Er hat versprochen, dass Charlotte auf dem Zeugnis kein Defizit bekommt. Immerhin stand sein Ruf auf dem Spiel – als Schulleiter und als Wahlkämpfer.«

»Und was ist dann passiert?«

»Wie: dann passiert?«, kam es verständnislos von Charlotte. »Das war's. Mehr wollten wir doch gar nicht von ihm.«

»Er hat es sich also nicht plötzlich anders überlegt und gedroht, Sie wegen Erpressung anzuzeigen und dafür zu sorgen, dass Sie gar kein Abitur bekommen?«

»Natürlich nicht!«, rief Charlotte aufgeregt. »Unser Deal war doch quasi eine Win-win-Situation.«

»Wir haben mit seinem Tod nichts zu tun«, beeilte sich auch Maik.

»Na«, wandte Wiesner ein, »so ganz unschuldig sind Sie wohl nicht daran, falls er sich selbst das Leben genommen haben sollte.«

Diese Deutung ließ Charlotte rot anlaufen, während aus dem Gesicht ihres Freundes sämtliche Farbe wich.

»Wo waren Sie in der vergangenen Nacht?«, hakte Leitner erbarmungslos nach.

»Bei Charlotte zu Hause«, antwortete Maik und schob schnell nach: »Ihr Vater kann das bezeugen.«

»Natürlich«, ätzte Leitner. »Der Herr Rechtsanwalt, die Universalwaffe.«

»Sie können jetzt gehen«, schloss Wiesner die Befragung. »Aber machen Sie sich auf eine Anzeige wegen Erpressung gefasst.«

Geradezu fluchtartig verließen die beiden das Büro.

»Meinst du, eine Anzeige bringt was?«, fragte Leitner zweifelnd.

Wiesner winkte ab. »Du sagst doch selbst, die haben eine Universalwaffe zu Hause. Nee, nee, ich wollte Sie nur nicht ganz so erleichtert ziehen lassen.«

»Das war also auch ein Schuss in den Ofen«, urteilte Leitner resigniert.

Wiesner wiegte zweifelnd den Kopf hin und her. »Da bin ich mir nicht so sicher. Angenommen, das Foto ist tatsächlich der Schlüssel. Wer hätte das größte Interesse daran, es gegen Stöcker zu verwenden?«

»Die Wolf und der Brüggemeier?«, überlegte Leitner, gab sich aber sofort selbst die Antwort: »Nein, die wären ihn nach der Bundestagswahl sowieso losgeworden. Und die Frau Münster hat als unangefochtene Nachfolgerin auch kein Motiv.«

Wiesner nickte zustimmend. »Für mich bleibt jetzt nur noch einer.«

»Sie wollten mich noch einmal sprechen?«, erkundigte sich Studiendirektor Rehbein, als er wieder sein Büro betrat. »Sind Sie weitergekommen?«

»Allerdings«, antwortete Wiesner und deutete auf einen freien Stuhl, als wäre das hier sein Büro. Dann hielt er ihm das Smartphone unter die Nase. »Seit wann kennen Sie dieses Foto?«

Rehbein blickte erstaunt auf den Bildschirm. »Ist das etwa …? Aber das ist ja …«

»Herr Rehbein«, ging Wiesner grimmig dazwischen. »Wir sind zwar nur von der Polizei, aber Sie sollten nicht den Fehler machen, unsere Intelligenz zu unterschätzen.«

Über Rehbeins Gesicht huschte die Andeutung eines arroganten Lächelns.

»Ist Herr Stöcker mit dem Foto zu Ihnen gekommen, um Sie um Hilfe zu bitten?«, fragte Wiesner.

»Warum hätte er das machen sollen?«, entgegnete Rehbein. »Das hätte ihn doch nur kompromittiert.«

»Stimmt«, überlegte Wiesner. »So dumm war Herr Stöcker nicht, zumal er damit rechnen musste, dass Sie das Foto sofort gegen ihn verwendet hätten, weil Sie gegen seinen Willen Schulleiter werden wollten.«

Rehbeins Grinsen wurde noch etwas breiter.

Wiesner erwiderte es. »Sie haben das Foto selbst entdeckt, nicht wahr? Es gehört schließlich zu Ihren Aufgaben als Stellvertreter, die Korrespondenz des Schulleiters zu übernehmen, wenn er abwesend ist.« Er beobachtete erfreut, wie er Rehbein mit dieser Erkenntnis verunsicherte. »Dann haben Sie Ihren Chef mit dem Foto konfrontiert und gedroht, es gegen ihn zu verwenden, wenn Sie nicht sein Nachfolger werden.«

»Und das können Sie beweisen?«, konterte Rehbein.

»Wie hat Herr Stöcker reagiert?«, überging Wiesner die Frage. »Hat er Sie zum Teufel gejagt? Haben Sie ihn deshalb umgebracht?«

»Ich habe ihn nicht umgebracht«, entgegnete Rehbein mit fester Stimme. »Außerdem habe ich ein Alibi. Ich war von gestern Nachmittag bis heute Morgen um sechs Uhr dreißig zu Hause bei meiner Frau.«

»Wissen Sie was, Herr Rehbein?«, fuhr Wiesner den Stellvertretenden Schulleiter an. »Ich glaube Ihnen sogar, dass Sie Herrn Stöcker nicht getötet haben. Sie haben gar nicht das Format dazu. Aber auch wenn Herr Stöcker Selbstmord begangen haben sollte, weil er keinen Ausweg mehr sah, sind Sie an seinem Tod nicht unschuldig.«

»Angenommen, Sie liegen mit Ihren Theorien richtig«, Rehbein hob seinen rechten Zeigefinger, »welcher Richter sollte mich dafür verurteilen?« Damit erhob er sich von seinem Stuhl und forderte die Kriminalbeamten mit einer eindeutigen Handbewegung auf, sein Büro nun zu verlassen.

Die beiden Beamten durchquerten die Eingangshalle. Vor dem Treppenaufgang blieben sie stehen und schauten auf die Stelle, an der der tote Schulleiter vor einer Stunde noch gehangen hatte. Gleich nachdem die Kriminaltechniker gegangen waren, musste der Hausmeister alle Spuren weggewischt haben, sodass von dem Drama, das sich hier in der letzten Nacht abgespielt hatte, nichts mehr zu sehen war.

Dafür stand dort nun ein großes Foto Oberstudiendirektor Stöckers auf einer Staffelei.

»Ich hatte keine Ahnung, was für eine Schlangengrube so eine Schule ist«, gestand Leitner.

»Unter dem Strich ist eine Schule eben auch nur eine Behörde wie jede andere«, entgegnete Wiesner.

»Jetzt kann Rehbein hier nächste Woche sein Dings aufhängen«, sagte Leitner. »Wie hieß das doch gleich?«

»Foucault'sches Pendel«, antwortete Wiesner kopfschüttelnd und ergänzte im Tonfall Stöckers, der seinem dümmsten Schüler alles dreimal erklären musste: »Man müht sich, man bricht die Komplexität auf das eigentlich nicht mehr vertretbare Maß herunter und am Ende ist doch alles nur Perlen vor die Säue!« Dann trat er einen Schritt näher an das Foto heran und ließ seinen Blick von dort aus hinauf zu dem Haken wandern. »Irgendwie ist das beruhigend«, stellte er nachdenklich fest und erklärte auf Leitners fragenden Blick hin: »Ein Pauker kann dich für das ganze Leben prägen – im positiven wie im negativen Sinn. Und wenn einer wie Stöcker abtritt, nachdem er ganzen Schülergenerationen das Leben schwer gemacht hat, dann ist so ein Pendel am Ende doch der Beweis dafür, dass sich nach seinem Tod die Erde weiterdreht, als wenn es ihn gar nicht gegeben hätte.«

Leitner nickte: »Das verstehe ich gut, Chef.« Und auf Wiesners erstaunten Blick hin erklärte er: »Vielleicht sollte sich keiner von uns so wichtig nehmen.«

BIENEN-STICH

Wolf S. Dietrich –
neunundzwanzig Dienstjahre

Ich unterdrückte ein Gähnen und sah mich unauffällig in der Aula um. Die Schulkonferenz würde gleich beginnen, aber *sie* war noch nicht da: Maria Isabel Garcia Moreno. Ihretwegen hatte ich schlecht geschlafen. Seit Beginn des Schuljahres, als die neue Spanischlehrerin dem Kollegium vorgestellt worden war, geisterte ihr Bild in meinem Kopf herum. Und nicht nur in meinem. Wenn Maria Isabel im Lehrerzimmer auftauchte, war die Spannung mit Händen zu greifen. Wenige Kollegen waren gegen die Ausstrahlung der spanischen Schönheit immun. Aber nur zwei von uns konnten es sich leisten, ihre Nähe zu suchen. Mike und ich. Alle anderen waren entweder glücklich verpartnert oder befanden sich – was das andere Geschlecht betraf – jenseits von Gut und Böse. Oder sie standen unter Aufsicht. Durch die eigene Ehefrau im Kollegium oder deren Freundin.

Mike war Musiker, spielte hinreißend Trompete und Saxofon. Neben der Schule trat er mit seiner Band auf Hochzeiten und anderen Festen in der Umgebung auf. Oft am Wochenende, dann fehlte er montags. Seinen Musikunterricht bestritt er häufig mit Videos. »Wegen der Filmmusik«, erklärte er kritischen Fragestellern. In seinem anderen Fach – Biologie – ging es schwerpunktmäßig um sein zweites Hobby: Bienen. Dabei bevorzugte er anschaulichen Unterricht: Wanderungen in der Natur und zu seinen Bienenstöcken mit praktischen Vorführungen. Die Ausflüge waren beliebt, denn die Kinder und Jugendlichen durften – je nach Alter – Honig, Met oder *Bärenfang Honiglikör* verkosten. Seine Produkte verkaufte er ihnen später auf dem Schulparkplatz aus seinem Range Rover heraus.

Dem Treiben des Kollegen hatte in der Vergangenheit niemand Einhalt geboten, weil Mike das Schulorchester leitete und damit für das Image der Schule als unentbehrlich galt. Ich mochte ihn nicht sonderlich, zumal er unverschämt gut aussah und deshalb bei Maria Isabel vielleicht größere Chancen hatte als ich. Mike war für wechselnde Affären mit wesentlich jüngeren Damen bekannt, aber das konnte sie nicht ahnen. Im Vergleich zu ihm war ich ein leicht zu übersehender Durchschnittsmann, dessen Qualitäten erst entdeckt werden mussten. Obwohl ich mit Mikes Erscheinung nicht mithalten konnte, rechnete ich mir Chancen bei Maria Isabel aus. Schließlich war ich seriöser, solider und verlässlicher als er.

Während ich die Eingänge der Aula im Auge behielt, betrat Direktor Katz den Raum. Die Unruhe um mich herum legte sich, die Konferenzteilnehmer strebten ihren Plätzen zu.

Schon vor seinem Dienstantritt hatte der neue Schulleiter in Teilen der Lehrerschaft für Aufregung gesorgt. Das Bewerbungs- und Besetzungsverfahren für die Stelle war merkwürdig undurchsichtig verlaufen. Ein Drittel des Kollegiums war von ihm angetan, ein Drittel lehnte ihn ab, der Rest stand ihm gleichgültig gegenüber. Jetzt, nach sechs Wochen Sommerferien, überwog die Neugier. Es war die erste Gesamtkonferenz, die er zu leiten hatte, und die meisten Menschen im Raum empfanden wohl eine gewisse Spannung. Ich war eher skeptisch. Die erste Amtshandlung des neuen Direktors hatte darin bestanden, direkt neben dem Haupteingang einen der beiden bis dahin für Besucher vorgesehenen Parkplätze für sich reservieren zu lassen. Ein entsprechendes Schild hatte der Hausmeister anbringen müssen. Seitdem waren zwei Monate vergangen. In dieser Zeit hatte sich Katz hauptsächlich mit der Neugestaltung seines Büros beschäftigt, Designermöbel beschafft und einen neuen Computer mit einem riesigen berührungsempfindlichen Bildschirm installieren lassen. Etliche Mitglieder des Kollegiums hatten sich darüber empört, aber nicht gewagt, den Grund ihrer Erregung offen auszusprechen.

Mein Gedankenfluss wurde unterbrochen, als der Direktor Kollegium, Eltern- und Schülervertreter begrüßte. Ich sah auf die Uhr. Spätestens vor einer Minute hätte Maria Isabel durch die Tür treten müssen.

*

»Müssen wir nicht zur Konferenz?«, fragte Maria Isabel etwas außer Atem. Sie löste sich aus der Armbeuge des Mannes und rollte sich aus dem Bett. »Ich gehe jedenfalls schon mal duschen.«

Mike winkte ab. »Kein Grund zur Eile. Ich bin erst nach der Pause dran. Wir haben fast eine Stunde Zeit. Außerdem will ich dir noch meine Bienenstöcke zeigen.«

»Du hast Bienen?« Maria Isabel lachte. »Was machst du sonst noch, mein – wie sagt man? – *Multitalento?*«

Mit zufriedenem Grinsen schlug Mike die Decke zurück. »Multi finde ich gut. Komm noch mal ins Bett.«

Maria Isabel schüttelte den Kopf. »Wir können nicht beide zusammen zu spät kommen. Wie sieht denn das aus? Außerdem ist es meine erste ... Hauptkonferenz.«

»Gesamtkonferenz«, korrigierte Mike. »Mach dir keine Gedanken! Ich regle das. Mir kann eh keiner was. Und du ... hattest eine Autopanne. Ich habe dir geholfen. Und deshalb kommen wir zusammen und etwas später.«

»Etwas?« Maria Isabel lächelte nachsichtig. »Du hast jedenfalls gute Nerven.«

»Die brauchst du in unserem Beruf.« Mike zuckte mit den Schultern. »Sonst gehst du kaputt. – Warte!« Er sprang aus dem Bett. »Ich komme mit unter die Dusche.«

*

Katz gab eine Liste aus, in der die Konferenzteilnehmer ihr Kürzel hinter ihren Namen zu setzen hatten. Als sie bei mir ankam, war Maria Isabel noch immer nicht aufgetaucht. Ich sah die Liste durch. Hinter einigen Namen prangte ein »E« für »entschuldigt«, nicht aber bei ihr. Ich widerstand dem Impuls, ihr Zeichen zu fälschen, und reichte die Blätter weiter. In dem Augenblick entdeckte ich eine weitere Lücke. Die Erkenntnis traf mich wie ein Schlag. Auch Mike fehlte. Unentschuldigt. Das konnte eigentlich nicht sein, denn in der Einladung hatte Katz einen Vortrag des Kollegen Mike Stich angekündigt. Er sollte über die »Bedeutung der Bienen für Natur und Umwelt« referieren. Als Hobby-Imker war Mike mit dem Thema vertraut. Dennoch hatte es mich überrascht, dass er sich darauf eingelassen hatte, denn bei Konferenzen fehlte er oft.

Direktor Katz referierte Mitteilungen, die jedes interessierte Mitglied der Kollegenschaft auch hätte nachlesen können. Aber wer war schon an der »Neufassung des Erlasses zur Suchtprävention« oder an den »Vorschriften über Inhalt und Aufbewahrung von Klassenbüchern und anderen Unterlagen mit personenbezogenen Daten« interessiert? Beim Hinweis auf die »Richtlinien über die Eingliederung von nicht Deutsch sprechenden Kindern und Jugendlichen mit Migrationshintergrund« gab es ein paar sarkastische Lacher. Ausländische Kinder und solche, die Deutsche waren, aber kein Wort Deutsch sprachen, hatten wir schon seit zwanzig Jahren in den Klassen. Nun wurde Integration mal wieder amtlich registriert.

Ich ließ den Blick über das Kollegium schweifen. In der letzten Reihe strickten die Lehrerinnen der Handarbeitsfraktion, einigermaßen geschützt von der Gruppe der Konferenzkorrigierer, die die Zeit immerhin für dienstliche Angelegenheiten nutzten, indem sie Klassenarbeiten zensierten. Weniger eifrig, dennoch beschäftigt, waren die Kollegen Angelmann und Brommer, die ihre Computer- und Motorradzeitschriften studierten. Sie ließen sich auch nicht durch die beginnende Debatte über eine von Katz angekündigte »Schulinterne Lehrerfortbildung« irritieren.

Umständlich erklärte der Personalratsvorsitzende seine Bedenken gegenüber einer für alle verpflichtenden Fortbildungsveranstaltung. Insbesondere dürften keine finanziellen Belastungen damit verbunden sein. Ich musste grinsen. Mit diesem Argument konnte der Personalrat Punkte machen. Zwanzig Euro hätte jeder beisteuern müssen, damit Honorar und Fahrtkosten für zwei auswärtige Referenten aufgebracht werden konnten. Das war zu viel.

Zustimmendes Klopfen provozierte Wortmeldungen aus der Gruppe der Oberpädagogen. Jetzt konnte es heiter werden.

Anführerin war Oberstudienrätin Leinemann. »Ich bin doch sehr betroffen«, verkündete sie mit spitzem Mund, »dass hier ein dringendes Fortbildungsbedürfnis mit sachfremden Argumenten infrage gestellt wird. Wir alle wissen, wie notwendig Fortbildungsmaßnahmen sind. Ich möchte nur an die Problematik der Leistungsmessung und -beurteilung erinnern. Außerdem bedarf es dringend einer Weiterentwicklung der schulinternen Lehrpläne.«

Ein Aufstöhnen ging durch die Reihen. Jeder wusste, dass die Kollegin mit »Fortbildungsbedürfnis« alle anderen meinte, nur nicht sich selbst. Sie verstand es meisterhaft, sich als perfekte Lehrerin darzustellen und allen anderen das Gefühl zu geben, Dilettanten zu sein.

Ich hätte gewettet, dass die Fortbildung durch dieses Votum endgültig kippen würde. Die Vorstellung, dass Frau Leinemann über Leistungsmessung referieren oder einem eingeladenen Referenten als Dauerecho dienen würde, war allzu abschreckend. Jetzt fehlte nur noch der Beitrag der Öko-Fraktion. Ach ja, da kam er schon.

Kollegin Meiser-Kohl, die wegen ihres Faches Biologie und ihrer Leibesfülle von den Schülern »Bio-Tonne« genannt wurde, hieß bei uns »Kohlmeise«. »Ich möchte darauf hinweisen«, begann sie, »dass der Umweltgedanke vielen Schülerinnen und Schülern noch immer unzureichend vertraut ist. Greta Thunberg und Fridays for Future hin oder her. Ich bitte, einmal zu fragen, wer sich für dieses Thema interessiert.«

Zu ihrem Glück ignorierte der Schulleiter den Wunsch und beendete die Diskussion, indem er ein probates Mittel anwandte. »Ich schlage vor«, sagte er, »wir bilden einen Ausschuss, der für die nächste Konferenz eine Beschlussvorlage erarbeitet. Wer mitarbeiten möchte, meldet sich nachher bei mir. Gibt es noch Fragen?«

Keine Fragen. Das Thema war vom Tisch, alle waren zufrieden, außer Kohlmeise. Der Ausschuss würde tagen, vielleicht auch nicht, und irgendwann würde er ein Papier vorlegen, das die Konferenz ablehnen würde. Dann war für eine Weile Ruhe. Bis zum nächsten Versuch.

»Außerdem«, nahm der Direktor das Thema wieder auf, »wird heute der Kollege ... äh – Stich – zu einem wichtigen Umweltthema referieren. Wie Sie der Einladung entnehmen konnten ...« Er unterbrach sich, nachdem die stellvertretende Schulleiterin ihm etwas zuflüsterte. »Ich höre gerade, dass Herr Stich noch nicht anwesend ist.« Er beugte sich zu seiner Kollegin herab; es gab einen kurzen Wortwechsel, dann wandte er sich wieder an die Zuhörer. »Leider ist er telefonisch nicht zu erreichen. Da er ganz in der Nähe wohnt ... Wäre es vielleicht möglich, dass jemand nach ihm sieht?«

Das halbe Kollegium wandte sich zu mir um. Alle wussten: Mike Stich war mein Nachbar. Zögernd erhob ich mich. »Vielleicht kommt er noch«, wandte ich ein.

Katz deutete mit dem Zeigefinger auf mich. »Nach dem nächsten Tagesordnungspunkt machen wir eine Pause. Dann fahren Sie zu Stich und sehen nach. Hoffen wir, dass ihm nichts zugestoßen ist.«

Ich sank auf meinen Stuhl zurück. Mike war sicher nichts passiert. Wahrscheinlich hatte er seine Verpflichtung vergessen. Vielleicht wollte er aber auch nur dem neuen Schulleiter klarmachen, welche Sonderrolle er an dieser Schule genoss. In dem Augenblick wurde mir klar, dass es noch eine Möglichkeit gab: Maria Isabel Garcia Moreno. Üblichkeit ergriff mich, dann brach mir der Schweiß aus. Ungeduldig auf dem Stuhl hin und her rutschend nahm ich die nachfolgende Diskussion nur mit Mühe wahr.

Die Fachkonferenz der Sportlehrer teilte mit, dass es in diesem Jahr kein Sportfest geben werde, die vorgeschriebenen Disziplinen sollten im Fachunterricht absolviert werden. Unwilliges Geraune und heftige Wortmeldungen kündigten Widerspruch an.

»Darf man erfahren«, fragte Frau Leinemann, »welche Gründe zu dieser Entscheidung geführt haben?«

Alle Gesichter wandten sich der Sportlehrerecke zu. Doch von dort kam nichts. Als das Schweigen peinlich zu werden drohte, versuchte der Schulleiter eine Ermunterung. »Kann nicht einer der Kollegen das mal kurz erläutern? Es gibt doch sicher gute Gründe ...«

Vergebens.

Inzwischen war auch der schläfrigste Konferenzteilnehmer aufmerksam geworden. Das Gemurmel der leisen Privatgespräche verebbte, selbst Angelmann und Brommer nahmen die Köpfe aus ihren Zeitschriften. Sichtlich gequält hob einer der erwartungsvoll angestarrten Fachlehrer schließlich die Hand. Erleichtert nickte ihm der Schulleiter zu. »Bitte, Herr Kollege.«

Der schien in die Tischplatte hineinzusprechen, aber in der Grabesstille war seine Erklärung für alle vernehmlich: »Bei einem Sportfest – ich meine, wenn die Bundesjugendspiele für alle an einem Tag durchgeführt werden, ein Sportfest ist ja eigentlich noch was anderes, also jedenfalls – macht der einzelne Schüler an so einem Tag höchstens fünfzig Sekunden Sport. Und das ist pädagogisch nicht ...« Der Rest ging in unwilligem Aufstöhnen unter.

»Heißt das«, rief eine Kollegin hörbar empört, »dass wir in den letzten zwanzig Jahren alles falsch gemacht haben?«

Heftiges Klopfen unterstützte den Einwurf.

»Ich beantrage, dass wir das jetzt beschließen«, rief die Leinemann erregt.

»Geht nicht«, konterte Personalrat Sauer, »in der Tagesordnung war nur ein Bericht vorgesehen, kein Beschluss.«

Nach einigem Hin und Her wurde ein Ausschuss gebildet. Sportlehrkräfte und interessierte Konferenzmitglieder sollten sich des Problems annehmen. Katz verkündete den Beginn einer zwanzigminütigen Pause.

Ich sprang auf und drängte mich durch die Kollegen in Richtung Ausgang. Mit meinem E-Bike konnte ich in zehn Minuten bei Mike Stich sein.

*

Das gemeinsame Duschen hatte deutlich länger gedauert als für diese Art der Körperpflege gewöhnlich benötigt wurde.

»Die Bienen schauen wir uns später an«, schlug Mike vor, während er seine Jeans anzog.

Maria Isabel nickte erleichtert. »Ich habe ein bisschen … Angst«, gab sie zu. »Meine Schwester ist mal von einer Biene gestochen worden. Das war ziemlich *dramático*, äh, dramatisch und seitdem …«

»Du brauchst keine Angst zu haben«, unterbrach Mike sie. »Meine Völker habe ich im Griff. Außerdem hängt draußen an einem der Bienenstöcke ein Anaphylaxie-Notfallset. Drei Medikamente, mit denen Insektenstiche behandelt werden können. Ein Kortisonpräparat und ein schnell wirksames Antihistaminikum. Außerdem eine Adrenalin-Fertigspritze, mit der Blutdruck und Kreislauf stabilisiert werden können. Also alles easy.«

»Bist du auch noch *médico*?« Mit großen Augen sah Maria Isabel ihn an.

Statt ihre Frage zu beantworten, trat er auf sie zu und küsste sie. Sie wehrte ihn ab. »Ich muss mich noch schminken.«

»Okay. Dann holt der *médico* mal die Medizin aus dem Kühlschrank. Möchtest du auch ein Bier?«

»Nein danke! Keinen Alkohol. Hast du die Konferenz vergessen? Wir müssen uns beeilen.«

»Keine Panik.« Mike winkte ab. »Wir kommen rechtzeitig zur Pause. Dauert sowieso meistens alles länger.«

*

Außer Atem erreichte ich das Grundstück und sprang vom Rad. Zu Mikes zweigeschossigem Wohnhaus gehörte ein großer Garten, der an den Stadtwald grenzte. Ich stellte das E-Bike ab und betrat durch eine Pforte den Vorgarten. Am Geländer neben den Stufen zum Eingang lehnte ein Damenfahrrad. Ungläubig trat ich näher. Mein Herzschlag setzte aus. Kein Zweifel, mit einem solchen Rad kam Maria Isabel fast täglich zur Schule. Sollte sie jetzt – in diesem Moment – mit Mike …? Ich wagte nicht, den Gedanken zu Ende zu führen, starrte auf den Klingelknopf und fragte mich, was sich hinter der Haustür abspielte.

Statt zu klingeln, schlich ich seitlich am Haus entlang zur Rückseite. Von dort, wusste ich, konnte man Küche und Wohnzimmer einsehen.

Gebückt bog ich um die Ecke, tastete mich an der Wand

entlang zum Küchenfenster, richtete mich langsam auf, bis ich hineinschauen konnte.

Mike stand mit bloßem Oberkörper vor dem Kühlschrank und wandte mir den Rücken zu. Er öffnete die Tür und nahm eine Bierflasche heraus. Das Geräusch drang durch die Scheiben, als er den Kronkorken entfernte. Dann hörte ich seine Stimme. »Willst du wirklich nichts trinken?«, rief er. Im offenen Türrahmen erschien eine Gestalt, weiblich, nur mit einem Handtuch bekleidet. »Vielleicht doch. Ein Glas Wasser bitte.« Leise, aber mit vertrautem Akzent. Mir stockte der Atem, meine Knie wurden weich. Ich wich zurück, spürte, wie sich ein mulmiges Gefühl in mir ausbreitete. Eine Mischung aus Schmerz, Enttäuschung und Wut. Hektisch sah ich mich um, suchte mit rasendem Puls nach etwas, an dem ich meine zunehmende Erregung auslassen konnte, entdeckte die Bienenstöcke. Ein halbes Dutzend Kästen waren hinter dem Haus auf einer hölzernen Bank aufgereiht. Ich stürmte los, stieß zwei von ihnen um. Krachend zerbrachen sie auf dem Boden. Ein weißes Päckchen mit einem roten Kreuz fiel mir vor die Füße. Ich hob es auf, schleuderte es ins Gebüsch und rannte los, während hinter mir tausendfach wütendes Summen ertönte. Sekunden später saß ich auf meinem E-Bike und raste zurück zur Schule.

*

Die Konferenzpause ging gerade zu Ende, als ich den Flur vor der Aula erreichte. Direktor Katz sah mich fragend an. Ich zuckte mit den Schultern. »Niemand zu Hause«, stieß ich kurzatmig hervor.

»Dann ziehen wir den letzten Tagesordnungspunkt vor«,

entschied er. »Fridays for Future hat ja auch irgendwie mit Natur und Umwelt zu tun.«

Dabei ging es nicht um die Umwelt, sondern um die Frage, ob die Teilnahme von Schülerinnen und Schülern an Demonstrationen während der Unterrichtszeit als unentschuldigtes Fehlen gewertet und geahndet werden sollte. Ich fühlte mich wie unter einer Glocke, nahm die Diskussionsbeiträge durch einen Schleier wahr. In meinem Kopf kreisten groteske Bilder. Darin spielten Maria Isabel Garcia Moreno, Mike Stich und ich Rollen, die wir niemals hätten spielen dürfen.

Schließlich – Direktor Katz sprach gerade das Schlusswort – öffnete sich doch noch die Tür der Aula. Aber nicht Mike Stich erschien, sondern der Hausmeister. Im Schlepptau hatte er zwei uniformierte Polizisten, die von einem Mann mit Halbglatze begleitet wurden. Der hielt einen Ausweis hoch und wandte sich an den Konferenzleiter. Nach einem unverständlichen Wortwechsel hob Katz die Stimme. »Verehrte Eltern- und Schülervertreter, liebe Kolleginnen und Kollegen. Es hat einen bedauerlichen ... äh ... Unglücksfall gegeben. Bitte bleiben Sie auf Ihren Plätzen. Kriminalhauptkommissar Arendt bittet um Aufmerksamkeit.«

Ungläubiges Raunen breitete sich aus.

Der Kriminalbeamte wartete, bis Ruhe eingekehrt war. »Ich habe«, begann er, »die traurige Pflicht, Sie über einen tragischen Todesfall zu informieren.« Erneut setzte gedämpftes Murmeln ein. Mein Herz schlug bis zum Hals. Mike. Von den eigenen Bienen getötet. Für Maria Isabel musste das Erlebnis ein Schock sein. Aber ich würde sie trösten.

»Das Opfer«, fuhr der Kommissar fort, »hat infolge einer Vielzahl von Bienenstichen einen anaphylaktischen Schock erlitten und diesen nicht überlebt. Wir können Fremdverschulden leider nicht ausschließen. Darum bitte ich diejenigen unter Ihnen, die zuletzt Kontakt zu … äh …« Er klappte ein Notizbuch auf und sah hinein. »Zu der verstorbenen Frau Maria Isabel Garcia Moreno hatten, mir für Fragen zur Verfügung zu stehen.«

DER ELTERNSPRECHTAG

Mirjam Phillips –
achtundzwanzig Dienstjahre

Warum ich Lehrerin geworden bin? Weil mich das Leben seine erstaunlichen Geschichten manchmal mitschreiben lässt. Das sind die wirklich spannenden Momente.

»Du bist nicht für jedes Elend persönlich zuständig. Misch dich da nicht wieder ein! Das ist unprofessionell«, tadelte mich meine Kollegin Anna vor unserem Elternsprechtag. »Uns sind doch die Hände gebunden.«

Ein Elend waren zum Beispiel prügelnde Ehemänner wie Herr Trautmann. In einer Kleinstadt sprach sich so etwas schnell herum. Zumal Sven Trautmann einen Heidenlärm machte, wenn er getrunken hatte, und die Nachbarschaft an diesem wöchentlichen Drama teilhaben ließ.

Nachdenklich sah ich auf meine Hände und ließ meine Finger auf und ab tanzen. *Wer Klassenfahrten planen und Veranstaltungen organisieren konnte, der konnte auch …*

Anna erriet meine Gedanken und seufzte laut. »Du wirst dir wieder nur Ärger einheimsen und dich …«

»Ja, ich weiß«, unterbrach ich sie und hatte nicht die geringste Ahnung, wie recht sie haben würde.

An meiner letzten Schule standen jeder Lehrkraft pro Elterngespräch sage und schreibe fünf Minuten zu. Bei zwei Hauptfächern und jeder Menge Mitteilungsbedarf geriet ich in meinem ersten Jahr schon nach kürzester Zeit ins Hintertreffen und arbeitete noch am späten Abend im einzigen, hell erleuchteten Klassenzimmer des Gebäudes meinen Überhang ab. Der Hausmeister gab mürrische Grunzlaute von sich, als er endlich die Schule hinter mir abschließen konnte.

Da es mir ein Rätsel war, wie es die anderen Kollegen geschafft hatten, im vorgeschriebenen Zeitlimit zu bleiben, beschloss ich im Folgejahr unter einem Vorwand eine halbe Stunde später anzufangen und mir von den erfahrenen Kollegen eine effizientere Gesprächsführung abzuschauen.

Mir war zwar aufgefallen, dass die dortige Landbevölkerung besonders wortkarg war, aber offensichtlich wusste ich damit nicht umzugehen.

Nach wenigen Minuten merkte ich, dass der Trick darin bestand, die Tür offen und die Eltern gar nicht erst hereinkommen zu lassen. Der dienstälteste Kollege bediente sich dabei einer Mischung aus wenigen Worten und entsprechenden Gesten, rief: »Alles bestens!« und hob dazu Daumen und Zeigefinger in die Höhe. Die Mutter hatte verstanden. Mahmut war fleißig und bekam in Mathematik eine Zwei.

Beim nächsten Ehepaar zeigte der Lehrerdaumen nach unten. Der Vater fragte aus dem Türrahmen heraus: »Wieso?«

»Keine Hausaufgaben und schlechte Noten. So geht das mit Larissa nicht weiter«, rief mein Kollege ihm zu und schüttelte den Kopf. »Oha!« sagte der Vater nur, runzelte die Stirn und spazierte mit seiner Frau zum nächsten Klassenraum. Ich stoppte meine Uhr: zwei Minuten, fünfunddreißig Sekunden.

Waren die Eltern etwas begriffsstutzig oder gab es doch einmal größeren Gesprächsbedarf, spreizte der Kollege den Daumen und den kleinen Finger seiner linken Faust ab und hielt sie sich ans Ohr. »Wir telefonieren.« Wenn die Eltern verstanden hatten, zeigte ihr Daumen nach oben. Er hatte sie gut trainiert.

Zutiefst beeindruckt beschloss ich, das Gelernte gleich anzuwenden. Sophias Mutter war die Erste. Ich streckte den rechten Arm aus und zeigte mit dem Daumen nach unten. Sie schaute mich verwirrt an, kam herein und nahm auf dem Stuhl vor mir Platz. Offenbar waren meine Gesten nicht eindeutig genug. Ich imitierte die Telefongeste meines Kollegen. »Sophia Handy in Unterricht?«, fragte Frau Stephanidis bestürzt. Ich gab auf und holte meinen Lehrerkalender hervor.

An meiner neuen Schule ist zum Glück alles anders. Hier gibt es zehn Minuten im Normal- und zwanzig im Ernstfall. Nicht üppig, aber genug, um alles umzusetzen, was ich mir vorgenommen habe.

Ich schiebe einen der Tische vor das Pult und stelle zwei Stühle dahinter, sodass die Eltern mir gegenübersitzen. Dann ordne ich meine Notizen. Während ich gerade eine Kopie des Terminplans an die Tür klebe, versucht ein Mann in Anzug und Krawatte, sich an mir vorbei in den Klassenraum zu schieben.

»Sie haben doch nichts dagegen, wenn ich ganz kurz …?«, fragt er die wartende Mutter auf dem Flur. Frau Matz schweigt schüchtern und sieht mich Hilfe suchend an.

»Herr Striezel, halten Sie sich bitte an die vereinbarte Uhrzeit. Unser Gespräch wird heute Abend etwas länger dauern.« Ich sehe ihm streng in die Augen.

»Aber die Dame hier ...«, wendet Herr Striezel ein und stellt einen sehr teuer beschuhten Fuß in die Tür.

»Als erfolgreicher Politiker wissen Sie doch, wie wichtig Absprachen sind. Und dass man Vertrauliches nicht zwischen Tür und Angel besprechen kann.« Ich schiebe ihn vorsichtig hinaus. Herr Striezel sieht mich irritiert an und wirft zum ersten Mal einen Blick auf den Terminplan.

»Soll das ein Witz sein? Neunzehn Uhr?« Verärgert dreht er sich zu Frau Matz, die immer noch geduldig auf der Bank sitzt. »Das ist ja wieder mal typisch Lehrer. Die glauben, alle anderen hätten nachmittags auch frei. Und dazu noch Ferien.«

Ich ignoriere ihn und bitte Frau Matz herein. Neben ihrem Namen habe ich eine Notiz gemacht: »Tochter wird aus religiösen Gründen abgemeldet.«

»Tabea sagt, Sie wollen mich sprechen. Hat sie sich schlecht benommen?« Frau Matz streicht ihren schwarzen Rock mit den Händen glatt.

Das Wichtigste am Elternsprechtag ist, für jeden die richtige Sprache zu finden. Sonst ist alles verloren, wie bei Tabeas großen Schwestern.

»Nein, ganz im Gegenteil. Tabea benimmt sich vorbildlich. Frau Matz, wir sitzen Ihretwegen hier.«

»Meinetwegen?« Frau Matz begreift gar nichts mehr.

»Ich habe gehört, Sie möchten Ihre Tochter von der Schule abmelden, damit sie nicht in die Oberstufe kommt.«

»Ach so.« Jetzt lächelt Frau Matz sanftmütig und erleuchtet. »Mein Mann und ich sind der Überzeugung, dass Tabea einen ordentlichen Beruf erlernen soll. Hier wird ihr nur der Kopf verdreht. Wir kennen unser Kind doch am besten und Studieren ist nichts für sie.«

»Wovor haben Sie denn Angst?«, frage ich sie.

Frau Matz zögert. »Wir glauben, dass vieles, was hier gelesen und gelehrt wird, unchristlich ist und unseren Kindern schadet.« Sie legt die gefalteten Hände bedächtig in den Schoß.

»Ist das nicht furchtbar kleingläubig, Frau Matz? Meinen Sie wirklich, dass Goethes ›Faust‹ härter ist als die Faust Gottes?«, fordere ich sie heraus.

»Nein. Natürlich nicht«, ruft Frau Matz entsetzt. »Aber …«

Ich schaue kurz auf meinen Spickzettel. »Ihr Kleingläubigen, warum seid ihr so furchtsam?«, zitiere ich aus der Bibel. »Matthäus acht, Vers sechsundzwanzig.«

Frau Matz sieht mich mit großen Augen an.

»Ist Ihnen gar nicht aufgefallen, dass Tabea ein hochbegabtes Kind ist? Das ist ein ganz großes Geschenk.« Jetzt klinge ich schon wie der Evangelist des Gospelchors, den ich neulich im ZDF gesehen habe. »Fragen Sie sich denn gar nicht, ob Gott etwas Besonderes mit Tabeas Leben vorhat? Ob sie zum Beispiel als Ärztin Tausende von Leben retten soll? Und Sie als Eltern in Ihrem Hochmut halten Ihre Tochter von ihrer wahren Bestimmung ab. In meinen Augen ist das eine große Sünde, für die Sie sich einmal zu verantworten haben.«

Noch hat Frau Matz ihre Sprache nicht wiedergefunden.

»Mehr habe ich Ihnen nicht zu sagen, Frau Matz. Auf Wiedersehen«, schließe ich meine dramatische Predigt und geleite sie hinaus.

Frau Matz schüttelt mir verstört die Hand und lässt sich wieder auf die Bank im Flur fallen.

Wie ein Wiesel versucht Herr Striezel sofort in den Klassenraum zu huschen. Eine riesige Hand packt ihn am Anzugkragen und zieht ihn einfach wieder hinaus.

»So funktioniert das hier nicht. Ich bin jetzt dran.«

Herr Pawlowski, ein verwitweter Maurermeister, füllt den Türrahmen aus. Für ihn hole ich mein braunes Kästchen hervor. Herr Pawlowski ist ein Mann der Tat.

»Ihr Leo ist ein feiner Kerl. Da haben Sie gute Arbeit geleistet.«

Herr Pawlowski strahlt und legt seine riesigen Pranken aufeinander.

»Ich bemüh mich.«

»Das merkt man«, bestärke ich ihn. »Ich vermute allerdings, dass Leo ein sehr sensibles Kind ist und eine andere Ansprache braucht. Darf ich Ihnen mal zeigen, was ich meine?«

»Nur zu«, sagt Herr Pawlowski gespannt.

Ich stelle ein großes, kräftiges Knetgummimännchen auf den Tisch und stoße ihm in den Bauch, während ich »Gib dir mehr Mühe!« und »Warum ist das nur eine Drei und keine Zwei?« sage. »Gucken Sie mal, wenn ich diesen harten Kerl hier kritisiere, bleiben höchstens ein paar kleine Dellen zurück.«

Jetzt hole ich den kleinen, dünnen Knetgummijungen heraus und mache mit ihm das Gleiche. Der schmächtige Oberkörper kippt nach vorn, der Kopf hängt herunter.

»Wenn ich diesen zarten Jungen genauso behandle, nehme ich ihm sein Selbstvertrauen, und am Ende kann er nicht mehr aufrecht gehen.«

»Und jetzt?«, fragt Herr Pawlowski leise.

»Das Schöne ist, dass man das ganz leicht wiedergutmachen kann.«

Ich richte den Knetgummijungen auf und streichele ihm den Bauch und den Rücken. Dabei lasse ich immer etwas mehr Knetgummimasse an ihm kleben und sage: »Das hast du toll gemacht« und »Ich bin stolz auf dich« oder »Ich hab dich so lieb, wie du bist«.

Die rechte Pranke zieht ein winziges Papiertaschentuch aus der Hosentasche und schnäuzt sich.

»Ich glaub, ich hab's begriffen, Frau Lindemann.« Herr Pawlowski erhebt sich und schüttelt mir lange die Hand. »Danke für das schöne Gespräch.«

Vor der Tür wartet schon die gesamte Familie Trautmann. Die Stille zwischen ihnen ist drückend wie Gewitterluft. Herr Trautmann knurrt ungehalten und tippt mit dem Zeigefinger auf seine Armbanduhr. Ich habe die Zeit um zehn Minuten überschritten. Frau Trautmann hat ihr Gesicht mit Camouflage-Make-up geschminkt. Das blaue Auge und die Verletzungen an ihrer rechten Wange kann ich trotzdem erkennen. Ihr Mann ist Linkshänder. Thore begleitet seine Eltern mit gesenktem Kopf.

Mein Notizblock erinnert mich sofort an seine lange Problemliste. Die Kollegen haben sich bei mir beschwert: häufiges Fehlen im Unterricht, Rauchen auf dem Schulhof, keine Hausaufgaben, kein Referat, keine Beteiligung am Unterrichtsgeschehen. Seine Noten haben sich seit den Ferien enorm verschlechtert. Die Versetzung ist gefährdet. Ich hole Luft und will die Beschwerden abarbeiten, als mich Frau Trautmanns flehender Blick trifft. Thore starrt auf einen Fleck an der Wand. Herr Trautmann dagegen sitzt auf dem Rand seines Stuhls, als befänden sich seine Füße bereits in den Startlöchern. Er scheint nur noch auf ein Stichwort von mir zu warten. Und plötzlich spüre auch ich die Angst, die sich wie eine eisige Lawine im Raum ausgebreitet hat und langsam an meinen Beinen hochkriecht. Ich lege meine Notizen beiseite, sehe auf den gebeugten, stillen Jungen vor mir und überlege fieberhaft, wie ich beginnen soll.

Herr Trautmann kommt mir zuvor: »Ich weiß genau, dass mein Sohn ein fauler Hund ist. Bei Thore brauchen Sie nichts zu beschönigen.«

»Das sehe ich ganz anders.« Ich schaue Herrn Trautmann fest in die Augen. »Thore ist echt in Ordnung und gibt unter diesen schwierigen Umständen sein Bestes. Mehr kann man von einem Kind nicht verlangen.«

Thore schaut ungläubig hoch, rückt näher an seine Mutter heran und nimmt ihre Hand. Jetzt fällt es mir wie Schuppen von den Augen: Dieser kräftige Sechzehnjährige schwänzt die Schule, weil er seine Mutter beschützen will, auch wenn er dabei selber eine Abreibung bekommt. Ich sehe ihn voll Bewunderung an.

»Hat es in diesem Jahr in Ihrem Leben ein einschneidendes Ereignis gegeben, das Thore belasten könnte?«, frage ich unverblümt, obwohl ich die Antwort kenne.

»Mein Mann hat seinen Job verloren«, flüstert Frau Trautmann.

»Mein Mann hat seinen Job verloren«, äfft Herr Trautmann seine Frau nach. »Rausgeschmissen haben die mich! Aus irgendeinem fadenscheinigen Grund. Und wissen Sie, was die feinen Herren ein paar Monate später gemacht haben? Über Arbeitsbeschaffungsmaßnahmen eine Billigkraft eingestellt. Aber das interessiert hier ja keinen!«, schreit er verzweifelt.

»Doch, Herr Trautmann. Aber bitte lassen Sie sich helfen. Es gibt …«

»Ach, hören Sie auf! Sie haben doch keine Ahnung.«

»Und hören Sie endlich auf, die Menschen zu bestrafen,

die Ihnen am Nächsten stehen und Sie lieben. Die können nichts dafür«, höre ich mich viel energischer sagen als beabsichtigt.

»Das geht Sie gar nichts an!«, brüllt Trautmann und springt auf.

»Und ob mich Thores Wohlergehen etwas angeht! Sie zergehen doch nur in Selbstmitleid, statt nach vorne zu schauen. Thore braucht Ihre Liebe und Fürsorglichkeit.«

»Das muss ich mir von Ihnen nicht anhören!« Herr Trautmann springt auf, ruft laut »So eine Unverschämtheit!« in den Flur hinaus und schlägt die Tür hinter sich zu.

»Oh Gott, hab ich jetzt alles schlimmer gemacht?« Ich bin verunsichert.

Frau Trautmann drückt meine Hand. »Danke, dass Sie sich für Thore eingesetzt haben. Das hat ihm gutgetan.«

»Bis morgen, Frau Lindemann«, sagt Thore und nickt mir freundlich zu.

Warum kann ich bloß meinen großen, vorlauten Mund nicht halten? Die ganze Sache bereitet mir Bauchschmerzen. Wahrscheinlich bekommt die arme Frau gleich ihr zweites blaues Auge und ich bin schuld.

Ich laufe zur Tür, um mich bei ihrem Mann zu entschuldigen und den Schaden zu begrenzen, aber Familie Trautmann ist schon weitergezogen.

Meine nächsten Gesprächspartner sind noch nicht da. Das gibt mir Zeit, mich ein wenig zu sammeln. Vorsichtig vergewissere ich mich, dass Herr Striezel mir nicht wieder auflauert. Dann tauche ich im nächsten Moment in einen Pulk Eltern und Kinder ein und lasse mich in Richtung Cafeteria treiben.

Unsere Sekretärin hat mich sofort entdeckt. »Es geschehen noch Zeichen und Wunder«, sagt sie geheimnisvoll und beißt in ein Stück Butterkuchen, um es spannender zu machen. »Frau Matz hat sich Bedenkzeit wegen Tabeas Abmeldung erbeten. Sie möchte das noch einmal mit ihrem Mann besprechen.«

»Ach, sag bloß!«, sage ich nur. Mit einer Tasse Kaffee in der Hand kehre ich beschwingt zu meinem Klassenraum zurück. Der Abend nimmt Fahrt auf, die Gespräche sind aufschlussreich und konstruktiv.

»Tims Leistungen haben sich deutlich verbessert, seit Marie ihm bei den Hausaufgaben hilft.« Dass er sich in sie verliebt hat, verschweige ich. Eltern müssen ja nicht alles wissen.

Lena hat eine neue Zicken-Clique gegründet und geht ziemlich rabiat mit ihren Klassenkameradinnen um. »Tut mir leid, aber Ihre Tochter ist weder schüchtern noch artig. Und schon gar nicht das Opfer.«

»Doch, Frau Weber, Sie sollten Ihrem elfjährigen Sohn abends das Smartphone abknöpfen, auch wenn er dann Radau macht. Als Mutter müssen Sie das aushalten.«

»Das nennen Sie neunzehn Uhr?« Sobald sich die Tür öffnet, höre ich wieder dieses näselnde Nörgeln. »Ich sitze hier schon seit einer Stunde.« Herr Striezel quetscht sich energisch an Frau Weber vorbei und nimmt sichtlich genervt auf dem Stuhl vor meinem Pult Platz.

»Frau Lindemann, ich habe Ihretwegen den ganzen Tag verplempert. Daher mache ich es kurz. Meine Tochter Finja hat bei Ihnen eine Fünf in Englisch. Wie können wir beide das ändern?«

»Wir beide? Wie meinen Sie das, Herr Striezel?«

»Na, Sie und ich.«

Ich sehe ihn ungläubig an.

»Oh, ich hatte vergessen, Sie arbeiten ja noch nicht lange

hier. Lassen Sie mich das kurz erklären: Ich bin selbstverständlich bereit, einen guten Nachhilfelehrer zu organisieren. Dann würde ich allerdings erwarten, dass Sie mit dieser Nachhilfe ausführlich kommunizieren, damit Finja optimal – und ich meine wirklich OPTIMAL – auf die nächste Klassenarbeit vorbereitet wird. Habe ich mich deutlich genug ausgedrückt?«

Ich stutze. Was will er von mir? »Herr Striezel, Ihre Tochter wird nicht mehr und nicht weniger erfahren als alle anderen Schüler auch. Natürlich sage ich den Kindern vor jeder Klassenarbeit, wie sie sich optimal vorberei…«

»Meine Tochter wird an dieser Schule nicht sitzen bleiben, ist das klar, Frau Lindemann? Ich werde hier demnächst Bürgermeister und kenne die besten Anwälte der Region. Glauben Sie etwa, dass Ihre Noten nicht anfechtbar sind? Es wäre doch für alle Beteiligten besser, wenn Sie schon vorher zur Vernunft kämen.«

»Drohen Sie mir gerade, Herr Striezel?«

»Keineswegs, Frau Lindemann, keineswegs! Ich verleihe meinen Worten lediglich Nachdruck. So, ich denke, wir haben uns verstanden.« Er steht einfach auf. Für ihn ist dieses Gespräch beendet.

Ich beschließe, den Gerüchten nachzugehen, und bluffe: »Eine Sache noch, Herr Striezel! Wissen Sie, bis vor zwei Jahren habe ich fünfzig Kilometer südlich von hier gearbeitet. Und meine Freunde dort schwören Stein und Bein, dass Sie dem … na, nennen wir es mal ›Freudenhaus‹ mit den bunten Lichtern mindestens zweimal im Monat einen Besuch abstatten.«

Striezel ist blass geworden. Es stimmt also.

»Ich habe sogar selbst ein paar Fotos gemacht«, behaupte ich mit dem Smartphone in der Hand. »Die sind zwar nicht schön, aber aufschlussreich und könnten so kurz vor der Wahl ...«

»Unterstehen Sie sich!«, bellt er wütend.

»Solange Sie sich auch unterstehen, ist alles gut. Schönen Abend noch, Herr Striezel. Grüßen Sie Ihre Frau von mir.«

Seine Augen funkeln vor Wut. Er öffnet kurz den Mund, besinnt sich eines Besseren und ist im nächsten Moment verpufft wie ein böser, näselnder Flaschengeist.

Ich atme tief durch, schiebe Stühle und Tische zurück und sammele meine Sachen zusammen. Dann knipse ich das Licht aus und trete auf den verlassenen Flur. Wieder einmal bin ich die Letzte, die das Schulgebäude verlässt. Der Hausmeister feiert Geburtstag und hat mir in weiser Voraussicht den Schulschlüssel gegeben, damit ich die Hintertür und das Tor zum Parkplatz abschließen kann. Mit beiden Händen ziehe ich das schwere Tor zu.

Es ist neblig und dunkel. Auf dem Parkplatz stehen nur wenige Fahrzeuge. Meins wartet ganz hinten auf mich. Die Straßen der kleinen Pendlerstadt sind an diesem nasskalten Abend menschenleer. Müdigkeit legt sich plötzlich auf mich wie eine Bleischürze. Im Licht der Straßenlaterne erkenne ich das Wahlplakat dieses Egomanen. Wie ein Gespenst grinst er mich mit ausdruckslosen Augen an. *Mit Striezel zum Ziel!* »Ohne mich«, sage ich laut, hänge mir die Handtasche um den Hals und fingere nach dem Autoschlüssel.

»Du elende Schlampe!«, zischt es in mein linkes Ohr. Bevor ich mich umdrehen kann, strangulieren mich zwei flinke, starke Hände mit dem Trageriemen meiner Handtasche. Ich versuche vergeblich, meine Finger zwischen Lederriemen und Hals zu schieben, um wieder atmen zu können.

»Du glaubst doch nicht im Ernst, dass ich mich von dir erpressen lasse!« Ich erkenne Striezels nölige Stimme. Aus meiner Kehle kommt nur ein erbärmliches Krächzen. Mit aller Gewalt schnürt er mir den Hals zu. Ich trete so hart ich kann gegen sein Schienbein, aber die Wirkung ist gleich null. Ich reiße ihm ein Haarbüschel vom Kopf. Dann wird mir schwindelig.

»Lass sie sofort los!«, schreit eine Männerstimme aus dem Dunkel. Schläge prasseln auf meinen Angreifer ein. Er muss sich jetzt verteidigen und lässt von mir ab. Ich lockere den Riemen, schnappe nach Luft und keuche. Aus den Augenwinkeln sehe ich, wie Herr Trautmann auf Striezel eindrischt. Der hat sich schnell wieder gefasst. Ich öffne die Handtasche. Striezel kämpft wie ein wild gewordener Stier. Mit einem gezielten Tritt setzt er meinen Retter außer Gefecht. Herr Trautmann liegt am Boden und krümmt sich. Ich greife in meine Tasche. Striezel dreht sich zu mir um und setzt zu seinem Triumphzug an. Das Pfefferspray in meiner Hand sieht er zu spät.

Striezel schreit auf. Ich drücke ihn zu Boden und fessele ihm mit seinem Schlips die Hände auf dem Rücken. Während er jammert, keucht und sich windet, rufe ich die Polizei.

»Alles okay, Herr Trautmann?« Ich setze mich neben ihn und bedanke mich für seine Heldentat. Blut fließt aus seiner verformten Nase, sein linkes Auge ist schon fast zugeschwollen. »Wo sind Sie denn auf einmal hergekommen?«

»Na, ich war wütend und … dann bin ich durch die Straßen gelaufen … und hab Sie auf dem Parkplatz gesehen. Eigentlich wollte ich Sie zur Rede stellen.« Er lächelt schief. Ein halber Schneidezahn fehlt. »Aber umgebracht hätt ich Sie nicht.«

»Wie freundlich von Ihnen.«

»So bin ich halt.«

»Nein, Herr Trautmann. Aber so waren Sie mal. Suchen Sie sich Hilfe. Thore braucht Sie.«

Schweigend schaut Herr Trautmann auf seine verletzten Fäuste.

»Mein Leben konnten Sie doch auch retten«, sage ich und reiche ihm die Hand. Herr Trautmann atmet tief durch und schlägt ein.

Blaulicht flackert durch den Nebel. Die Sanitäter laufen auf uns zu.

IM ZOO

Regine Seemann –
vierundzwanzig Dienstjahre

Die Mittagspause war vorbei und der Lärm auf dem Schulhof verebbte langsam. Diana klappte ihren Laptop zu und gähnte. Sie war eigentlich eine große Befürworterin der gebundenen Ganztagsschule und hatte auch einige ihrer Kolleginnen, die Verfechterinnen der Halbtagsgrundschule gewesen waren, umgestimmt. Aber irgendwie kam es ihr nun so vor, als wäre sie in den fünf Jahren seit der Einführung der ganztäglichen Beschulung deutlich schneller gealtert als in den fünfzehn Jahren Schuldienst zuvor. Vor allem die Unterrichtsblöcke am Nachmittag machten sie fertig. Diana warf einen Blick auf die große Wanduhr und seufzte. Aufs Klo würde sie es jetzt nicht mehr schaffen. Die Klasse 2b war so schwierig, dass sie sie auf keinen Fall unbeaufsichtigt vor der Kunstwerkstatt warten lassen konnte. Sie schnappte sich ihren Schlüsselbund und legte den Weg bis zum Fachraumgebäude im Laufschritt zurück, denn schon von Weitem hörte sie, wie zwei ihrer Schüler sich als »Hurensohn« und »Arschkopf« beschimpften. Wenn sie jetzt nicht gleich eingriff, würden die beiden Jungen innerhalb kürzester Zeit ineinander verkeilt auf dem Boden liegen und sich prügeln. Doch erstaunlicherweise waren beide relativ einsichtig und gaben sich schon nach einer kurzen normenverdeutlichenden Ansprache vor ihr die Hand. Diana steckte den Schlüssel ins Schloss und öffnete die Tür zur Kunstwerkstatt. Mit einem Blick erfasste sie, dass etwas anders war als sonst. Sie hob die Hand und gebot den Kindern, vor der Tür zu warten. Ein Großteil der Staffeleien war umgestoßen und einige der Traummaschinen, die die Kinder der 4a gebastelt und zum Trocknen auf den Tisch gestellt hatten, lagen kaputt auf dem Boden. Denn dort befand sich ihr Kollege Lars und schlief. Verärgert trat Diana an den Tisch heran. So kräftezehrend, dass man während seiner Mittagsaufsicht einschlief, war der Alltag in der Schule am Pulverteich nun auch wieder nicht. Sie runzelte die Stirn. Hatte Lars nicht heute Morgen als fehlend auf dem Vertretungsplan gestanden? Sie rüttelte an seiner Schulter. Als sein Kopf zur Seite fiel, sah sie eine eingetrocknete rote Lache neben seiner Schläfe. Und das war definitiv nicht die zinnoberrote Ölfarbe, die sie letzte Woche im Kunstgroßhandel »Die Welt ist bunt« gekauft hatte.

Kriminalkommissarin Stella Brandes sah sich in dem großzügig geschnittenen Raum um. Zwei riesige Sofaecken, bequem gepolsterte Sessel und das Aquarium, in dem eine Vielzahl an unterschiedlichen Fischen kreuz und quer umherschwammen, rechtfertigten den Namen »Lehrerlounge«. Ihre Kollegin Banu Kurtoğlu zeigte auf die Kaffeemaschine und den offenen Unterschrank, der voller Stangen mit Kaffeekapseln war. »Daran sollten wir uns mal ein Beispiel nehmen. Jede Menge Kapseln auf Vorrat.«

»Ich war dagegen, so eine Maschine anzuschaffen«, sagte eine Frau neben ihr, »man muss doch auch an die Umwelt denken. Gerade als Lehrer sollte man Vorbild sein.«

»Dann sind Sie Korinna Deubner, die Beratungslehrerin?«, fragte Stella. Die rothaarige Frau nickte.

»Und Fachleitung Deutsch«, fügte sie hinzu.

»Wie gut kannten Sie Ihren Kollegen Lars Wenningstätt?«

Die Lehrerin überlegte einen Moment und kniff dabei ihre Augen zusammen, als müsste sie sich konzentrieren. »Nicht so gut. Er war erst seit ungefähr einem Jahr an der Schule. Ein ziemlich ruhiger Typ. Und auch häufiger mal schlecht gelaunt. Er hatte nur einen Lehrauftrag und beklagte sich immer wieder darüber, wie wenig Geld er im Vergleich zu uns verdiente.«

Banu hob fragend eine Augenbraue. »Er war also nicht verbeamtet?«

Die Beratungslehrerin verneinte. »Er war nur ein Vertretungslehrer. Also befristet eingestellt.«

»Ich habe von Ihrem Schulleiter gehört, dass der Tote außer ihm der einzige Mann im Kollegium war.«

Korinna Deubner nickte. »Das ist an sich ja auch nicht ungewöhnlich an einer Grundschule.«

Insgeheim beglückwünschte Stella sich, dass sie einer damaligen Laune, Lehrerin zu werden, nicht nachgegeben hatte. Dreiviertel des Tages ausschließlich mit Frauen zu verbringen, war nichts für sie. »Gibt es bei Ihnen denn nicht so was wie Stutenbissigkeit?«, fragte sie nach.

Aber die Beratungslehrerin schüttelte den Kopf. »Nein, wir sind hier wie eine große Familie.«

Der Regen trommelte an die Fenster im dritten Stock des Polizeipräsidiums in Alsterdorf. Hell- und dunkelgraue Wolkenfetzen ließen den Hamburger Himmel aussehen wie das Batikshirt eines Emos.

»Eine große Familie«, sagte Banu, fast höhnisch. »Dann

war Lars Wenningstätt wohl das ungeliebte Kind.« Sie drehte sich zum Flipchart um und ergänzte die bisher geschriebenen Zeilen durch das Wort »unbeliebt«.

Ihr Kollege Gunnar setzte sich auf die Fensterbank und nahm einen großen Schluck Kaffee aus seinem Thermosbecher. »Das stimmt. Bei allen Kolleginnen und dem Schulleiter war rauszuhören, dass er häufig schlecht drauf war und auch viel gefehlt hat. Ich glaube, man macht sich nicht gerade beliebt, wenn man als Lehrer ständig vertreten werden muss.«

»Zumal er ja wohl als Vertretungskraft angestellt war«, fügte Stella hinzu.

Der Chef der Mordbereitschaft 5, Thorsten Fock, schaute durch den Türspalt. Er war eine halbe Stunde zu spät zur Besprechung erschienen und verdächtig gut gelaunt. Banu meinte, einen Hauch eines ihr vage bekannten, aber wahrscheinlich für sie zu teuren Parfüms an ihm wahrzunehmen. Stella musste ihr Schnuppern bemerkt haben, denn sie blinzelte Banu verschwörerisch zu und flüsterte ihr »Chanel N° 5« ins Ohr.

Ihr Chef packte ein Karamellbonbon aus, knüllte das Papier zusammen und versuchte, damit den wenige Meter entfernten Mülleimer zu treffen.

»Daneben«, bemerkte Banu und warf ihm einen so strengen Blick zu, dass er sofort aufstand und das Bonbonpapier aufhob.

»Was haben wir?«, fragte Thorsten. »Ich fasse mal zusammen. Lars Wenningstätt, Vertretungslehrer für Sport, fünfunddreißig Jahre alt. Schädel ist wohl eingeschlagen worden. Näheres wissen wir morgen, wenn die Obduktion durchgeführt wurde. Herr Wenningstätt hat keine Mutter mehr, der Vater lebt in Kanada und wurde bereits benachrichtigt. Keine weiteren Angehörigen.«

»Gibt es schon Anhaltspunkte?« Banu ärgerte sich ein bisschen. Sie war nicht gerade die Geduld in Person und es nervte sie, alles zweimal sagen zu müssen. Wortlos zeigte sie auf das beschriebene Flipchart.

Thorsten Fock überflog die Zeilen. »Habt ihr euch die WhatsApp zeigen lassen, mit der Lars Wenningstätt sich morgens beim Schulleiter krankgemeldet hat?«

»Na logisch«, sagte Gunnar.

»Es kann natürlich sein, dass jemand anderes sie von seinem Handy aus geschickt hat, als er schon tot war.« Thorsten Fock blickte Beifall heischend in die Runde.

Stella verdrehte die Augen. »Stell dir vor, Chef, da sind wir auch schon draufgekommen. Und tatsächlich hat fast keine der Kolleginnen ein Alibi.«

»Das Kollegium besteht aus achtzehn Lehrkräften, inklusive des Toten, und zwei Erzieherinnen. Der Schulleiter war mit seiner Frau zusammen, eine Lehrerin bei einem Makramee-Workshop, eine weitere mit einer Freundin im Kino und eine der Erzieherinnen mit ihrem Mann in einem griechischen Restaurant. Alles bereits nachgeprüft.«

Thorsten Fock nahm seine Finger zum Rechnen. »Also haben fünfzehn Personen kein Alibi.« Banu nickte. Wie schön, dass ihr Chef trotz seiner momentanen Geistesabwesenheit noch im Zahlenraum bis zwanzig rechnen konnte. »Der Täter war mit ziemlicher Sicherheit jemand aus dem Kollegium oder der Hausmeister. Die meisten Räume der Schule können alle nur mit einem batteriebetriebenen Transponder geöffnet werden, aber die Fachräume haben ganz normale Schlüssel. Und es fehlt wohl keiner.«

»Was ist mit den Putzfrauen?« Banu tippte auf das Flipchart. »Das ist allerdings etwas eigenartig. Die Kunstfachleiterin, Diana Baltes, besteht darauf, die Kunstwerkstatt selber zu putzen. Sie sagte uns, dass die Putzfrauen schon so oft Kunstprojekte der Kinder kaputt gemacht hätten, dass sie keinen Zugriff mehr auf diesen Raum haben.«

»Hat jemand ein Motiv?«

»Ja«, grinste Stella, »und zwar ein ganz Gravierendes. Gabriele Meiner, die Frau, die die Biosammlung betreut, hat uns verraten, dass ihre Kollegin Anna Steinfels aus der Männertoilette gern eine Dunkelkammer machen möchte. Sie findet es frauenfeindlich und Platzverschwendung, dass sie sich mit zwölf weiteren Frauen eine Toilette teilen muss, während nur zwei Männer genauso viel Platz zum Pinkeln haben. Vielleicht hat sie gedacht, wenn sie die beiden umbringt, kann sie ihre Fotos in der Schule entwickeln und braucht nicht mehr so viel Raum im Keller. Und mit einem muss man ja anfangen …«

»Sehr überzeugend«, murmelte Thorsten Fock und steckte sich ein weiteres Bonbon in den Mund.

Der Altweibersommer schien in diesem Jahr fast übergangslos in den Winter überzugehen. Am Wochenende noch hatte Emma Maler über die vielen Spinnenweben gestaunt, die in der Morgensonne zwischen den vertrockneten Heidepflanzen leuchteten. Und nun bedeckte eine dünne Schicht Raureif den Rasen. Emma warf einen besorgten Blick auf ihren Oleander. Seit Giovanni sie verlassen hatte, waren die beiden Pflanzen das Einzige, was hier noch italienisches Flair versprühte. Heute Nachmittag würde sie sie in den Schuppen räumen, denn der nächste Frost könnte sie eingehen lassen. Sofort musste sie wieder an ihren toten Kollegen denken und die eine Sache, die sie der Polizei bisher verheimlicht hatte. Na ja, verheimlicht war doch ein zu großes Wort dafür, denn vielleicht war das, was sie beobachtet hatte, gar nicht wichtig. Aber wenn man gerade eine Beziehung hinter sich hat, ist man bei diesem Thema so sensibel, dass alle Antennen auf Empfang gestellt sind. Emma holte den Autoschlüssel aus dem Schlüsselkasten und füllte ihren Coffee-to-go-Becher. Er war pink mit einem knallroten Herzen darauf und der Aufschrift »Café Amore«. Giovanni hatte ihn ihr mitgebracht, als er vor einem Monat geschäftlich in Berlin gewesen war. Drei Tage später hatte er ihr erklärt, dass er eine andere hatte. Auf einmal packte sie die Wut und sie warf den Becher mit dem heißen Inhalt gegen den Fliesenspiegel über ihrer Spüle. Sie hatte einen Entschluss gefasst: Wenn sie nun keine glückliche Beziehung mehr hatte, gönnte sie das anderen auch nicht.

Banu las den Obduktionsbericht erneut. Ihr Kollege Gunnar sah ihr dabei über die Schulter. »Was schreibt der Rechtsmediziner da? Er hat Arsen in den Haaren des Toten und dessen Wunde gefunden?«

Stella lehnte mit dem Rücken an der Fensterbank und tippte etwas in ihr Handy ein. »Das einzige Nennenswerte, was erscheint, wenn man bei Google die Wörter ›Arsen‹ und ›Schule‹ eingibt, ist der Bericht darüber, dass das Gymnasium Lühe im letzten Schuljahr ›Arsen und Spitzenhäubchen‹ als Theaterstück aufgeführt hat.«

Auch Thorsten Fock schien ratlos. »Dass ein Mensch akut an äußerlich angewendetem Arsen stirbt, ist mir auch neu. Allerdings habe ich mal einen Krimi gelesen, in dem der Täter seinem Opfer über Wochen hinweg immer wieder kleine Portionen Arsen verabreicht hat. Das war dann allerdings im Keratin der Haare direkt nachweisbar. Und auch in den Fingernägeln.«

»Aber hier sieht es eher so aus, als wäre Lars Wennings-tätt irgendetwas Arsenhaltiges auf den Hinterkopf gefallen.«

»Oder er ist mit dem Hinterkopf hineingefallen«, sagte Stella.

Eine Weile schwiegen alle. Deshalb kam Banu das Geräusch des Summers der Eingangstür zu den Räumen der Mordbereitschaft 5 auch unglaublich laut vor.

»Sitzt ihr auf euren Ohren?«, fragte eine ziemlich übel-launige Tina Johanns, Empfangsdame im Erdgeschoss des Polizeipräsidiums. »Ich habe schon zigmal bei euch ange-rufen. Hier ist eine Lehrerin, die euch sprechen möchte. Eine Emma Maler.«

Banu sah ihren Chef an und staunte. Thorsten Fock wurde tatsächlich rot. »Heute Morgen hatte ich das Tele-fon ganz kurz auf lautlos gestellt. Ich wollte nämlich eine Minute ungestört telefonieren.« Er sah sich entschuldigend im Kreise seiner Mitarbeiter um. »Ich habe wohl vergessen, die Lautstärke wieder aufzudrehen.«

Stella rollte mit den Augen. In diesem Moment betrat eine blond gelockte Frau selbstbewusst den Besprechungs-raum. »Ich möchte im Mordfall Lars Wenningstätt eine Aussage machen. Kommt das gerade ungelegen?«

Tina verzog sich grinsend. Banu zeigte auf einen Stuhl und die Blondine setzte sich.

»Um ihre Personalien werden wir uns im Anschluss küm-mern. Momentan brauche ich nur Ihren vollen Namen für die Aufnahme.« Stella platzierte das Diktiergerät auf dem Tisch und stellte es an.

»Ich heiße Emma Maler. Und ich glaube, dass meine Kol-legin Gabriele Meiner eine Affäre mit unserem Schulleiter Thomas Conrad hat.«

»Worauf gründet sich Ihre Behauptung?«, fragte Banu.

Emma Maler seufzte. »Wissen Sie, ich bin ausgebildete Feng-Shui-Beraterin und gut in diesem ganzen zwischenmenschlichen Kram.«

Stella grinste. »Okay. Das macht Sie zu jemanden, der den Mülleimer nicht in die Beziehungsecke stellt, aber doch nicht gleich zur Fachfrau in Liebesdingen.«

Das selbstbewusste Auftreten der Lehrerin ließ ein wenig nach. »Sagen wir mal, dass ich momentan sehr empfänglich für zwischenmenschliche Signale bin. Bei der letzten Gesamtkonferenz haben sie sich definitiv schmachtende Blicke zugeworfen. Und am vergangenen Freitag sind sie aneinander vorbeigegangen und Thomas Conrad hat mit dem Daumen ganz kurz Gabrieles Hand gestreichelt.«

Banu runzelte die Stirn. »Das ist allerdings interessant. Hat das noch jemand anders bemerkt?«

Die Lehrerin schüttelte den Kopf. »Ich glaube nicht. Das war im Flur. Ich war die Einzige, die außer den beiden noch da war, und wollte gerade das Lehrerarbeitszimmer verlassen. Sie haben mich nicht gesehen.«

Banu blickte ihre Kollegin an. Wahrscheinlich hatte diese Beobachtung keine Relevanz für die Aufklärung des Falles. Denn sowohl Gabriele Meiner als auch Thomas Conrad gehörten zu den wenigen, die ein Alibi hatten. Sie hatte einen Makramee-Workshop besucht und ihre Anwesenheit mit ihrer Unterschrift dort bestätigt. Und die Frau des Schulleiters hatte sehr überzeugend ausgesagt, dass er den ganzen Abend bei ihr gewesen war.

Seit ihre Tochter Merve im August gen Australien aufgebrochen war, um dort ein Jahr »Work & Travel« zu machen, erschien Banu der Tisch bei den Mahlzeiten immer so leer. Unauffällig warf sie ein Blick auf ihr Handy. Aber da es jetzt in Sydney mitten in der Nacht war, würde wohl momentan keine Nachricht von Merve kommen.

»Mama, Handy vom Tisch!« Banu fing den übertrieben strengen Blick ihres Sohnes Can auf. »Wenn ich das nicht darf, darfst du das auch nicht.«

Gegen ihren Willen musste Banu grinsen. Dann hatte sie eine Idee. Tim, ihr Ehemann, war schließlich Chemielaborant und kannte sich sicherlich mit Giften aller Art aus. »Wozu braucht man Arsen in einer Grundschule?«

Tim zuckte mit den Achseln. »Also, Versuche mit Arsen lässt man Kinder mit Sicherheit nicht machen.« Er überlegte einen Moment. »Aber in den Siebzigerjahren hat man zum Präparieren ausgestopfter Tiere Arsen verwendet.«

Banu sprang von ihrem Stuhl auf und warf ihrem Mann eine Kusshand zu. »Ich habe den schlausten Ehemann der Welt.« Dann griff sie ihr Handy und tippte auf den Kontakt »Stella«. Rein zufällig betreute Gabriele Meiner, die möglicherweise eine Affäre mit ihrem Chef hatte, die Bio-Sammlung. Als der Schulleiter sie vorgestern durch die Schule geführt hatte, war sie sich wegen der großen Anzahl von ausgestopften Tieren in diesem Raum vorgekommen wie in einem morbiden Zoo.

Stella hasste das Geräusch, das das Klicken der Handschellen machte. Es hatte immer etwas Endgültiges, denn es beendete das Leben in Freiheit. Selbst wenn es nicht zu einer Gefängnisstrafe kommen würde, veränderte es das Dasein der Festgenommenen nachhaltig. Bei Gabriele Meiner jedoch war sie sicher, dass sie verurteilt werden würde, denn sie war geständig. Auch der übliche Spruch – »Alles, was Sie sagen, kann und wird vor Gericht gegen Sie verwendet werden.« – brachte den Redefluss nicht zum Erliegen. Außerdem hatten sie mittlerweile ihre Fingerabdrücke auf der Mordwaffe, einem steinzeitlichen Faustkeil, sichergestellt.

»Ja, ich habe ihn umgebracht. Denn er wollte mich erpressen. Keine Lügen mehr. Und ich will auch gerade keinen Anwalt.«

Stella schob die Lehrerin in den Polizeiwagen und setzte sich neben sie. Banu saß am Steuer.

»Dabei kann ich doch nichts dafür, dass Lars so wenig Geld verdient hat. Er hätte ja auch sein Zweites Staatsexamen machen können.«

Stella war sich bewusst, dass dies kein offizielles Verhör war. Dennoch fragte sie: »Sie haben Lars Wenningstätt also am Montagabend getroffen?«

»Ja, er kam zu mir in die Bio-Sammlung, die ich noch aufräumen musste, um mir zu sagen, dass er Thomas und mich zusammen gesehen hat und das meinem Mann und Thomas Frau erzählen würde, wenn ich ihm nicht fünfzigtausend Euro überweisen würde. Er hätte sich beim Kauf seiner Eigentumswohnung finanziell etwas übernommen. Als ich den Raum verlassen wollte, hat er mich am Handgelenk gepackt.« Gabriele Meiner lachte freudlos. »Da bin ich durchgedreht und habe ihm mit dem Faustkeil aus der Vitrine auf den Kopf geschlagen und dabei ist er in die ausgestopften Tiere gefallen.« Sie zuckte betont gefühllos die Achseln. »Ich hätte nicht damit gerechnet, dass er gleich tot ist. Thomas hat mitgeholfen, ihn in die Kunstwerkstatt zu schleppen. Die liegt ja direkt neben der Bio-Sammlung. Abends sind die oberen Stockwerke der Schule zum Glück meistens wie ausgestorben.«

»Und der Makramee-Workshop?«

»Da habe ich meine beste Freundin hingeschickt. Mein Ehemann ist so eifersüchtig. Der schnüffelt mir überall hinterher. Meine Freundin hat sich schon öfter mal für mich ausgegeben und meine Unterschrift gefälscht, damit ich mich mit Thomas treffen konnte.«

Banu betätigte den Blinker, um auf die Autobahn aufzufahren. »Dann hat die Ehefrau von Thomas Conrad ihm also ein falsches Alibi gegeben.«

»Tja, sie ist ein graues Mäuschen und ihm hörig. Sie ahnt natürlich etwas, aber ich glaube, solange er sie nicht verlässt, ist für sie die Welt in Ordnung.«

Stella lehnte sich in ihrem Sitz zurück und gönnte sich ein paar Minuten, um über die Liebe nachzudenken.

DAS FENSTER ZUR WELT

Roger Strub –

zwanzig Dienstjahre

Lehrerinnen und Lehrer sind nicht zu beneiden. Sie atmen nicht nur den sterilen Geruch der Reinigungsmittel in den Gängen und die stickige Luft in den Klassenzimmern ein. Im Gegensatz zu ihren Zöglingen kommen sie ihr gesamtes Leben nicht aus der Schule heraus. In einer Endlosschlaufe im Rhythmus der Schuljahre gefangen, ertragen sie neben der Kritik von ahnungslosen Eltern die pubertäre Arroganz und Ignoranz der Kinder, denen sie im Kampf gegen Mobiltelefone und Spielkonsolen Chancengleichheit anzubieten und das Fenster zur Welt zu öffnen haben. Das ist ihre Aufgabe. Und die erfüllen sie – angesichts aller Widrigkeiten – nicht einmal so schlecht. Lehrer sind effiziente Wesen. Aus genannten Gründen erfinden sie die Welt nicht jedes Jahr neu. Ihre Tests zum Beispiel verwenden sie mehrheitlich über mehrere Jahre, bestenfalls in einigen Varianten. Das spart Arbeit und bringt zudem den Vorteil mit sich, dass sich die Leistungen der Schülerinnen und Schüler über längere Zeit statistisch exakt vergleichen lassen. Zudem gewinnt man dadurch mehr Zeit für die exponentiell ansteigenden administrativen und sozialen Anforderungen. Und man hat auch mal Zeit für einen wehmütigen Blick aus dem Fenster auf die Welt da draußen.

Das wusste auch der ehemalige Musterschüler Gregor Kunz, der gerade sein viertes Lehrjahr als Multimediaelektroniker mit eidgenössischem Fähigkeitszeugnis in Angriff genommen hatte und an den Wochenenden zu viel Geld für Partys ausgab. Er brauchte dringend einen Zustupf zu seinem – seiner Ansicht nach – kargen Lehrlingslohn, um Schulden bei unangenehmen Kollegen zu begleichen. Verzweifelt saß er da und sandte ein Stoßgebet zum sternenklaren Himmel. Da erbarmte sich der liebe Gott, an den er unter normalen Umständen eigentlich nicht so recht glauben wollte, seiner und schickte ihm eine tolle, wenn auch nicht ganz legale Geschäftsidee.

So kam es, dass zwei ehemalige Schüler und zwei Neuntklässler einer Sekundarschule in einer Kleinstadt des Schweizer Mittellandes, deren Namen hier aus Gründen der erlittenen Peinlichkeit verschwiegen wird, sich daran machten, ihre kleinkriminelle Karriere in Gang zu bringen. Gregor Kunz, Raffaele Morata, Kurt Bättig und Blerim Haziri schlossen Blutsbruderschaft und gründeten eine verschwiegene Männergemeinschaft mit dem Ziel, Geld zu verdienen und zum eigenen Vergnügen wieder auszugeben. Gregor Kunz wurde zum Boss mit allen Vollmachten bestimmt. Weitere Mitglieder waren zu einem späteren Zeitpunkt erwünscht, Mädchen und Frauen wurden aber per einstimmigen Beschluss explizit als Kandidatinnen ausgeschlossen, da ihr Wesen nicht für das Gesetz des Schweigens geeignet sei. Dann planten sie ihren ers-

ten Coup nach den Ideen des ehemaligen Musterschülers
Gregor Kunz.

*Als der Mann der Bewachungsgesellschaft um dreiundzwan-
zig Uhr seine übliche Runde abgeschlossen und mit seinem
Kleinwagen das Areal verlassen hatte, stiegen drei Männer
mit Taschen aus einem Auto auf dem Parkplatz gegenüber
der Schule und begaben sich zur Rückseite des Gebäudes.
Sie trugen Latexhandschuhe und übers Gesicht gezogene
Mützen mit Sehschlitzen. Im Erdgeschoss zum Sportplatz
hin war ein Fenster von innen nur angelehnt und mit beid-
seitigem Klebeband festgemacht worden. Der Fenstergriff
stand senkrecht nach unten in der geschlossenen Position,
sodass für den Überwachungsmann nicht erkennbar gewesen war, dass das Fenster nicht verschlossen war. Die drei
Männer schauten sich um, drückten das Fenster auf und
kletterten ins Innere. Die Türe des Schulzimmers war wie
erwartet geschlossen. Einer öffnete seine Tasche und ent-
nahm ihr einen Electropick, um Türschlösser zu öffnen. Es
dauerte keine zwei Minuten, bis das Schloss aus den Siebzigerjahren geknackt war. Das Gleiche wiederholten sie bei
der nächsten Türe zum Lehrerzimmer.
   Während der eine Mann sich am Kopierer zu schaffen
machte, durchsuchte der zweite die Schränke und leerte
das Geld der Kaffeekasse in seine Tasche. Der dritte Mann
hielt abwechselnd den Flur und die Umgebung des Schul-
hauses im Auge. Der Mann am Kopierer hatte inzwischen
im Licht einer Stirnlampe gezielt die Festplatte ausgebaut
und war daran, eine neue einzubauen. Ein paarmal fluchte
er leise. Es dauerte ein bisschen länger, als er gedacht hatte.
Leider hatte er die Manipulation nicht am Originalgerät
üben können. Schließlich war es geschafft und er gab den*

anderen beiden das Zeichen zum Aufbruch. Die ausgebaute Festplatte verstaute er in seiner Tasche und putzte alle Kabelreste und Spuren seiner Arbeit zusammen, um sie ebenfalls in der Tasche verschwinden zu lassen. Noch einmal leuchtete er über den Boden, dann traten die drei Männer den Rückzug an. Sie gingen den gleichen Weg zurück und stiegen durchs Fenster hinaus. Nach weniger als zwanzig Minuten war die Aktion erfolgreich beendet. Kurze Zeit später rollten sie mit ihrem Wagen, ohne das Licht einzuschalten, vom Parkplatz. Erst auf der Hauptstraße schaltete Gregor Kunz die Scheinwerfer ein und gab Gas. In seiner Tasche befand sich die Festplatte des Kopierers, gespickt voll mit sensiblen Daten aus gespeicherten Kopien des täglichen Schulbetriebs und noch vielem mehr.

Am nächsten Tag fiel Schulleiter Häberli, der immer als Erster das Lehrerzimmer betrat, auf, dass die Türe unverschlossen war. Verärgert nahm er sich vor, seine Kolleginnen und Kollegen mit eindringlichen Worten aufzufordern, am Ende des Tages doch darauf zu achten, dass die Türen verschlossen waren. In seinem Computer überflog er kurz darauf den Rapport der Bewachungsgesellschaft. Seltsamerweise war nichts von der unverschlossenen Türe vermerkt. Er hatte den Vorfall schon fast vergessen, als nach der ersten Lektion ein Lehrer meldete, dass in seinem Schulzimmer ein Fenster offen und die Türe nicht verschlossen gewesen sei. Er sei sich ganz sicher, dass er sie am Vorabend persönlich abgeschlossen habe. Häberli wurde hellhörig. Auch davon war nichts im Rapport gestanden.

Gemeinsam untersuchten sie die Schlösser, konnten aber keine Spuren von Gewaltanwendung feststellen. Sie ließen sich mit dem Schlüssel problemlos schließen und öffnen.

Einzig im Fenster fanden sie ein Stück beidseitig beschichtetes Klebeband, allerdings auch hier keine Spuren, die auf ein Aufwuchten des Fensters hindeuteten. Schulleiter Häberli und sein Kollege standen vor einem Rätsel. Möglicherweise war jemand durch das unverschlossene Fenster eingedrungen. Aber warum das, wenn diese Person doch offenbar einen Schlüssel zur Verfügung hatte? Und vor allem: Was hatten der oder die Einbrecher gesucht? Auf den ersten Blick fehlte nichts. Häberli beschloss, in der großen Pause um zehn Uhr eine kurze Krisen-Gesamtkonferenz einzuberufen, um das Kollegium zu informieren und die weiteren Schritte zu beschließen. Per SMS-Alarm verschickte er um neun Uhr die Einladung. Teilzunehmen hatten alle außer der Pausenaufsicht. Da saßen sie nun alle versammelt, tranken Kaffee, aßen Nüsse und schnitten Scheiben vom Brot ab, das Anja Hertig mitgebracht hatte. Häberli wollte gerade zu seiner Ansprache ansetzen, da rief der Zuständige für den Kaffee: »Die Kaffeekasse ist leer. Gestern waren da mindestens hundertfünfzig Franken drin. Jemand muss das Geld gestohlen haben.« Entrüstung machte sich breit, alle redeten durcheinander, wiesen jede Schuld von sich oder schimpften darüber, dass der Herr Kollege so quasi jemanden von der Lehrerschaft als Täter in Betracht zog. Schulleiter Häberli rief zur Ruhe auf und sagte, als sich die Gemüter einigermaßen beruhigt hatten: »Bei uns wurde diese Nacht eingebrochen.«

Am Abend nach der Aktion begannen Gregor Kunz und Raffaele Morata an Gregors Computer mit dem Herauslesen der Daten aus der Festplatte des Kopierers. Gregor benutzte dafür eine spezielle Forensik-Software aus dem Internet, die er als Multimediaelektroniker problemlos hatte herunterla-

den können. Gespannt öffneten sie eine Datei nach der anderen, um ihre Beute zu inspizieren. Wie erwartet fanden sie eine Vielzahl an gespeicherten Tests samt Lösungen für die Fächer Mathe, Geo, Physik, Biologie, Geschichte, Deutsch-Grammatik, Französisch, Englisch und so weiter. Sie hatten vor, diese Dateien fein säuberlich nach Schuljahr und Fächern zu ordnen und sie dann auf Sticks von Kurt und Blerim für zweihundert Franken an auserwählte Mitschüler der Oberstufe zu verkaufen. In den neun Klassen der Oberstufe fanden sie achtundzwanzig Schüler prädestiniert und vertrauenswürdig genug, um in den Genuss ihrer Dienstleistung zu kommen. Das würde ihnen fürs Erste fünftausendsechshundert Franken einbringen. Womit sie aber nicht gerechnet hatten und was ihnen ganz neue Möglichkeiten mit weit größeren finanziellen Perspektiven eröffnete, waren die privaten Hinterlassenschaften der Lehrpersonen auf der Festplatte. Da hatte ihr Mathelehrer Meier, wie sie anhand des Eingabecodes feststellen konnten, vor einigen Wochen eine Serie offenherziger Nacktbilder von sehr jungen Mädchen kopiert, Frau Lang, die »wilde Schöne«, wie sie von den Schülern genannt wurde, ihre Scheidungspapiere inklusive einer Liste von hässlichen Details aus ihrem gescheiterten Eheleben, Sportlehrer Jäggi seine Steuererklärung samt allen Bankauszügen und Internetrecherchen zu Tricks für Steuerhinterziehung und der junge Lehrer Sommerhalder einen Liebesbrief mit zweideutigen Begehrlichkeiten an eine Schülerin in der neunten Klasse. Aber damit nicht genug. Sie fanden ein detailliertes psychiatrisches Gutachten, das Lehrerin Brun eine Valiumsucht plus eindeutige Symptome von Burn-out attestierte und ihr ein Time-out dringend nahelegte sowie ein Selbstporträt des sechzigjährigen Zeichnungslehrers Reto Mühlemann, splitterfasernackt und mit

erigiertem Penis. »Hei, das ist der Hammer, dafür werden
die uns viel Geld geben müssen. Give me five«, rief Gregor
begeistert und schlug mit Raffaele darauf ein.

Die Polizei hatte keine Fingerabdrücke gefunden. Die
vorhandenen Fußspuren zuzuordnen, war angesichts der
vielen Leute, die sich in den Räumen bewegten, ein Ding
der Unmöglichkeit. Und DNA auszuwerten, war bei der
lächerlichen Deliktsumme von hundertfünfzig Franken
aus der Kaffeekasse – einer jedermann zugänglichen Blech-
dose mit Deckel – keine realistische Option. Also waren die
Polizisten abgezogen mit der Bemerkung: »Es tut uns leid,
aber in diesem Fall können wir leider nicht mehr machen.«
Häberli ließ die Sache zähneknirschend auf sich beruhen
und wandte sich wieder dem Schulalltag zu.

Ein paar Wochen nach dem Vorfall suchte ihn ein nieder-
geschlagener Kollege in seinem Büro auf. Häberli hieß ihn
Platz nehmen und fragte: »Was ist los, du siehst schlecht aus?«
»Ja, es geht mir schlecht und es ist äußerst peinlich.«
Häberli runzelte die Stirn und wartete.
»Du weißt, ich bin ja auch Künstler. Und als Künstler
habe ich mich kürzlich selber porträtiert. Leider in einer
sehr persönlichen und verfänglichen Pose. Jetzt werde ich
mit der Zeichnung erpresst.«
»Wie soll ich das verstehen, in einer verfänglichen Pose?
Und von wem wirst du erpresst?«
»Na ja, du weißt schon …« Er zeigte auf seinen Schritt.
»Ich glaube, jemand hat den Kopierer in der Schule mani-
puliert und ist jetzt im Besitz von meinem Scan.«
»Wie bitte, du hast eine Zeichnung von dir mit einem …
auf diesem Kopierer gescannt?«

»Ja, das war wohl eine große Dummheit.«

Häberli wurde plötzlich einiges klar. Vor einigen Tagen hatten sich zwei Kollegen darüber beklagt, dass der Speicher des Kopierers leer sei. Häberli hatte daraufhin festgestellt, dass auch die Dateien mit den Formularen der Schuladministration weg waren. Er hatte es aber einem Kurzschluss oder einer Fehlmanipulation einer Kollegin oder eines Kollegen zugeschrieben. Jetzt aber erschien das in einem ganz anderen Licht. Jemand hatte die abgelegten Daten auf dem Kopierer geklaut. Die Kaffeekasse war nur ein Ablenkungsmanöver gewesen. Aber wie konnten auch Daten, die nicht speziell gespeichert wurden, in die Hände des Einbrechers gelangt sein?

»Soll ich die Polizei rufen?«, fragte Häberli.

»Nein, keine Polizei. Ich habe die Erpresser bezahlt. Ich wollte dich nur informieren, falls sie sich nicht zufriedengeben und noch mehr passiert. Vielleicht sind ja auch andere Kolleginnen und Kollegen betroffen.«

»Mir ist bisher nichts zu Ohren gekommen. Soll ich alle zusammenrufen und fragen?«

»Um Gottes willen nein«, wehrte Reto Mühlemann ab. »Lass uns abwarten und die Augen offenhalten.«

Mühlemann hatte bezahlt. Er war die Versuchsperson gewesen. Sie hatten auf seiner privaten Künstler-Website seine Telefonnummer gefunden und ihm von einem Prepaidhandy mit nicht korrekt registrierter SIM-Card aus eine Nachricht geschickt. Sie drohten ihm, das obszöne Porträt auf Facebook zu veröffentlichen, wenn er zu einem bestimmten Zeitpunkt nicht einen Umschlag mit tausend Franken in den Anspielkreis eines Trainingsfeldes des lokalen Fussballklubs legen würde. Der Platz lag in einer Senke zwischen zwei bewal-

deten Hügeln. Von dort aus konnten sie das Gelände über-
blicken, um sicherzugehen, dass Mühlemann allein unter-
wegs war. Er hatte ihre Anweisungen jedoch ohne langes
Hin und Her befolgt. Mit einer Minidrohne, einer Parrot
Mambo, die über einen Greifarm verfügte, hatte Gregor
darauf den Mittelkreis angeflogen und sich das Geld geholt.
Alles war ganz leicht und problemlos gelaufen. Jetzt würden
sie sich die anderen vornehmen, allen voran den Mathele-
rer Meier, der auf kleine Mädchen stand.

Den Lehrpersonen an der Oberstufe war es merkwürdig
erschienen, dass viele Problemschüler plötzlich gute Noten
schrieben. Anfänglich hatten sie geglaubt, dass es daran liegen könnte, dass die betreffenden Jungs endlich gemerkt
hatten, dass sie für ihre Zukunftsträume mehr tun mussten
als gamen, Pornos gucken und kiffen. Aber spätestens an der
gemeinsamen Notenkonferenz mit den anderen Lehrpersonen war allen klar, dass da etwas nicht mit rechten Dingen
zuging. Schulleiter Häberli sagte: »Eine erhebliche Anzahl
Schüler kennt eure Tests. Ich bin inzwischen überzeugt,
dass jemand unseren Kopierer manipuliert hat. Ich habe
ein bisschen recherchiert und festgestellt, dass die meisten
Kopierer über eine Festplatte verfügen, auf der alle kopier-
ten Daten gespeichert werden. Jemand hat diese Daten auf
unserem Gerät abgesaugt. Und zwar vor zwei Monaten, als
der Einbruch stattfand. Das erklärt auch, warum alle abgelegten Formulare gelöscht waren. Ich werde jetzt die Polizei
anrufen.« Mit einem Seitenblick auf Mühlemann ergänzte
er: »Ich hoffe ja schwer, dass ihr den Kopierer nicht für ver-
trauliche private Dinge verwendet habt.«

Ein Raunen ging durch die Reihen. Junglehrer Sommerhalder sank sichtlich in sich zusammen, Mathelehrer Meier

saß mit geschlossenen Augen da, Brun und Jäggi rutschten nervös auf ihren Stühlen herum, die wilde Schöne räusperte sich und sagte: »Muss man da gleich die Polizei rufen? Du weißt doch genau, was den Jungs dann bevorsteht. Können wir das nicht intern mit pädagogischen Sanktionen regeln?«

Häberli, dem die Reaktionen einiger Kollegen nicht entgangen waren, stand auf und sagte: »Nein, jetzt wird aufgeräumt. Und zwar gründlich. Wer mir noch etwas zu sagen hat, dem gebe ich Zeit bis Ende der Woche. Dann rufe ich die Polizei an. Die Sitzung ist geschlossen.«

Noch vor Ende Woche nahm die Geschichte einen ganz banalen Verlauf. Denn hier ist nicht Hollywood, Palermo oder Bogota. Es kam, wie es kommen musste. Schüler Kurt aus dem neunten Schuljahr hatte eine Freundin in der Parallelklasse. Beim Kuscheln bedrängte sie ihn mit Fragen: »Warum bist du plötzlich so gut in Mathe, Geo, Grammatik und Französisch? Du lernst doch kaum? Du spielst doch in deiner Freizeit wie ein Besessener Call of Duty, oder etwa nicht?« Er blockte ab, redete sich raus. »Ich bin eben clever.« Sie ließ jedoch nicht locker. »Ich bin auch nicht dumm, ich weiß, dass da bei euch Jungs etwas läuft«, entgegnete sie. Er küsste sie und täuschte innige Leidenschaft vor, was sie aber nur neugieriger machte. »Hör auf damit, nimm deine Finger weg und sag endlich, was los ist. Ich will auch bessere Noten.« Schließlich gestand er ihr, dass er die Tests kenne. Mehr erzählte er nicht. Sie hatte ihm davor absolute Verschwiegenheit schwören müssen, was sie allerdings nicht davon abhielt, alles ihrer besten Freundin zu erzählen. Diese fand das so aufregend, dass sie es gleich ihrer zweitbesten Freundin per WhatsApp mitteilen musste. Noch am gleichen Abend wusste die gesamte Schule mit Ausnahme der

Outsider und Loser davon, am anderen Morgen die Lehrerschaft. Häberli reagierte und griff zum Telefon. Kurz vor Mittag klickten die Handschellen bei Kurt, nachmittags um zwei bei Blerim, Raffaele und Gregor. Um drei Uhr lag alles auf dem Tisch. Auch die ausgedruckten Bilder von Lehrer Meier, das Porträt von Reto Mühlemann und der Liebesbrief von Junglehrer Sommerhalder.

Ja, so weit, so gut. Bleibt die Frage, warum können Mädchen nicht einfach ihren Mund halten? Doch dieser Vorwurf ist unfair. Denn es war ja Kurt, der geredet hatte. Es sind vielmehr die weiblichen Menschen, die es mit Charme, körperlicher Anziehung und List schaffen, männliche Wesen vor den allergrößten Dummheiten zu bewahren – oder sie auch dazu anzustiften.

Kurts Freundin sagte bei der Vernehmung auf dem Polizeiposten aus, sie habe Kurts Geheimnis ihrer besten Freundin bewusst weitererzählt im Wissen, dass diese es gleich verbreiten würde. Sie selber hätte ihren Schatz Kurt doch nicht verpetzen können. So etwas ginge einfach nicht. Ob sie damit den Verrat an ihrem Freund als Person oder den Betrug mit den Tests gemeint hatte, dies nachzufragen wurde von der Polizeibeamtin leider versäumt.

Und die Lehrerschaft? Einer von ihnen verbrachte die folgenden Wochen in Untersuchungshaft, wurde später verurteilt, entlassen und auf eine schwarze Liste gesetzt. Eine Lehrerin und ein Lehrer kündigten ihre Stelle und wechselten an eine andere Schule, Schulleiter Häberli nahm ein halbjähriges Sabbatical und die anderen machten sich daran, neue Tests zu schreiben.

FITNESSTRACKER

Armin Öhri –
zwanzig Dienstjahre

Hier bin ich nun. In der Schule. Im obersten Stock, direkt unter dem Dach. Viereinhalb Stunden nachdem ich meine Nachbarin umgebracht habe. Maritas geändertes Testament, in dem sie mich zum Alleinerben einsetzt, ist ein Motiv, das gebe ich zu. Aber niemand wird mir auf die Schliche kommen, so viel ist gewiss. Ich bin zwar nervös, meine Hände zittern leicht. Doch das lässt sich auf die Arbeit schieben: Unterrichten ist nun mal eine reine Nervensache. Die einen mögen es, die anderen nicht – manche können es, manche nicht. Mein Gott, wenn ich an all die unterschiedlichen Typen im Lehrkörper denke …

Jetzt ist die Mathe-Lektion vorbei. Beamer, Visualizer und PC sind runtergefahren. Ein letzter Blick noch auf die altehrwürdige Wandtafel, dieses Relikt aus älteren, nicht-digitalen Zeiten: Ja, auch die Kreide ist weggewischt. Im Gang stolpere ich beinah über Esoterik-Gundula, die Ethiklehrerin aus dem Klassenzimmer nebenan.

»Na, auch wieder im Dienst?«

Freundlich nicke ich ihr zu, heuchle Interesse. Sommers wie winters fährt die Gute im Liegerad zur Schule, verkauft selbst eingefärbte Batik-Shirts auf Trödelmärkten und philosophiert pausenlos über Chakren, Bachblüten und übersinnliche Lichtwesen. Sie deutet hinunter in den Lichthof, der ab und zu für Ausstellungen, Vernissagen oder Abschlussfeiern genutzt wird. Ein paar Jugendliche schlendern über den Boden, schlagen den Weg zum Kiosk ein.

»Da möchte ich mal ein Yoga-Happening veranstalten. Für alle hier an der Schule. Inklusive Lachmeditation. Stell dir das vor: hundert Yoga-Matten und alle unsere Kolleginnen und Kollegen im Vierfüßlerstand!«

Ich bestätige sie in ihrem Wahn und rede davon, wie eindrucksvoll das wohl wirken müsse. Nach außen hin gebe ich mich gelassen, richtig leutselig, und versuche, ohne gröbere Schnitzer durch unser Gespräch zu navigieren.

Wir biegen zur Treppe ab, nehmen die unzähligen Stufen nach unten. Während Gundulas Vortrag schweifen meine Gedanken wild umher. Reiß dich zusammen. Reiß dich wirklich zusammen. Hör ihr zu, antworte endlich. Sonst fällst du auf.

Gleich darauf im Lehrerzimmer sitzt die gewohnte Runde beieinander. Da ist Klaus, das verkannte Genie. Der Kunstlehrer, dem es nie vergönnt war, seiner wahren Berufung nachzugehen und im MoMA neben Richter, Baselitz und Cindy Sherman auszustellen. Und dort, bei der Kaffeemaschine, steht Null-Bock-Toni, der Griesgram in Manchesterhose und Strickjacke mit aufgenähten Ellbogenschonern, dem alles scheißegal ist und der nur noch darauf wartet, in Pension zu gehen. Eigentlich, muss ich zugeben, ist mir seine Einstellung sympathisch, denn ich kann ihm alles nachempfinden. Zu guter Letzt: die überenthusiastische Lehramtsanwärterin in den Zwanzigern, deren Namen ich mir aus Prinzip nicht merke. Sie hat sich auf den Stuhl rechts von mir niedergelassen, einen Stapel frisch kopierter Arbeitsblätter auf dem Schoß, kichert und grinst mich blöde an.

Sie schwärmt von neuen Lehr- und Lernmethoden, die den trockenen Frontalunterricht ersetzen sollen, und schon wieder schweifen meine Gedanken ab. Sie galoppieren ins Nirgendwo, verirren sich in den Geschehnissen des heutigen Vormittags, als ich keine Lektionen hatte. Habe ich etwas übersehen? Irgendeinen Fehler gemacht? Gewiss nicht, mein Vorgehen war perfekt, noch nicht einmal riskant. Monatelang durchgeplant und besser austariert als eine Ultramikrowaage. Für etwas hat man ja Mathe studiert und denkt strategisch-logisch.

Klaus hat etwas von einem Kunstevent palavert, während mir Maritas minutenlanger Todeskampf im Kopf herumspukte. Oder war Toni das mit dem Event? Nein, Toni kotzt sich wieder einmal darüber aus, wie schlimm die neuen Jahrgänge seien und wie das Schulsystem bachab gehe, seit die Prügelstrafe abgeschafft worden ist. Ich bin heute wirklich nicht bei der Sache …

Um nicht weiter aufzufallen, nehme ich eine Zeitung aus dem Zeitungsständer, falte sie auseinander und verstecke mich hinter ihren Seiten. Aber die Buchstaben vor mir verschwimmen permanent, während ihre Serifen ineinander übergehen. Aus diesem o hier wird allmählich ein d, aus dem kleinen i dort ein kleines l.

Dass es schwer sein kann, einen Menschen mit einem Kissen zu ersticken, wusste ich. Bei Kindern oder älteren Menschen, denen man körperlich überlegen ist, mag das vielleicht klappen. Aber der Körper hat etwa eine Minute lang noch ausreichend Sauerstoff, um sich zu wehren. In der Gefahrensituation pumpt das Herz sogar noch verstärkt Blut durch den Organismus, weshalb das Opfer in der Lage ist, einen Angreifer massiv zu attackieren. Kratzspuren und blaue Flecken wollte ich unbedingt vermeiden, weshalb ich Marita schon am frühen Morgen Lexotanil übers Essen verabreicht habe – ein Beruhigungsmittel mit dem Wirkstoff Bromazepam. Sie sollte müde werden, aber nicht daran sterben.

Zugegeben, über die Dosierung war ich mir lange im Unklaren. Marita ist zwar eine rüstige Dame mit fitter Leber, aber wegen der ungünstigen Fett-Wasser-Verteilung im Alter verträgt sie wohl ein Drittel weniger als die übliche Erwachsenendosis. Ungefähr ab dem Fünffachen der gewohnten Dosis würde sie deutlich sediert sein. Ich habe also fünf 1,5-Milligramm-Tabletten im Mörser zermahlen und Marita unters Jogurt gemischt. Aufgrund ihres Sättigungseffekts kann man sich mit Benzos nicht wirklich umbringen. Falls es später – Gott behüte! – also doch noch zu einer Blutuntersuchung kommen sollte, wäre das nicht weiter schlimm: Ältere Menschen, die nicht gut einschlafen können, nehmen halt einfach ab und zu ein Hypnotikum. Daran ist nichts Verwerfliches.

Die Lehramtsanwärterin, dieses junge Gemüse, hat gerade über multi-disziplinäre Didaktik-Ansätze gesprochen und wie fortschrittlich es doch sei, dass man an einigen Schulen bereits von Handlungskompetenzbereichen statt von Schulfächern spreche. Mehr von ihrem Pädagogengequatsche ist mir nicht hängen geblieben …

Seit neun langen Jahren kümmere ich mich schon um Marita. Ich besorge den Einkauf der Vierundsiebzigjährigen, fülle die Steuerrechnung aus und erledige ihre Korrespondenz. Sie ist allein, hat weder Mann noch Kinder, dafür drei Komma sieben Millionen Franken auf dem Sparkonto.

»Du bist so ein Schatz«, hat sie neulich zu mir gesagt. »Wenn ich einmal nicht mehr bin, wird das alles dir gehören.«

Ha! Wenn, ja, wenn.

Insgeheim weiß ich, dass sie robust und fit ist und noch locker neunzig wird. Ihr fortgeschrittenes Alter schützt sie bloß vor, um mich zu piesacken. Sie genießt es, einen herumzukommandieren, während sie die wehleidige Alte gibt. Nichtsdestotrotz kam sie neulich mit einem modernen Fitnesstracker an, der ihr automatisch Puls und Herzschlag misst.

Ironischerweise hat mich just ihr Gesundheitsfimmel auf die Idee gebracht, wie ich sie loswerden kann …

Bevor ich die Ahnungslose heute Morgen mit ihrem Sofakissen erstickte, nahm ich ihr das Fitnessarmband ab, um es mir selbst überzustreifen. Natürlich schlug es kräftig an, ich war ja auch nervös. Über fünf Minuten dauerte Maritas Todeskampf. Ich verstehe nicht, wieso die Krimiserien im TV immer so unrealistisch sein können. Da mordet man schnell und effizient. Das echte Leben ist krasser. Es ist härter. Aber ich war darauf vorbereitet. Marita war völlig sediert; das Bromazepam ließ sie ganz ordentlich dösen. Um zu verhindern, dass sich Wollfasern aus den Gewebefäden lösten und in ihre Luftröhre gelangten, bedeckte ich Maritas Gesicht mit einer Plastikfolie, bevor ich ihr das Kissen auf Mund und Nase drückte.

Als es vorüber war, habe ich zwei portable Klimaanlagen aus dem Elektroshop in Maritas Stube aufgestellt, um das Zimmer abzukühlen und somit das Eintreten der Totenstarre zu verzögern. Die Geräte haben Zeitschalter. Wenn alles reibungslos läuft, schalten sie sich … Moment – ein kurzer Blick auf die Uhr – gerade jetzt aus.

Bald ist die Pause vorüber und die letzte Doppellektion des Tages fängt an. Ich verabschiede mich von Null-Bock-Toni, Künstler-Karl und der Namenlosen und suche meine Klasse auf. Geometrie ist heute dran. Kegelschnitte. Kosinus. Pythagoras.

Während meine Schülerinnen und Schüler mit Zirkel, Lineal und Geodreieck hantieren, schütze ich ein paar liegen gelassene Kopien vor, die ich unten im Medienraum holen müsse, und schleiche mich raus ins Treppenhaus. Wie ein Verrückter renne ich zweimal rauf und runter. Maritas Fitnesstracker ist der perfekte Zeuge: Das Herz rast, der Atem geht rasant – und jetzt ... ja, jetzt werde ich das Gerät einfach vom Handgelenk streifen, sodass seine Sensoren nichts mehr wahrnehmen und alle Anzeigen auf null hüpfen. Exitus.

Was bleibt noch zu tun?

Ich werde so lange wie möglich unter Leuten bleiben. Schließlich sind sie meine Zeugen. Ich werde die neunzig Minuten Unterricht absitzen. Anschließend trödle ich ein wenig, gucke im Sekretariat vorbei, mache dem Kioskpersonal meine Aufwartung. Vielleicht fahre ich kurz in die Stadt, flirte mit irgendeiner hübschen Frau und lade sie auf einen Kaffee ein. Die nächsten drei Stunden muss ich auf Teufel komm raus in Gesellschaft bleiben.

Danach werde ich heimfahren, die Klimaanlagen von Maritas Haus in meines hinübertragen, der Leiche wieder den Fitnesstracker übers Handgelenk ziehen und später – so gegen zweiundzwanzig Uhr – die Polizei rufen.

Ich hätte noch Licht gesehen, werde ich sagen. Das sei ungewöhnlich für Marita, normalerweise schlafe sie um diese Zeit. Und da sie doch schon vierundsiebzig sei und neulich über ein Stechen in der Brust geklagt habe, sei ich besorgt gewesen und habe nach dem Rechten sehen wollen. Wie nebenbei werde ich auf den Fitnesstracker deuten, mich dumm stellen und meinen: »Ich kenne mich mit den Dingern nicht so gut aus. Aber müsste der nicht aufgezeichnet haben, wann sie gestorben ist?«

Es ist der perfekte Mord.

Klaus und Toni, die junge Tussi und zwei Dutzend Lernende, die mir ein Alibi für die Tatzeit geben werden.

Jetzt sitze ich in einer Bar, mir gegenüber die hübsche Frau, mit der ich gleich flirten werde, um das Alibi zeitlich in die Länge zu ziehen. Sie sieht mich an. Ich sehe sie an. Ihr Haar scheint seidig-weich zu sein. Mit der Hand glättet sie eine ungebändigte Locke. Ums Handgelenk trägt sie eine elegante silberne Damenarmbanduhr.

Marita kommt mir wieder in den Sinn.

Ich lasse den Blick schweifen, lande wieder am Ausgangspunkt. Hat sich die Frau verändert? Ich weiß es nicht. Es kommt mir vor, als sei ihr Gesicht faltiger geworden, älter. Ich reibe mir die Augen. Nein, das kann nicht sein. Da sitzt eine junge Frau, nicht einmal dreißig Jahre alt. Und doch … ihr Gesicht, ihr Gesicht. Es ist Maritas Gesicht.

Deutet sie auf mich? Nein, sie streicht wieder eine Locke glatt. Die Uhr an ihrer Hand – sie ist nicht mehr silbern, sondern schwarz. Sie ähnelt Maritas Fitnesstracker. Ein kleiner roter Punkt leuchtet auf.

Ein rascher Blick auf mein eigenes Handgelenk, das weder von einer Uhr noch von sonst etwas geziert wird. Plötzlich … ein Piepen. Es ist mein Handy, das vor mir auf dem Tisch liegt. Auch dort leuchtet ein Punkt.

Wohl eine Kurznachricht. Aber … Was ist das? Was … soll … das?

Der Punkt, der rote Punkt. Woran erinnert er mich nur? Ach ja, der Fitnesstracker besitzt ebenfalls einen roten Punkt. Er zeigt an, dass die Aufnahme läuft. Falls Maritas Tracker mit dem Internet verbunden ist, wurden alle Geräusche während ihrer Ermordung in irgendeiner Cloud gespeichert …

Das Netz vergisst nie.

Aber wieso – zum Teufel noch mal – sollte Marita die Aufnahmefunktion eingeschaltet haben? Ich beginne zu schwitzen. Mit einigen Wischen auf dem Touchscreen meines Smartphones bin ich ins Internet gelangt. Der Suchbegriff Fitnesstracker bringt unzählige Seitenvorschläge. Ich scrolle die Liste runter, wähle wahllos einen Link aus und klicke ihn an. Es gibt Fitnessarmbänder zur Überwachung von Puls und Herzfrequenz. Weitere Gadgets sind Schrittzähler oder Inaktivitätsalarm. Einige sind sogar wasserdicht und tauchfest. Und da – plötzlich stolpere ich über einen Bericht zur Aufnahmefunktion: »Des Weiteren könnt ihr von der Schlafanalyse profitieren. Dann überwacht der smarte Fitnesstracker die Dauer und Qualität eurer Nachtruhe. Zwischen einundzwanzig Uhr abends und acht Uhr morgens schaltet der Tracker von allein in diesen Modus um. Dies tut er auch, wenn ihr zum Beispiel ein kleines Nachmittagsschläfchen hält. Anhand eurer ruhigen Herzfrequenz kann das Gadget ablesen, dass eure Ruhezeit begonnen hat. Wer möchte, kann die Sprachaufnahmefunktion aktivieren, sodass das nächtliche Schnarchen oder auch im Schlaf gemurmelte Worte automatisch aufgezeichnet werden. Sobald man aufwacht, muss die Aufnahme jedoch manuell gestoppt werden.«

Oh, mein Gott, alles um mich herum scheint zu verschwimmen. Was steht da auf der Speisekarte vor mir? Ich kann es nicht entziffern. War die Aufnahmefunktion eingeschaltet? Da hinten sitzt Marita. Nein, die junge Frau. Habe ich den Mord aufgenommen? Marita war müde. Ich habe ihr Medikamente gegeben, die ihren Puls herunterfuhren. Zu diesem Zeitpunkt muss der Recorder gestartet haben – also noch bevor ich mir den Fitnesstracker aneignete und über mein Handgelenk streifte. Ist auf der Aufnahme, während ich Marita erwürge, meine Stimme zu hören? Wieso bin ich hier? Hier – und nicht bei Maritas Leiche, um alles in Ordnung zu bringen? Habe ich jetzt alles laut gedacht? Nimmt das Gerät immer noch auf? Speichert es mein Geständnis im Internet? Die Gäste sind plötzlich so still. Alle Augen sind auf mich gerichtet.

Die hübsche Frau lächelt mich an. Es ist kein nettes Lächeln. Es ist höhnisch, es ist böse.

Aber: Es ist keine junge Frau. Nein, es ist Marita. Marita ist es. Marita! Die Alte, die grässliche Alte! Die, die ich doch eigentlich so perfekt umgebracht habe, um endlich den undankbaren Lehrerjob an den Nagel zu hängen ...

PAPIERKIND

Regina Schleheck –
neunzehn Dienstjahre

Die Schere sägte sich durch das papierne Rechteck, das sie wie eine Ziehharmonika zusammengefaltet hatte. Erst als ein Schatten auf sie fiel, merkte sie, dass Henke auf Gummisohlen die Fensterseite entlang gekommen war.

»Sie sind fertig?« Er streckte die Rechte aus. »Darf ich das Ergebnis bitte sehen?«

Ihre Hände legten sich schützend auf die untere Hälfte des Collegeblocks, über dem sie ihre Arbeit verrichtet hatte.

Ganz oben stand: »Arthur Schnitzler: ›Reigen‹, 1920«

Darunter nichts.

»Zeigen Sie her.«

Sie rührte sich nicht.

Er packte mit Daumen und Zeigefinger die obere Ecke des Blocks und hob ihn mit einem Ruck an. Maditas Hände, die Schere, das Faltpapier rutschten auf die Tischplatte.

»Kann es sein, dass Sie die Stillarbeit genutzt haben, um Maniküre zu betreiben?« Unter das Kichern von rechts mischte sich basslastiges »Hoho« von der Wandseite.

»Mit einer Papierschere!« Madita schob das Corpus Delicti ins Mäppchen. Etwas lame, wie sie fand, aber die Lacher wechselten die Seite.

Der Henke hatte den Moment genutzt. Als er die Schneidearbeit anhob, entfaltete sich eine papierene Girlande: Männlein, Weiblein, Männlein, Weiblein. Hand in Hand.

Er starrte darauf mit einem Entsetzen, das einer Bacheloretten-Darstellerin alle Ehre gemacht hätte. »Bin ich hier im Kindergarten, oder was?«

Madita riss am anderen Ende. Das Origami-Kunstwerk gab nach. Ein Papiermädchen blieb zwischen seinem Daumen und Zeigefinger stecken.

»Wir sollten die Figurenkonstellation des ›Reigen‹ darstellen, haben Sie gesagt«, gab sie zurück.

Henke brauchte eine Weile, ehe er seine Sprache wiederfand.

»Ich erwarte Sie nach der Achten am Lehrerzimmer.«

In der Schlange am Kiosk stand Adrian auf einmal neben ihr und boxte sie in die Seite. »Lass dir bloß nichts gefallen.«

»Keine Sorge«, sagte sie. Schubste ihn trotzdem nicht weg, obwohl er sich vorgedrängelt hatte. Schließlich war er der Einzige – und es war das erste Mal, dass einer der anderen sie in der Pause ansprach. Okay, das Schuljahr hatte gerade erst angefangen. Vorgestern waren die Kurspläne verteilt und die Leistungskurse eingenordet worden: Inhalte, Erwartungshorizonte, Klausurtermine. Der Henke, grau melierte Schläfen, schlank, karierte Stoffhose, weißes Hemd und Fliege, hatte sich erkundigt, ob die sechs Wochen Sommerferien für die Hundertfünfzig-Seiten-Lektüre gereicht hätten. Gedroht, er werde in der nächsten Sitzung den Stoff abfragen.

Madita meldete sich, sagte, sie sei erst vor zwei Wochen zugezogen und habe nicht gewusst …

Er schnitt ihr das Wort ab. »Das haben Sie an einem Nachmittag durch.«

Dann ließ er eine Rolle Kreppband und einen schwarzen Filzer rumgehen, damit alle ihre Namen in Schulterhöhe anklebten und er sich einen Sitzplan anfertigen konnte. Da der Großteil der Schüler und Schülerinnen bereits in der Elf oder in früheren Klassen bei ihm Unterricht gehabt zu haben schien, musste er den Urlaub genutzt haben, ihre Namen von seiner Festplatte zu löschen. Oder sollte das ein Kennenlernspielchen für die Neue sein?

Gebracht hatte es was: Madita kannte am Ende der Stunde alle Namen, die sie von ihrer Position aus entziffern konnte. Adrian war der Fünfte an der Tür- und Wandseite gewesen. Neben Hank, Flo, Alex und Erkan, in der anderen Richtung Milan, Katrin und Boris. Ein einziges Mädchen, das die Männerreihe durchbrach. Links von Boris dann Karla, Hatice, Mona und schließlich Madita. Am Fenster acht Gänse, die permanent schnatterten und sie von der ersten Minute an genervt hatten.

Egal. In Berlin vermisste sie auch niemand. Als sie am Ende der Elf verkündete, dass ihre Mutter sich beruflich verändern würde und der Umzug anstand, war sie in Nullkommanichts aus den WhatsApp-Gruppen entfernt worden. Und Tschüss.

Die Frau am Pausenkiosk fragte, was sie wolle. Adrian sagte schnell: »Für mich eine Cola. Und du?«

Ehe sie antworten konnte, klingelte es. Madita musste zu den Containerklassen. Philosophiekurs.

Der Henke öffnete die Tür zum Lehrerzimmer, noch während sie klopfte. Als hätte er dahinter gewartet. »Kommen Sie mit.«

Er führte sie in ein Nebenzimmer, wohl der Besprechungsraum, und wies auf ein niedriges Sofa. »Setzen Sie sich.«

Auf dem Tischchen davor zwei Tassen und ein Kräuterteebeutelsortiment. »Suchen Sie sich etwas aus.«

Madita zog eine beliebige Sorte, er holte einen brodelnden Wasserkocher von einem Küchenblock am Fenster, setzte sich neben sie und goss auf. Sie bedankte sich, schwenkte schweigend den Teebeutel und pustete.

Er räusperte sich.

»Sie sind frisch zugezogen, Madita? Aber hier geboren?«

Sie setzte die Tasse ab. »Was hat das jetzt mit dem ›Reigen‹ zu tun?«

Sein Lachen nahm sie ihm nicht ab. »Sie wirkten heute etwas – entschuldigen Sie bitte, dass ich Sie so angefahren habe. Sie sind ja noch neu an der Schule. Ich hab mir Ihre Akte angeguckt. Der Nachname kam mir bekannt vor. Haben Sie Geschwister?«

»Nein.«

»Ihre Eltern?«

»Meine Mutter hat auch keine. Mein Erzeuger – keine Ahnung, wie der hieß.«

Sein Gesichtsausdruck war schwer zu deuten. Die Mundwinkel zuckten. Der Blick ging zwischen seinem Tee und ihrem Knie hin und her.

Madita schlug die Beine übereinander und zupfte den Rocksaum darüber.

Der Henke nippte und fixierte ihren Schoß. »Sicherlich keine – äh, leichte Kindheit. Das erklärt natürlich – äh, ich meine, das war ja eigentlich gewissermaßen eine richtiggehende Pointe, das mit dem ›Reigen‹. Ist ja auch kein leichtes

Stück, so gesehen. Diese Beziehungsunfähigkeit der Protagonisten und das – äh, sexuell Freizügige …«

Madita zog erneut an dem Rock, griff nach ihrer Tasse und trank sie leer. »Tut mir leid, die Schnippelei. Es ist halt alles noch neu hier für mich …«

Er wehrte ab, rutschte dabei auf sie zu, der Tee in seiner Tasse schwappte bedrohlich. »Nein, nein, *mir* tut es leid.«

Madita richtete sich auf. »Ja, dann …«

Eine hastige Handbewegung. »Wollen Sie nicht noch –?«

»Mein Bus ist gleich weg.«

Er ließ sie gehen, nicht ohne zu versichern, dass sie sich jederzeit, ja, auf jeden Fall und ohne falsche Scham – eine flackernde Röte breitete sich über seine Wangen aus – an ihn wenden solle, wenn es Probleme gebe.

Das Hollandrad stand eingekeilt zwischen anderen vor der Sporthalle, aus der Getrampel, Geschrei und Klatschen drang. Volleyball? Sie brauchte eine Weile, ehe sie das Schloss aufkriegte. Ein Gedanke schoss ihr durch den Kopf. Sie sah sich um und an dem Gebäude hoch. Über der Sporthalle musste das Lehrerzimmer sein. An dem Fenster ganz links – war da ein Schatten?

»Was wollte er?« Adrian stand hinter ihr.

»Nichts.« Sie rangierte das Hollandrad frei.

Er schob seins neben ihr her. Am Schultor fragte er: »Rechts oder links?«

»Richtung Marienviertel.«

»Cool, da haben wir ein Stück gemeinsam.«

»Andermal«, gab sie zurück. »Heute muss ich erst in die Stadt. Eine Bücherbestellung abholen.«

Sie sah ihm nach, als er mit angehobenem Gesäß, über den Rennradlenker gebeugt, antrat. Hautenge Jeans, Wellensteyn-Jacke. Aus dem Man Bun hatte sich eine blonde Strähne gelöst, die hinter ihm her flatterte.

Als sie sich an den Abendbrottisch setzte, sah die Mutter nicht auf. Sie studierte den Stundenplan, den Madita neben dem Brotkorb abgelegt hatte.

»Du hast Mathe- und Deutsch-Leistungskurs gewählt?«

»Warum nicht? Ich stand in beiden zwei.«

»Wofür steht das Kürzel hinter dem Fach?«

»Liebermann in Mathe. Henke in Deutsch.«

»*Henke?*«

»Schräger Name, ja. Der Typ auch. Aber harmlos.«

Während sie vegetarische Paste auf eine Vollkornbrotscheibe spachtelte, studierte die Mutter immer noch den Ausdruck. Madita schob ihr den Brotkorb zu. Sie achtete nicht darauf.

»Bei deiner Anmeldung haben wir jemand auf dem Flur gesehen. So einen Typ mit Fliege. Weißt du noch? War der das?«

»Hundert pro. Aber wie kommst du darauf?«

Die Mutter runzelte die Stirn. Ihr Blick fiel auf Maditas Teller. »Weißt du eigentlich, was das Zeug kostet? Das reicht locker für drei Scheiben.«

Adrians Finger war sofort hochgeschnellt, als es darum ging, wer mit ihr den Vortrag machen wollte. In der Mittagshitze radelten sie zur Von-Goethe-Straße. Auf dem Weg hielt er an einem Blumenladen an. »Für meine Mutter.« Den Strauß drückte er Madita in die Hand.

Er schloss auf, rief: »Hallo, Mum! Ich hab wen aus dem Deutsch-LK mitgebracht.«

»Eine Freundin? Wie schön.« Eine Frau in Pumps und Kaschmir-Zweiteiler kam ihnen entgegen, führte sie in ein mit Perserteppichen und Ledersitzlandschaften ausgestattetes Wohnareal, wies auf die dahinterliegende Terrasse und verschwand in einer Küchenzeile, wo sie die Blumen in einer Vase arrangierte. »Nutzt das Schwimmbad, solange das Wetter anhält. Ich muss noch in die Stadt.«

Adrian zog Madita ins Freie. Parkähnliches Gelände, hohe Hecken, riesiger Pool. Von Fern hörten sie ein Schloss klacken, eine Autotür und sich entfernendes Motorengeräusch.

»Abkühlung?« Adrian zog das T-Shirt über den Kopf.

»Ich hab kein Badezeug.«

»Wir sind unter uns.« Er schälte sich aus Jeans und Unterhose, war mit drei Sätzen am Pool und kopfüber eingetaucht. Rief von der anderen Seite des Bassins »Komm!« und tauchte wieder ab.

Madita zog sich im Schutz der Stauden, die den Pool umgaben, aus und folgte ihm. Sie schwammen, spritzten, spielten Toter Mann und ließen sich mit ausgebreiteten Armen am Beckenrand von der Sonne trocknen.

Als sie nach einer Weile zu ihm hinüberblinzelte, hatte er den Kopf in den Nacken gelegt. Sie folgte seinem Blick. »Ist das Holunder?«

Adrian langte lässig mit dem Arm hinter sich, pflückte zwei Beeren, reichte ihr eine, steckte die andere in den Mund. »Belladonna«, sagte er. »Gut für die Augen.«

Sie biss zu. Saftig. Aber von süßlicher Bitterkeit, die einen pelzigen Geschmack im Mund hinterließ. Sie spuckte die Frucht auf den Rasen. Ein Spatz flatterte herbei, pickte sie auf und flog davon.

Adrian drehte sich auf den Bauch und stützte das Kinn auf. »Der ist hinter dir her«, sagte er.

»Wer? Der Vogel?«

»Der Henke.«

»Hä? Wie kommst du denn darauf?«

»Checkst du nicht, wie er dich immer anstiert? Dass keine Stunde vergeht, wo er dir nicht über die Schulter und in den Ausschnitt schielt?«

Die Sonne verschwand hinter einer Wolke. Madita setzte sich auf, langte nach Bustier und Slip, zog sie an und streifte das T-Shirt über.

»Quatsch«, sagte sie. »Was ist jetzt mit dem Referat?«

Nach dem Vortrag wurden sie einzeln zur Notenbesprechung einbestellt. Madita hatte ein gutes Gefühl. Perfekte Partnerarbeit, Adrians PowerPoint-Präsentation war richtig geil gewesen. Die Performance auch. Souveräne Haltung, kein Stocken, keine Ähs, Öhs und Alsos. Die Textanalyse war ihre Stärke. Sie hatten sich die Bälle gut zugespielt.

Adrian war kaum im Besprechungsraum verschwunden, als die Tür wieder geöffnet wurde. Sie stand auf, in der Erwartung, dass sie nun dran sei. Aber es war nur der Henke. »Ich muss kurz an mein Fach.«

Gleich darauf kam er mit den Kopien zurück, Ausdrucken der PPP. Adrian hatte darauf bestanden, sie unmittelbar vor dem Gespräch am Lehrerzimmer abzugeben. Warum er sie Henke nicht gleich in die Hand drücken wollte, hatte Madita gefragt. Die Antwort verblüffte sie. Es gehe darum, einen anderen Lehrer als Zeugen zu haben, dass sie die Unterlagen abgegeben hätten. Der Henke sei ein mieser Trickser, der nur nach Gründen suchen würde, sie reinzureißen.

Natürlich war der Henke schrullig. Schon diese Fliege! Modisch immer ein wenig strange. Leicht zu verunsichern, eher oldschool. Gleichzeitig irgendwie öko. Kam regelmäßig mit Teetasse in den Unterricht, und wenn er Pausenaufsicht hatte, brachte er eine Tupperdose mit Müsli und frischem

Beerenobst mit. Das aß er im Stehen auf seinem Posten. An Madita hatte er sich irgendwas gefressen – von der Stunde an, als er sie beim Schnippeln erwischt hatte. Obwohl sie sich seitdem immer unauffällig verhielt. Übergriffig war er nicht. Viel zu unbeholfen in seinen Annäherungsversuchen.

Adrian kam aus dem Besprechungszimmer. Ging, ohne sie anzugucken, grußlos vorbei. Was hatte der Henke ihm gesagt? Hatte er was an dem Vortrag auszusetzen gehabt?

Madita betrat die Höhle des Löwen. Der abgewandt am Fenster stand. Auf dem Couchtischchen zwei Tassen, in denen Aufgussbeutel dümpelten. Daneben das Kartönchen mit dem Teesortiment und die Tupperdose, gefüllt mit rötlich-brauner Müslipampe, in der pralle schwarzblaue Beeren farbliche Akzente setzten. Ein Löffel steckte fast senkrecht darin. Als sei der Besitzer gerade in seiner Mittagspause unterbrochen worden.

»Ah, Madita, nehmen Sie Platz.«

Die Stimme klang heiser. Der Henke hantierte mit dem Wasserkocher, räumte, ohne sie anzugucken, die Tassen ab. Erst nachdem er mit zwei sauberen zurückgekehrt war, heißes Wasser ausgeschenkt und neben ihr Platz genommen hatte, sah er auf und lächelte. Es wirkte gezwungen – schuldbewusst?

»Was war mit Adrian?«, fragte Madita. »Er schien ziemlich – sauer.«

»Leider. Er war – nicht sehr zugänglich.« Er fixierte ihre Knie.

»Darf ich fragen, welche Note er gekriegt hat?«

»Das müssen Sie ihn schon selbst fragen, Madita. Ich denke, Sie sind gekommen, um etwas über *Ihre* Note zu erfahren, oder?«

Sie widersprach nicht, obwohl ihr danach war.

»Na also. Chapeau. Sie haben das Thema sehr gut erfasst. Auch wenn ich mir zu manchen Details mehr Tiefe gewünscht hätte – Ihre Präsentation war absolut überzeugend. Auch im Zusammenspiel mit Ihrem Partner. Daher gebe ich Ihnen gerne ein sehr gut.«

»Und Adrian? Wieso ihm nicht?«

Er zog eine Augenbraue hoch. »Hatte ich mich dazu geäußert? – Ich will mich nicht wiederholen, Madita. Er hat ganz andere Baustellen. Umso mehr begrüße ich, dass Sie sich seiner angenommen haben. Es hat ihm mit Sicherheit gutgetan.«

»Herr Henke«, sagte Madita. »Adrian hat mindestens genauso viel an dem Vortrag gemacht wie ich. Er ist gut. Das werden Sie ja wohl wissen.«

»Ich werde mit Ihnen nicht über Dritte reden, Madita. Zumal ich Wichtigeres mit Ihnen zu besprechen habe. Vielmehr: Ich möchte Ihnen etwas übergeben.«

»Was?«

»Ein Schreiben. Sie sind bereits volljährig, daher halte ich es für den richtigen Weg. Ganz egal, was Sie damit machen: Es wird die richtige Entscheidung sein. Nur – bitte: Lesen Sie es erst zu Hause. In aller Ruhe. Lassen Sie es sich über das Wochenende durch den Kopf gehen. Das müssen Sie mir versprechen.«

Sie zögerte.

»Versprochen?«

»Versprochen.«

Er streckte ihr die Rechte hin. Entgegen ihrer Erwartung war der Händedruck nicht labberig, sondern angenehm. Er gab ihr einen kleinen weißen Umschlag mit ihrem Namen, den sie in die Gesäßtasche schob.

Am Fahrradständer sah sie sich um. Kein Adrian. Sie rief ihn an. Tatsächlich ging er nach ein paarmal Klingeln dran.

»Ja?«

»Madita hier. Was war los, Adrian? Wo bist du jetzt? Zu Hause?«

Er grunzte. »Was hat der Henke gesagt?«

Schweigen. Sie konnte seinen Atem hören. »Hey, was ist passiert?«

»Nix«, sagte er. Es klang gepresst.

»Welche Note hat er dir denn gegeben?«

Adrian lachte. Sehr laut. Es klang rein gar nicht lustig, eher wie ein unterdrücktes Schluchzen. Er legte auf.

Madita überlegte kurz, dann schloss sie ihr Fahrrad auf und trat in die Pedale.

Als nach dem dritten Klingeln niemand aufmachte, ging sie ums Haus herum. Stieg über die Pforte, die den schmalen Weg zur Terrasse versperrte. Wenn er nicht im Garten war, könnte sie von dort vielleicht ins Fenster gucken.

Er saß vornübergebeugt am Rand des Swimmingpools.

»Adrian!«, rief sie. Im Näherkommen sah sie, dass er die Jeans nicht hochgekrempelt hatte, die Hosenbeine hingen bis zu den Knien im Wasser. »Adrian!«

Er wandte den Kopf, drehte ihn aber gleich wieder weg. Als sie neben ihm in die Hocke ging, starrte er weiter vor sich hin.

»Hey«, sagte sie und fasste ihn an der Schulter.

Wieder wandte er sich um. Sein Blick wirkte leer. Der Atem ging pfeifend, als wenn er die ganze Strecke hierher gerannt wäre. Die Kiefer mahlten.

Madita blickte zum Haus. »Sind deine Eltern da?«

Keine Reaktion.

Sie erhob sich und ging ein paar Schritte auf das Haus zu, als sie hinter sich einen lauten Platsch hörte. Adrian schien vornüber in das Becken gekippt zu sein. Er trieb, Gesicht nach unten, knapp unter der Oberfläche.

Madita kehrte um, rief seinen Namen, erreichte das Becken, der Körper war vom Rand abgetrieben. Sie zerrte die Sneaker von den Füßen, das Smartphone aus der Tasche und sprang, wie sie war, ins Wasser, erreichte ihn mit drei Schwimmstößen, zerrte an seiner Schulter, um sein Gesicht an die Oberfläche zu bringen, was ihr zwar gelang, aber der Körper rollte gleich wieder auf die Seite. Sie musste ihn an Land schaffen! Es gab keine Treppe und sie konnte nirgends stehen. Also packte sie Adrian unter beiden Achseln und kämpfte sich mit kräftigen Beinstößen an den nächsten Ausstieg heran. Dort fasste sie mit einer Hand eine Sprosse, mit der anderen zog sie ihn dicht an sich heran. Begriff, dass sie ihn so nicht die Leiter hochkriegen würde. Wieder schüttelte sie ihn. Er blinzelte, rollte die Augen, stöhnte, erbrach einen bläulichen Schwall Wasser, drohte wieder abzugleiten. Madita legte ihren Kopf in den Nacken, schrie: »Hilfe!« Hörte die eigene Stimme kaum. Lag es daran, dass sie die Ohren voller Wasser hatte? Wieder schrie sie. Aus Leibeskräften. Und noch mal. Kapierte, dass sie – Wie hatte Adrian es genannt? – »unter uns« waren. Sie musste raus und Hilfe holen. Das Smartphone! Wo war sie noch ins Wasser gesprungen? Sie erkannte die Sneaker ein paar Meter entfernt. Nah genug, dass sie das Telefon aus dem Becken heraus erreichen würde? An der Überlaufrinne zog sie sich am Beckenrand entlang, Adrian im Schlepptau. Erreichte die Stelle, stemmte sich ein Stück in die Höhe, erkannte das Gerät – mehr als eine Armlänge entfernt. Es blieb ihr nichts übrig, als sich bäuchlings über die Beckenkante zu stemmen und Adrian dabei sich selbst zu überlassen. Sie schnappte das Smartphone, zog es bis zum Beckenrand, dann ließ sie sich wieder ins Wasser gleiten, holte tief Luft, tauchte zu dem Körper, der bis auf den Boden abgesunken war, packte ihn, stieß sich kräftig vom Boden ab und erreichte mit ihm die Oberfläche. Während sie sich mit der Linken unter seiner Achsel an der Überlaufrinne festhielt, tastete sie mit der Rechten nach dem Telefon, kriegte es zu fassen, wischte über das Display, tippte auf »Notruf«, mehrfach, weil sie den Daumen nicht so weit spreizen konnte, ihre Hand war zu klein oder zu nass, aber endlich gelang es, sie schrie »Hilfe!« in den Apparat, so laut, dass Adrian zusammenzuckte, sein Arm fuhr in die Höhe und schlug ihr das Gerät aus der Hand, sie konnte es nicht schnell genug schnappen, sah es abwärts trudeln und brach in Tränen aus.

Die Polizei lieferte sie zu Hause ab, wo ihre Mutter kurz darauf eintraf. Madita war zu erschöpft, um noch mehr Fragen zu beantworten. Sie schleppte sich unter die Dusche und in ihr Zimmer, wo sie ins Bett fiel und erst gegen Mittag aufwachte.

Noch während sie frühstückte, klingelten zwei Kriminalbeamte, um sie detailliert über ihre Beziehung zu Adrian und Einzelheiten ihrer Gespräche und Begegnungen zu befragen. Sie ließen sich erneut minutiös schildern, was am Vortag passiert war.

Erst als sie zum dritten Mal fragte, was mit Adrian sei, tauschten sie kurz Blicke, einer nickte, der andere sagte: »Er hat es nicht geschafft.«

Madita brach in Tränen aus.

Die Mutter umarmte sie, forderte die Polizisten auf zu gehen.

Madita schlug ihren Arm weg: »Ich will wissen, warum. Was war mit ihm?«

»Tollkirschen«, sagte der Polizist. »Hochgiftiges Zeug, was da im Garten wächst. Er hat damit offensichtlich experimentiert. Auf seinem Laptop haben wir eine Videobotschaft an seine Eltern gefunden, in der er angekündigt hat, sich umzubringen.«

»Wieso? Irgendwas war doch, was der Henke mir nicht sagen wollte. Haben Sie den schon gefragt?«

Wieder guckten die beiden sich an. Der andere räusperte sich. »Herr Henke liegt auf der Intensivstation. Wir wissen noch nicht, ob er durchkommt. Adrian muss ihm auch Tollkirschen ins Essen gemischt haben. Der Hausmeister hat ihn gefunden und den Notarzt gerufen.«

»Aber warum? Was war zwischen den beiden abgegangen?«

»Nichts. Das war wohl Adrians Problem. Er spricht in dem Video von seinen homoerotischen Neigungen. Dass er überzeugt war, sein Lehrer würde ähnlich ticken und wäre ihm zugeneigt. Bis« – er zögerte – »bis Sie neu in die Klasse kamen und er festzustellen glaubte, dass Herr Henke Ihnen ungewöhnliche Aufmerksamkeit schenkte, die nahelegte, dass er doch eher heterosexuell orientiert sei.«

»Ach, du Kacke«, entfuhr es Madita.

»Madita!« Die Mutter fuchtelte, als wollte sie das schlimme Wort wegwedeln. »Entschuldigen Sie bitte, das Kind ist völlig durch den Wind.«

Madita spürte Entsetzen in Wut umschlagen. Ehe sie die passenden Worte rausbrachte, drückte der Kripobeamte ihr eine Karte in die Hand. »Scheuen Sie sich nicht, da anzurufen und psychologische Betreuung anzufordern.«

Er gab auch der Mutter eine. »Das gilt natürlich auch

für Sie. Aber bitte zwängen Sie Ihrer Tochter nichts auf. Sie ist alt genug.«

Die Mutter brachte die Männer zur Tür. Als sie zurückkam, war Madita aufgestanden. »Lass mich jetzt bloß in Ruhe! Ich will Musik hören.«

Kurz darauf klopfte es. Die Mutter steckte den Kopf ins Zimmer. »In deiner Jeans habe ich einen Briefumschlag gefunden. Ist er wichtig? Er ist total durchnässt.«

Madita erschrak. Wartete, bis die Mutter wieder weg war, riss den Umschlag auf und entfaltete vorsichtig einen durchweichten DIN-A4-Bogen. Einen Computerausdruck. Die Druckerfarbe war verschmiert, aber die Schrift halbwegs zu entziffern.

»Liebe Madita,
ich erlaube mir, dich in diesem Brief zu duzen. Keine Sorge, das soll nicht zur Gewohnheit werden. Es fällt mir einfach leichter, auszusprechen, was mir klar geworden ist, als ich dich kennengelernt habe. Auch wenn ich seitdem darüber nachdenke und immer noch nicht weiß, wie ich es anfangen soll. Ich habe vor bald zwei Jahrzehnten deine Mutter kennengelernt und hatte eine Affäre mit ihr. Ich habe leider keinen anderen Begriff dafür. Ich habe ihr sehr unrecht getan damit, weil ich mir im Grunde nur etwas beweisen wollte. Das ist auch gelungen. Aber anders, als ich und auch deine Mutter es erhofft hatten. Ich musste mir und ihr eingestehen, dass ich zu einer heterosexuellen Beziehung nicht in der Lage sein würde. Daraufhin hat sie jeglichen Kontakt mit mir abgebrochen und muss wohl auch ein Jahr später weggezogen sein. Ich fand

damals in meinem Briefkasten ein Foto von einem entzückenden Säugling. Auf der Rückseite stand in der Handschrift deiner Mutter dein Name, dein Geburtsdatum und zwei Wörter: »Deine Tochter«. Seitdem trage ich das Papier mit dem Bild und dem Namen meines Kindes mit mir herum und habe gehofft, dich irgendwann einmal kennenzulernen. Ich war nicht fair zu deiner Mutter und vor allem nicht zu dir. Das bedaure ich unendlich und wünschte, ich könnte es wiedergutmachen. Mindestens bitte ich dich, da du jetzt erwachsen bist und es selbst entscheiden kannst, dass ich dir Unterhalt zahlen darf. Ich verstehe, wenn du nichts mit mir zu tun haben willst. Natürlich überlasse ich das vollkommen dir. Wir könnten einfach tun, als würden wir uns überhaupt nicht kennen. Wenn es dein Wunsch ist, werde ich mich auch versetzen lassen. Aber es würde mich unendlich glücklich machen, wenn mein Papierkind endlich ein Mensch aus Fleisch und Blut – *meine Tochter* würde.
Herzlich
Harald Henke«

Madita rührte sich nicht. Sie starrte auf den Brief, hob ihn an und hielt ihn gegen das Licht, als suchte sie ein Wasserzeichen, einen Beweis, dass es keine Fälschung war. An den Knickstellen begann das aufgeweichte Papier auseinanderzufallen.

Schnell legte Madita es wieder ab. Murmelte: »Mein Papiervater.«

UNGEZIEFER

Maren Graf –

achtzehn Dienstjahre

Tote Mäuse. Überall kleine Leichen. Leblose Kadaver mit großen schwarzen Kugelaugen und aufgesperrten Mäulern. Der Geruch von Verwesung kriecht durch die Gänge und Klassenzimmer. In den Wänden trippelt und knackt es. Knistert und kratzt es.

Hausmeister Köttel wühlt in den überfüllten Regalen seines Kabuffs. Immer wieder landet etwas auf dem Boden, ohne dass er es beachtet. Sein stattlicher Bauch mischt gleichzeitig die oberste Schicht seines überfüllten Schreibtisches auf und schiebt Kreidepackungen und Ersatzschwämme von links nach rechts.

Ich sitze auf dem abgewetzten Drehstuhl in der Ecke und beobachte, wie der dicke Schlüsselbund an seiner Hose hin und her baumelt und das Oberhemd bei jeder Bewegung droht, die Kontrolle über das gerippte Unterhemd zu verlieren. Die Spannung ist kaum auszuhalten.

»Was glotzt du eigentlich so blöd?«, raunzt Köttel mich plötzlich an und schiebt lautstark einen Karton zurück ins Regal. »Ich wette, du hast das Ding verschlürt.«

Ich? Tss. Eine gehässige Behauptung. Wer haust denn

in diesem fensterlosen Chaos und lässt seinen Kram kreuz und quer herumliegen?

Köttel will gerade die nächste Reihe Kisten durchgehen, als im Flur gegenüber eine Tür aufgerissen wird. Eine keifende Stimme lässt einem die Haare zu Berge stehen. Sofort habe ich das Bild von Fingernägeln an der Tafel vor Augen. Grrr.

»Köttel!«, kläfft Rektorin Schralle rüber und streckt den Kopf aus ihrem Büro. »Auf ein Wort!«

Hausmeister Köttel stöhnt und lässt die Hände sinken. Er wirft mir einen finsteren Blick zu und marschiert aus dem Raum. Noch bevor sich die Tür der Direktorin hinter ihm schließt, erwischt mich die Schralle mit ihren zugekniffenen Augen. Zack! Wie ein Tritt trifft mich ihre Missbilligung. Sie zieht die Nase kraus und erinnert an einen Bullterrier mit gefletschten Zähnen. Dazu passt der deftige Geruch von Fleischwurst, der aus ihrem Büro herüberweht.

Durch die Tür hört man ihre Stimme bellen.

»Das muss ein Ende haben!« Sie wettert über die »untragbare Situation« und über zu »teure Kammerjäger« und dass »diese Mistviecher« jetzt sogar schon in ihrem Büro sind.

Mich wundert das überhaupt nicht. Wer seine Fleischwurststullen offen auf dem Schreibtisch liegen lässt und die ganze Schublade voll hat mit einem Klassenvorrat an Keksen und Süßkram, der sollte sich nicht wundern, wenn die Mäuse im Trupp das Büro stürmen. Nur Idioten glauben, dass diese Nager ausschließlich Gouda und Tilsiter vertilgen. Und daran, dass sich Hausmeister an das Gesetz verschlossener Türen und Schubladen halten … aber das ist eine andere Sache. Wie praktisch diese neumodischen Schlüsselkarten sind, habe ich auch schon zu schätzen gelernt. Vor allem die Multipasskarte vom Köttel. Mit der kommst du überall rein. Einmal am Türschloss vorbeischwenken und – klick – schon biste drin.

»Kriegen Sie das in den Griff!«, donnert es aus dem Büro der Rektorin, bevor die Tür wieder aufgeht. Etwas leiser fügt sie hinzu: »Ich habe keine Lust, dass das Gesundheitsamt hier aufläuft. Die stellen mir alles auf den Kopf. Sie machen das. Subtil, schnell und mit der angebrachten Effektivität.«

»Sie wissen schon, dass das eigentlich …«

»Köttel! Ich sagte ja *subtil*. Ihr Bufdi kann Ihnen doch helfen.«

Bufdi. Sie spricht das Wort ähnlich aus wie »Depp«.

Die wenigsten wissen überhaupt, wofür dieser Begriff steht. Für Bundesfreiwilligendienst. Ein Dienst für den Bund also. Das müsste eigentlich mehr Ruhm einbringen. Tatsächlich aber klingt Bufdi immer irgendwie würdelos. Nach »Buhmann für Diverses«.

»Der ist keine so große Hilfe«, murmelt Köttel besonders leise. Hören kann ich es natürlich trotzdem. Ich habe verdammt gute Ohren.

Als er zurück in das Kabuff kommt, guckt Köttel mich an, als wäre ich schuld an seinem Anschiss und an der ganzen Mäuseplage überhaupt. Dabei habe ich schon etliche von den Dingern eingefangen. Aber ganz ehrlich – wir können wohl schlecht jede einzelne Maus erwischen.

»Wie stellt die sich das eigentlich vor«, brummt Köttel und nimmt das Gewühle in den Fächern und Ablagen wieder auf. Nach ein paar Minuten weiterem Hin- und Hergeschiebe sieht er allerdings ein, dass er diese blöde Schlüsselkarte auf die Schnelle wohl nicht finden wird. Er knallt die Kiste, die er in den Händen hält, bis zum Anschlag an ihren Platz und verlässt stampfend den Raum.

»Komm mit«, schnauzt er noch in meine Richtung. Ich hüpfe vom Drehstuhl und folge ihm. Gespannt und etwas besorgt darüber, was er jetzt vorhat. Denn »subtil« und »mit der angebrachten Effektivität« klingt überhaupt nicht gut. Vor allem, weil ich weiß, welchen Hass Schralle und Köttel gegen Ungeziefer entwickelt haben.

Ich bin zwar erst seit vier Wochen hier, aber ich kriege schon eine ganze Menge mit. Zum Beispiel dass der Hausmeister und die Rektorin nicht die besten Freunde sind. Und dass sie dennoch ein gemeinsames Interesse haben: die Schule wieder zu säubern. Was ja auch in gewisser Weise verständlich ist. Aber ich habe etwas gegen die Art und Weise. Dieses barbarische Abschlachten. Dieser abschätzige Umgang.

Allein wie die Schralle über die Mäuse spricht. Sie hasst Tiere im Allgemeinen. Und Schüler. Die auch. Manchmal weiß man gar nicht, über welche Gattung sie gerade schimpft. Und da ich nicht einmal zu den Schülern gehöre, brauche ich ihr gar nicht vor die Augen zu treten.

Köttel und ich durchqueren die große Pausenhalle, die der Stille des Verwaltungstraktes nicht krasser entgegenstehen könnte. Ein Hexenkessel aus Lärm, herumwuselnden Jugendlichen und den unterschiedlichsten Gerüchen. Einige Schüler hängen noch verschlafen über ihren Schultaschen, andere kritzeln vergessene Hausaufgaben in ihre Mappen. Immer mit dem hektischen Blick von Spatzen, die den nahenden Feind im Nacken spüren.

»Hallo, Fred«, grüßt mich ein Mädchen im Vorbeigehen. Im nächsten Augenblick verschwindet sie in einer Traube kichernder Schülerinnen.

»Nicht trödeln«, mahnt mich Köttel, der meinen Gedanken, ihr hinterherzugehen, im Keime erstickt. Er manövriert sich zielstrebig durch die Schülermassen wie die Kehrmaschine über den Schulhof. Würde ihm ein noch unerfahrener Fünftklässler vor die Füße fallen, ich glaube nicht, dass er bremsen würde. Köttel brettert alles nieder.

Als wir vor der Kellertür stehen, fummelt er an seinem überdimensionierten Schlüsselbund herum.

»Scheiß Schlüsselkarte«, grummelt er und fragt sich bestimmt immer noch, wo das verfluchte Ding abgeblieben ist. Stattdessen muss er ganz *oldschool* mit dem Metallschlüssel aufschließen.

Wir betreten den grauen Gang unterhalb des Foyers. Eine Neonröhre säuselt an der Decke und wirft ihr flackerndes Licht auf die staubigen Stühle und Tische, die hier gestapelt stehen. Zwischen den Holzbeinen höre ich es huschen. Krscht. Krscht. Krscht.

Über uns schrillt dumpf die Klingel. Sekunden später trampelt und rumpelt es durch das dicke Gemäuer.

Köttel steht vor einem Schrank und greift nach einem alten Karton. Wofür er mich jetzt hier unten braucht, weiß der Geier. Vermutlich nur, um jemanden herumzukommandieren. Aber ich bin ja nicht so blöde, da Widerstand zu leisten. Köttel ist auf hundertachtzig. Da hält man besser das Maul.

Als er allerdings eine der Sprühdosen aus der Kiste zieht, bin ich doch kurz davor einzugreifen. Der tote Fisch und die Flamme auf der Verpackung springen mir sofort ins Auge und mir wird klar: *Das* ist die angedrohte Effektivität.

Aber das kann unmöglich sein Ernst sein. Das hier ist eine Schule. Da laufen Kinder rum. Selbst wenn er das Zeug nur in abgelegene Ecken spritzt, muss ihm doch klar sein, dass es sich durch die herumlaufenden Tiere auch in den Klassenräumen und Gängen verteilen kann.

Irgendetwas muss ich tun. Mäuse zu massakrieren ist eine Sache. Aber die Schüler in Gefahr zu bringen eine ganz andere. Das werde ich nicht zulassen. Denn wer die wirklich abscheulichen Kreaturen sind, weiß ich schon lange.

Köttel kehrt mit dem Gift in Schralles Büro zurück. Augenblicklich macht er sich an die Arbeit. Mit Handschuhen ausgerüstet und einem Mundschutz, dessen Gummibänder seinen Nacken einschnüren wie eine dicke Roulade, setzt er die Kartusche an der Fußleiste an. Ich selbst stehe tatenlos am Schreibtisch und gucke ihm dabei zu, wie er die tödliche Paste verteilt. Helfen kann ich eh nicht. Köttel würde mich bloß anmotzen. Stattdessen schiele ich deshalb auf den Keksteller, der am Rand des Schreibtisches steht, und überlege, wie ich mir unauffällig einen der Taler schnappen kann.

»Untersteh dich!«, raunzt es mir da entgegen. Rektorin Schralle betritt den Raum und verscheucht mich mit einer Handbewegung, als wäre ich ein Ungetier. Dieses alte Monster.

Ihr Blick wandert von mir auf Köttels Arschritze, die sich uns entgegenstreckt. Schralle verzieht das Gesicht und nimmt sich dann einen Keks. Wenn sie sich ärgert oder gestresst ist, frisst sie pausenlos. Wieder mit einer gewissen Ähnlichkeit zu einem Terrier. Zu ihren Füßen sammeln sich die Krümel.

»So, das hätten wir«, verkündet Köttel und erhebt sich schwerfällig aus der Hocke. Er zieht die Hose am Hintern hoch. »Sie müssen unbedingt die Tür abschließen! Ich brauche Ihnen ja nicht zu sagen, wie gefährlich dieses Zeug ist. Normalerweise braucht man eine Genehmigung …«

»Ja, ja, ja«, fährt Schralle ihm ins Wort. »Ich schließe ab. Und jetzt raus hier.«

Sie wedelt wieder in meine Richtung und ich habe nicht wenig Lust, ihr die Augen auszukratzen.

Aber immer mit der Ruhe, ermahne ich mich. Immer mit der Ruhe. Was ich nach Schulschluss tun werde, ist viel subtiler. Ich schmunzele und verlasse mit Köttel das Büro.

Und dann warte ich. Warte darauf, dass das letzte Klingeln ertönt. Dass das Murmeln der Schüler verebbt, die Putzkolonne durch das Gebäude gelaufen ist und das Pfeifen des Hausmeisters sich entfernt. Das Licht geht aus. Es klickt im Schloss des Haupteinganges. Stille bleibt zurück.

Ich verlasse mein Versteck unter der Treppe und schaue mich um. Ich brauche keine Taschenlampe, um mich im Halbdunkeln durch die Flure zu bewegen. Über dem Verwaltungstrakt leuchtet das grüne Schild des Notausganges. In Köttels Kabuff schimmern mehrere kleine Lämpchen beim Laden irgendwelcher Akkuschrauber und anderer Geräte. Ich bücke mich vor dem Regal mit dem Werkzeug und sehe das rote Band aufblitzen, das ich darunter geschoben habe. Ein paar Versuche brauche ich, um die Schlüsselkarte hervorzufischen. Als ich sie endlich erwische, schleiche ich damit rüber zum Büro der Rektorin.

Es wird Zeit, dem Ungeziefer auf den Leib zu rücken …

Am nächsten Morgen Dutzende tote Mäuse. Etliche kleine Leichen. Und am Tag darauf noch mehr Kadaver. Der Gestank von Verwesung erreicht eine neue Dimension. Selbst einige Schüler laufen mit dem Ärmel vor dem Mund herum und sind heilfroh, als am Freitag für sie endlich das Wochenende beginnt.

Köttel schippt und sammelt Mäuseleichen. Die Rektorin schimpft und mampft Kekse. Bis am Freitag keine mehr da sind. Aber die braucht sie ja jetzt auch nicht mehr.

Denn am Montagmorgen hat das Elend ein Ende.

Die Viecher sind tot. Alle miteinander.

Der größte Kadaver liegt im Büro der Rektorin.

Mit Krümeln auf dem Pullover und mit weit aufgerissenem Mund liegt die Schralle neben ihrer offenen Vorratsschublade und sieht nun ein bisschen weniger nach Bulldogge und mehr nach Nagetier aus.

Die Polizei staunt über das heillose Durcheinander aus leeren Kekspackungen, die auf und unter dem Schreibtisch verstreut liegen. Mit letzter Kraft hat die Rektorin wohl noch versucht, nach dem Telefon zu greifen.

Auch von meinem Posten, auf dem Drehstuhl in Köttels Kabuff, gibt sie ein hübsches Bild ab.

Der Hausmeister selbst kann das Spektakel leider nicht mitverfolgen. Er muss im Besprechungsraum sitzen und wird verhört. Es sieht gar nicht gut für ihn aus. Immerhin hatte nur er mit seiner Multi-Schlüsselkarte Zugang zum Büro der Rektorin. Und zum Gift, in das man ihre Kekse getunkt und dann wieder zurück in die Packungen gelegt hat. Na gut, und ich. Aber das weiß schließlich niemand.

»Hey Fred«, höre ich plötzlich Janniks Stimme. Unser Bufdi kommt ins Kabuff und hängt seine Jacke über den Stuhl. »Was'n hier los?«, fragt er und schaut zwischen mir und den Polizisten hin und her. Er ist nicht der Hellste. Aber ich mag ihn.

Vielleicht habe ich ja Glück und er wird Köttels Nachfolger, denke ich, als der Hausmeister gerade in Handschellen an der Tür vorbei abgeführt wird. Sein Blick bohrt sich in meinen und es sieht fast so aus, als würde er etwas sagen wollen. Etwas wie: »Das wirst du mir büßen«, oder: »Damit kommst du nicht durch«.

Doch. Komme ich. Denn ganz ehrlich – wer würde schon eine liebe, harmlose Hausmeister-Katze verdächtigen? Miau.

DOREENS FALL

Gesa Schwarze-Stahn –
achtzehn Dienstjahre

Doreen öffnete die Augen. Warum lag sie hier? Sie sah an der vertrauten Fassade hoch. Sechs Stockwerke. Die spitzen Kiesel des Parkplatzes stachen ihr in den Nacken. Sie müsste aufstehen. Die Beine anwinkeln, sich auf die Seite rollen. Nichts ging. Sie bewegte den Kopf leicht nach links und schaute zu ihren Füßen. Warum lagen ihre Beine so seltsam abgeknickt auf dem Kies? Sie kniff die Augen zusammen und entdeckte einen ihrer Schuhe weiter links. Alles verschwommen. Ihre Beine reagierten nicht. Doreen erkannte ihre linke Hand am Ende ihres ausgestreckten Arms. Irgendetwas stimmte ganz und gar nicht. Sie versuchte, die Hand zu heben. Nichts.

Hanna Winkler, Klassenlehrerin
Sie hatte sich so gut berappelt, wollte den Abschluss, hat sich in Mathe besonders angestrengt, sogar Nachhilfe bei Marc Borchert, dem Mathekollegen.

Mit den meisten Mitschülern kam sie ganz gut zurecht. Die Klasse ist nicht schwierig, nur normal.

Sie hatte auch seit Kurzem wohl einen Freund, da ging

es ihr richtig gut. Komischerweise hat sie ihm keine Whats-App-Nachrichten geschrieben, sondern Papierbriefchen. Im Unterricht. Mit roten Herzchen.

Birgit Hansen, Deutschlehrerin

Sie war sehr schwierig. Hat dauernd Stress gemacht, ist oft zu spät gekommen, ihre Noten in Deutsch waren schlecht. Ich glaube nicht, dass sie den Abschluss geschafft hätte.

Borchert ist immer sehr hilfsbereit, aber ob die Nachhilfe geholfen hätte, ist zweifelhaft.

Janina Meyer, Mitschülerin

Sie wollte was von Ali, keine Ahnung, ob der auch an ihr interessiert war. Freunde hatte sie in der Klasse nicht, sie war viel zu zickig.

Cordula Meineke, Politiklehrerin

Sie war nie besonders motiviert, aber in der letzten Zeit hat sie nur noch rote Herzchen gemalt oder aus dem Fenster geguckt.

Annalena Schmitz, Mitschülerin

Sie hatte seit Kurzem einen Freund, keiner weiß, wer es ist. Vielleicht doch Ali?

Ihre Familie ist komplett blöd, keiner kümmerte sich um sie.

Und sie musste dankbar sein, dass Herr Borchert ihr Nachhilfe gab, sie hätte sie nicht bezahlen können.

Jenny Schnieblich, Mitschülerin

Ich saß neben ihr. Wir waren nicht direkt befreundet, aber ich fand sie ganz okay. Sie hatte keine Lust auf Unterricht, wer hat das schon. Aber dass man mit ihr nicht reden konnte, hat ein bisschen genervt. Immer nur rote Herzchen gemalt, war ganz weit weg.

Melissa ist eine gemeine Zicke. Die Mädchen waren zum Teil richtig aggressiv.

Marc Borchert, Mathelehrer

Ich wollte ihr helfen, jetzt hatte sie ja endlich erkannt, wie wichtig der Schulabschluss ist.

Von ihrer Familie gab es ja keinerlei Unterstützung und in der Klasse hatte sie bei einigen einen schlechten Stand. Da musste ich doch was tun.

Melissa Karamasov, Mitschülerin

Sie hat total genervt. Keine Ahnung, sie hat nie was gelernt, aber immer um die Lehrer herumgeschleimt. Jetzt ist sie auf der eigenen Schleimspur ausgerutscht. So sehe ich das.

Ali Güngör, Mitschüler

Vielleicht wollte sie was von mir, ist mir egal, sie war mir zu abgedreht. Ich will den Abschluss und dann BWL studieren. Ich hab ihr vor der letzten Klassenarbeit ein bisschen mit Mathe geholfen, das ist alles.

Sie war schon manchmal lästig. Hat mir einmal per WhatsApp geschrieben, dass sie mich mag. Ich hab das abgeblockt. Dann habe ich ihr in Mathe was erklärt, weil ich nicht so total fies sein wollte.

Benjamin Weber, Mitschüler

Ali und ich lernen zusammen. Wir sind ein gutes Team. Die meisten anderen sind blöd. Die Klasse ist eine Ansammlung von Borderlinern, Autisten und Leuten mit ADHS. Ist uns aber egal, wir haben ja bald den Abschluss.

Koray schleimt immer um die Lehrer herum, aber sonst ist er ganz okay.

Koray Keles, Mitschüler, Freund von Ali

Sie war nichts für Ali. Der will auch keine Freundin, sondern Karriere machen.

Sie war ziemlich viel um ihn herum, hat ihr aber nichts gebracht. Und bei Borchert in Mathe hat sie immer was mit einem ganz tiefen Ausschnitt angehabt. Hat ja dann auch geklappt mit der kostenlosen Nachhilfe. Hätte ich selber gebrauchen können.

Doreen wurde klar, dass sie Schmerzen haben müsste. Überall. Aber außer einem Stechen im Kopf fühlte sie nichts. Die Welt vor ihren Augen verdunkelte sich.

Heiko Bohm, Hausmeister

Ich habe keine Ahnung, wie das passiert ist. Ich wundere mich eigentlich über gar nichts mehr, aber an so was denkt man ja nun auch nicht.

Christina Körner, Mitschülerin

Sie war so blöd. Melissa hat total recht. Alle finden sie doof. Außer um die Lehrer rumschleimen, hat sie sich auf Instagram mit komplett übertriebenen Bildern breitgemacht. So toll hat sie auch nicht ausgesehen.

Jan Schneider, Referendar

Ich kannte sie noch nicht lange. Sie kam oft nach dem Unterricht und hat Fragen gestellt. Hat mich gewundert, so motiviert schien sie sonst nicht. Was sie eigentlich wollte, weiß ich auch nicht.

Ines Meier, Sozialpädagogin

Sie hatte viel Beratungsbedarf, ist aber nur zweimal bei mir gewesen und hat sich dann verweigert. So erlebe ich das immer. Die Angebote werden nicht wahrgenommen, gerade von denen, die es am nötigsten hätten. Schade …

Matthias Engels, Schulleiter

Ein furchtbarer Zwischenfall, den wir angemessen aufarbeiten müssen. Die Schulleitung wird ein Konzept dazu erarbeiten.

Marc Borchert, Mathelehrer

Sie war schon ziemlich anhänglich, das stimmt. Aber das war ja kein Wunder, ihre Familie hat sich nicht dafür interessiert, ob sie die Schule schafft. Sehr schwieriges Umfeld, da freut man sich als Lehrer doch, wenn man helfen kann, dass jemand sich weiterentwickelt.

Doreen öffnete wieder die Augen. Das gleiche Bild. All die leeren Fenster, geschlossen bis auf das eine. Niemand schaute heraus, niemand sah sie auf dem Schulparkplatz liegen. Sie drehte den Kopf auf die rechte Seite, um die Schulhofuhr erkennen zu können. Halb drei. Natürlich war freitags um halb drei niemand mehr hier. Ganz klar, alle im Wochenende. Nur sie lag hier, auf den heißen, spitzen Kieseln, während die Sonne ihr in die Augen stach. Wieder versuchte sie, die Arme und Beine zu bewegen, wenigstens ein kleines Stück. Nichts rührte sich. Ihr Kopf pochte noch stärker. Niemand kam.

Koray Keles
Wie gesagt, ich fand sie total nervig. Ali auch. Wenn möglich, haben wir in den Pausen einen Bogen um sie gemacht. Ali hat ihr ein paar Matheaufgaben erklärt, das war's. Aber die Mädchen sind mit der Zeit richtig aggressiv geworden. Einmal haben sie die Klotür blockiert, sodass sie nicht rauskonnte und zu spät kam. Frau Winkler war supersauer und die Mädels haben gegrinst. So war das.

Christina Körner
Es ist eine richtig tolle Klasse. Wenn sie nicht wäre. Gewesen wäre. Hat mit allen Mitteln versucht, ohne Lernen durchzukommen. Mit wirklich allen Mitteln.

Doreen kam wieder zu sich. Die Sonne war hinter dem Schulgebäude verschwunden und blendete nicht mehr. Doreen schaute zu der großen Uhr. Stand der Zeiger auf fünf? Alles verschwamm, die Uhr, die Fenster, Doreens Gedanken. Ihre Mutter würde sie erst am Sonntagabend vermissen, das war klar, aber sie wäre wohl doch stolz auf sie gewesen, wenn sie eines Tages mit dem Abschlusszeugnis nach Hause gekommen wäre. Mit Borcherts Nachhilfe hätte es zumindest in Mathe klappen können, so wie der in ihren Ausschnitt geguckt hatte. Er hätte ihr die entscheidenden Punkte gegeben, das war sicher. Die Kopfschmerzen wurden stärker, Übelkeit stieg in ihr auf. Und Ali saß bestimmt gemütlich zu Hause in seinem Zimmer. Wenn er jetzt käme, sie sehen würde, zu ihr rennen, sich neben sie knien, sie in den Arm nehmen und ganz leise trösten würde. Aber das passierte nicht. Niemand kam zu ihr.

Melissa Karamasov

Ich glaub, sie hat alle Lehrer angebaggert. Die Männer. Hatte immer noch zehn Fragen und hat sich dann so vorgebeugt, dass die in den tiefen Ausschnitt glotzen konnten. Total peinlich. Genau wie ihre gestylten Bilder auf Instagram. Dachte sie, sie wird berühmt, oder was? Bestimmt nicht. Die Jungs haben mit ihr nur gesprochen, wenn es unbedingt sein musste. Keine Ahnung, was die Lehrer über sie gedacht haben. Mit den meisten Lehrerinnen hatte sie jedenfalls Stress.

Verlassensein. Ein bekanntes Gefühl für Doreen. Sie schloss die Augen. Wie wäre es jetzt zu Hause? Ihre drei Geschwister saßen bestimmt vor dem Fernseher. Kaputtes Spielzeug auf dem Teppich. Aber die Kartoffelchips zum Abendbrot mochten alle, besonders die mit Paprika. Doreen wunderte sich, dass ihr bei diesem Gedanken schlecht wurde. Sie würgte ein wenig und Magensaft floss aus ihrem Mundwinkel. Alis Mutter kochte bestimmt etwas Leckeres. Was wohl Herr Borchert zu Abend aß? Doreen würgte erneut und die Welt wurde wieder dunkel.

Benjamin Weber

Ali ist nach dem Unterricht noch mal in den sechsten Stock hochgegangen. Er wollte noch was mit Herrn Borchert besprechen.

Ein paar von den Mädchen müssen auch noch bei Borchert gewesen sein, die waren mit ihren Noten nicht zufrieden.

Özlem Güney, Reinigungskraft

Ich hab sie gesehen, in Raum 605 am Fenster. Die Tür war halb offen. Sie hat mit jemandem gesprochen, aber ich konnte nicht sehen, wer das war. Das Fenster war offen, es war ja so heiß.

Schrecklich, dass so was passiert.

Marc Borchert

Ali hatte noch Fragen zu seinem Projekt. Und einige Mädchen aus der Klasse wollten mich nach Unterrichtsschluss auch noch sprechen. Das war aber recht schnell erledigt.

Doreen kam wieder zu sich. Ihr Mund war trocken und ihr Kopf dröhnte rhythmisch. Wenn Herr Borchert etwas vergessen hätte, käme er vielleicht zur Schule zurück und würde sie finden. Dann wäre alles wieder gut.

Sie war dreizehn gewesen, als sie merkte, dass Männer auf ihren Körper aufmerksam wurden. Zuerst war es ihr komisch vorgekommen, aber die Aufmerksamkeit hatte gutgetan. Nicht mehr verlassen sein. Das funktionierte natürlich nur bei Männern. Mit Frauen war es schwierig. So wie mit der blöden Frau Meier, die ihr einen Gesprächstermin nach dem anderen gegeben hatte. Doreen brauchte keine Gespräche, solange die Männer sie beachteten. Kleine Vorteile hier und da, wenn sie ein bisschen was von sich zeigte, ins rechte Licht rückte. Eigentlich war es einfach. Auch Borchert hatte geguckt. Obwohl es mit Ali natürlich richtig gut gewesen wäre. Warum wollte er nicht? Sie hatte sich doch so viel Mühe gegeben.

Wenigstens in Mathe kam ihr jetzt ab und zu eine brauchbare Idee. Die Nachhilfe hatte was gebracht. Vielleicht wäre da noch mehr drin gewesen? Vorbei, Chance vergeigt. Doreen schloss die Augen und versuchte, tief Luft zu holen.

Ali Güngör

Ich dachte eigentlich, sie hätte kapiert, dass mit uns beiden nichts läuft, und mit der Nachhilfe war sie ja jetzt bei
Borchert. Aber dann fing sie doch wieder an, hinter mir
herzulaufen, wollte dauernd was wissen und so. Wie blöd
kann man sein?

Melissa Karamasov und Christina Körner

Sie hielt sich klar für die Schönste, für unwiderstehlich. Nix
im Hirn, aber Sachen mit 'nem großen Ausschnitt anziehen
und gefakte Bilder posten, das reicht auf die Dauer nicht.

Marc Borchert

Die Mädchen sind dann schnell gegangen und Ali und ich
konnten uns mit seinem Projekt beschäftigen. Ali ist ein
echtes Mathetalent, sehr begabt. Ich hatte ihm vorgeschlagen, dass er mit seinem Projekt an dem Wettbewerb teil-
nimmt und er war sofort Feuer und Flamme, obwohl die
Wettbewerbsbedingungen eigentlich eine Teamarbeit erfor-
dern. Leider haben wir bislang noch niemanden gefunden,
der mitmachen möchte.

Benjamin Weber

Meine Mathenoten sind auch ziemlich gut, aber ich habe
gesagt, dass ich einfach keine Lust habe, nach der Schule
und am Wochenende an so einem Projekt zu basteln. Ali
war ein bisschen enttäuscht, aber er wollte unbedingt teil-
nehmen. Er hat dann noch mal in der Klasse rumgefragt,
ob jemand mitmachen möchte. Auch ohne viel Mathe. Die
Arbeit hätte Ali sogar alleine gemacht, wenn er nur jemanden gefunden hätte, der mit ihm zusammen ein Team ist.
Hat er gestern gesagt. Ich hab mir jetzt überlegt, ich werde

ihm sagen, dass ich doch mitmache. Ich kann doch meinen Kumpel nicht hängen lassen.

Christina Körner
Natürlich ist das Ganze schrecklich. Aber sie war wirklich zu allem fähig, hat die Hausaufgaben und Präsentationen von fremden Laptops kopiert, ein bisschen abgeändert und das dann als eigene Leistung ausgegeben. Manchmal ist es rausgekommen, dann gab es Ärger. Aber ziemlich oft ist sie auch damit durchgekommen. Zum Kotzen.

Doreen stöhnte, die Augen immer noch geschlossen. Zum Rufen hatte sie nicht die Kraft. Aber wer sollte sie auch hören, an einem frühen Freitagabend auf einem leeren Schulhof. Sie würde hier bis Montagmorgen liegen bleiben. Montag, wie lange war das hin? Ihre Gedanken wurden schwerfälliger. Montag. Erste Stunde Mathe. Bei Borchert. Ali zwei Tische weiter. Es hätte klappen können.

Marc Borchert
Ali und ich hatten uns gerade hingesetzt, der PC fuhr noch hoch, da kam sie plötzlich auch in den Raum. Sie sagte, dass sie mitmachen wolle, Ali brauchte doch dringend einen Teampartner. Ich war sehr erstaunt, dass sie einfach in den Raum kam und sich anbot, ohne vorher zu fragen. Und Ali war regelrecht erschrocken. Man konnte ihm ansehen, dass er sich ganz weit weg wünschte in diesem Moment.

Doreen versuchte, die Augen zu öffnen. Noch einmal wenigstens den Schulhof sehen. Vergeblich. So wie der Versuch, alles noch zu drehen. Warum wollten die nicht, dass sie bei dem Projekt mitmachte? Warum? Borcherts Gesicht, als er sie sah. Ali hatte auf den Bildschirm gestarrt. Hau endlich ab. So hatte er noch nie mit ihr gesprochen. Und Borchert hielt ein Papier mit roten Herzchen hoch und sagte ohne das geringste Lächeln, das lässt du jetzt bitte.

Wie die beiden gleichzeitig aufstanden und auf sie zukamen. Doreen war ein bisschen mulmig gewesen. Alles umsonst, die Nachhilfe, der neue teure Push-up-BH. Sie hatte einen letzten Versuch gestartet und war auf Ali zugegangen, hatte den flehenden Blick aufgesetzt, der bei den allermeisten Männern half. Diesmal nicht. Alis Hände an ihren Schultern, sie hatte sich so oft vorgestellt, wie es wäre, wenn er seinen Arm um sie legen würde. Aber nicht so. Er schubste sie weg. Doreen hatte versucht zu lachen, als wäre alles ein Spaß. Hatte sich auf das Fensterbrett gesetzt.

Alles vorbei. Und sie wieder allein. Doreen fühlte, wie das Dunkel sich in ihrem Gehirn ausbreitete.

ELTERNABEND

Meike Messal –
siebzehn Dienstjahre

Herr Schmidt

Lächeln. Da kommen sie. Es geht los, lasst die Löwen frei. Ah, Frau Unger. Unglaublich, die sieht genau wie ihre Tochter aus, nur älter. Der gleiche verbissene Gesichtsausdruck, die gleiche Art, die Brille zurechtzurücken. *Ja, schön, dass Sie da sind. Oh Herr Unger ebenfalls, ich freue mich. Setzen Sie sich.*

Natürlich, auch in die hinterste Reihe. Beschweren sich andauernd, dass ihre Kinder nicht genug mitkriegen, aber selbst immer in die letzte Bank und sofort mit der Nachbarin quatschen. Nee, ist klar.

Ja, guten Abend, Frau Meier, Ihr Sohn sitzt direkt hier vorne, wenn Sie ... ach so, Sie sitzen lieber hinten, verstehe.

So, sind jetzt alle da? Hm, fehlt fast keiner, doch das heißt ja nix. Letztes Jahr war der Raum auch voll und trotzdem wollte sich niemand als Elternvertreter melden. Jedes Mal aufs Neue ein Krampf ... Wie wir genau in dieser Klasse vor zwölf Monaten schweigend eine geschlagene Stunde gesessen haben ... fürchterlich. Ich muss schließlich einen Elternvertreter haben. Das verlangt das Schulgesetz.

Gut, fangen wir an. Mal sehen, ah ja, die Zettel mit den Infos für das Schuljahr.

Irene Unger

Oh Mann, dieser Schmidt. Wieso sieht der so müde aus? Der hatte doch gerade ganze sechs Wochen Ferien. Wenn wir das in unserer Firma einführen würden – da könnten wir gleich dichtmachen. Aber hier schon wieder mit roten Augen in die Runde schauen. Elan, Elan, wie sollen die Kinder denn so etwas lernen! Na ja, Vivien sagt sowieso, dass man bei dem Schmidt fast einschläft. Ich sehe, was sie meint.

Natürlich, Sonja hört nicht zu, tippt – Überraschung – auf ihrem Handy herum. Die hat aber auch wirklich keine Manieren. Ein Glück, dass Manfred mitgekommen ist. Wir sind das einzige Ehepaar in diesem Raum, sonst nur Mütter. Wenigstens interessiert sich Manfred für das Wohlergehen unserer Tochter.

Hoffentlich findet sich diesmal schneller ein Elternvertreter, ich habe keine Lust, wieder eine Stunde Zeit zu vergeuden. Es gibt doch so viele, die weniger arbeiten als ich. Sonja, zum Beispiel. Die hat nur einen Halbtagsjob. Anstatt auf ihr Handy zu starren, könnte sie ausnahmsweise mal was Produktives leisten.

Sonja Hofmann

Shit, Heinz schafft es nicht pünktlich, und die Babysitterin kann nicht länger bleiben. Mist, dann muss Lina die Kleine ins Bett bringen. Na, die wird sich freuen. Schreibt morgen 'ne Deutscharbeit und muss noch üben. Aber ich kann's nicht ändern. Hoffentlich kriegt niemand mit, dass ich hier unterm Tisch Nachrichten tippe. Was für ein Segen, dass ich kein Schüler bin und Schmidt mein Handy nicht einkassieren darf. Aha. Irene starrt mich an mit ihrem Besserwisserblick. Wie die mir auf den Keks geht. Über alles beschweren, selbst allerdings nichts machen. Der arme Manfred tut mir richtig leid. Der hat schon so einen Leidensblick – kein Wunder bei der Frau.

Oho. Schmidt kündigt die Elternvertreterwahlen an.

Herr Schmidt

War ja klar. Wahlen, und schon senken alle die Köpfe. Wissen die eigentlich, wie sehr die ihren Kindern hier ähneln? Nichts hören, nichts sehen, nichts sagen. Ganz toll, da hilft die motivierteste Unterrichtsvorbereitung nichts. Totale Passivhaltung, die lieben Kleinen kriegen alles geschenkt und wenn sie 'ne schlechte Note schreiben, boxt Papis Rechtsanwalt sie da noch raus. So wird das nix, meine Damen und Herren.

Also, Vorschläge? Nein, natürlich nicht. Betretenes Schweigen. Okay, okay, same procedure as last year: Wir warten. Ich hab ja auch sonst nichts anderes zu tun. Nach der ellenlangen Konferenz heute nur noch die Deutscharbeit erstellen und sechs Stunden Unterricht vorbereiten. Ah, und dann morgen die Korrekturen – endlos vollgekritzelte Schülerseiten, die man kaum entziffern kann.

Nein, nein, lassen Sie sich Zeit, wir Lehrer haben ja eh andauernd frei. Kein Problem.

Irene Unger

Mensch, kann sich denn nicht mal jemand freiwillig melden? Das gibt es nicht, das ist doch wichtig. Wenn ich nicht so viel zu tun hätte, würde ich es ja machen, aber ich leite schließlich eine Firma. Und was macht Schmidt? Sitzt am

Pult mit gefalteten Händen, tiefenentspannt. Anstatt mal richtig auf den Tisch zu hauen! Einfach null Autorität mehr, diese Lehrer von heute. Es geht bergab, und da fragt man sich, warum die Schüler sich so schlecht benehmen. Vorbilder, sie brauchen Vorbilder! Soll Schmidt doch schlichtweg zwei Vertreter bestimmen. Manfred und mich natürlich nicht.

Aber nein, der Gute schläft vorne schon halb. Deshalb ist der Tisch hier hinten auch so vollgekritzelt. Der sieht gar nicht, was seine Schüler so anstellen. Sachbeschädigung ist das, unmöglich, so was müsste ein Lehrer wirklich verhindern.

Manfred Unger

Oh nein, hätte ich mich bloß nicht von Irene überreden lassen mitzukommen. Das ist ja fürchterlich. Elternvertretung, ist das nicht eine Aufgabe, bei der wir für die Interessen unserer Kinder und der Schule einstehen? Gut, dann melde ich mich jetzt. Warum eigentlich nicht? Lern ich mal was ganz Neues kennen, kann nicht schaden.

Irene Unger

Der will gerade nicht ernsthaft seinen Arm heben? Um Gottes willen! *Runter damit, runter.*

Manfred Unger

Weshalb drückt die so auf meinen Arm? *Lass doch, Irene, ich …*

Irene Unger

Ich schlage Sonja Hofmann vor.

Sonja Hofmann

Was? Ist die jetzt komplett verrückt geworden? Weiß die eigentlich, was ich zu tun habe, als de facto alleinerziehende Mutter? Heinz ist schließlich andauernd unterwegs. Mich vorzuschlagen, ohne es vorher mit mir abzusprechen, das ist ... das ist wirklich unter aller Sau. Scheiße, nun starren mich alle an. Und Schmidt springt schon auf ...

Herr Schmidt

Wunderbar. Ein erster Vorschlag nach nur zehn Minuten. Ich werde ihn gleich an der Tafel notieren. Gibt es weitere Ideen? Wir brauchen ja ebenfalls noch einen Vertreter ...

Sonja Hofmann

Irene Unger. Das passt vortrefflich, denke ich.

Irene Unger

Unerhört! Was fällt diesem Weibsbild ein! Es weiß doch jeder, dass gerade ich nun wirklich keine Zeit habe.

Manfred Unger

Ich möchte mich auch zur Wahl stellen.

Herr Schmidt

Es ist nicht zu fassen, ein Freiwilliger. Herr Unger, Sie sind der Held der Stunde. Wunderbar!

Irene Unger

Nun ist es aus. Wie will er das als Geschäftsführer noch schaffen? Ist doch ganz klar, auf wen er die Arbeit abwälzen wird. Wie immer, es wird alles an mir hängen bleiben.

Hallo, ich habe ebenfalls eine eigene Firma! Das geht nicht, das muss ich unbedingt verhindern.

Moment. Moment. Wieso lächelt Sonja so herüber? Ha, das gilt bestimmt nicht mir. Warte. Manfred? Warum wird er rot? Was soll das denn jetzt bedeuten?

Sonja Hofmann

Wahnsinn, der Unger. Respekt. Setzt sich durch und meldet sich. Das hätte ich dem gar nicht zugetraut. Und wie Irene kocht, das ist ganz großes Kino. Okay, ich entscheide mich um.

Irene Unger

Was?! Sonja sagt, dass sie den Job gemeinsam mit Manfred macht? Und Schmidt mich streichen kann, weil ich mich sowieso nicht zur Wahl stellen möchte … Nein, meine Liebe, nicht mit mir, nicht mit mir.

Das gibt's doch nicht. Manfred erklärt sich einverstanden. Hallo? Und wieso lächelt er so zurück? Nicht zu mir, zu ihr? Sag mal, habe ich da irgendetwas nicht mitbekommen?

Herr Schmidt

Das ging ja schnell, dann bitte ich um Handzeichen für die beiden Vorschläge … Ah, Frau Unger, Sie möchten gar nicht gestrichen werden? Aha, aha. Sie wollen sich also voll und ganz für die Kinder und die Schule einsetzen? Sogar eine Kooperation mit Ihrer Firma wäre möglich? Schön, schön.

Sonja Hofmann

Nee, jetzt lassen sich beide aufstellen. Was für eine Ironie. Super, dann bin ich aus dem Rennen, ist mir so was von recht. Ups, was sagt Unger da? Er glaube, ein Ehepaar sei nicht gut, man müsse ja auch unterschiedliche Standpunkte austauschen? Ich werd nicht mehr, der will nicht mit seiner eigenen Frau zusammenarbeiten. Oha, aber Irene ... die schießt gerade mit ihren Blicken Giftpfeile ab. Hey, hey, nicht auf mich zielen, dein werter Gatte verzapft schließlich diesen Unsinn. Und du blöde Kuh hast mich vorgeschlagen.

Irene Unger
Das ist doch ein ganz abgekartetes Spiel. Oh mein Gott, wie konnte ich nur so blind sein? Manfreds plötzliches Interesse an dem Elternabend? Seine Aufnahme in die Klassen-WhatsApp-Gruppe? Es geht ihm gar nicht um unsere Tochter! Sonja! Einen besseren Vorwand für Treffen gibt es nicht. Zwei Elternvertreter haben natürlich viel zu besprechen. Wie lange läuft das bereits? Was habe ich übersehen?

Sonja Hofmann
Herrje, eine SMS. Lina kriegt die Kleine nicht ruhig. Ich muss nach Hause, gut, dass ich direkt um die Ecke wohne. Sollen die sich hier doch streiten. Nur schnell antworten. Bin gleich da ...

Irene Unger
Warum guckt Manfred jetzt auf sein Handy? Eine Nachricht? Und weshalb wird er schon wieder rot? Aha, ich verstehe, Sonja tippt auch gerade wie wild. Das gibt's doch nicht, die sprechen sich ab. Planen, wie sie mich rauskicken können. Ich bin platt, wirklich platt.

Was, du willst nur mal eben auf die Toilette? Wieso das denn, Manfred? Kannst du nicht mal eine Stunde durchhalten? Ja, geh doch, geh. Dann entscheid ich hier die Wahl für mich, kein Problem. Aber wir sprechen uns noch, das sag ich dir.

Sonja Hofmann
Es tut mir leid, ich muss nach Hause, die Kleine brüllt. Aber ich stelle mich zur Wahl, natürlich.

Und wenn es nur ist, um Irene weiter zum Kochen zu bringen. Das hat die verdient – wer anderen eine Grube gräbt ... So, nun schnell los.

Oh, Herr Unger.

Danke, dass Sie die Tür aufhalten, das ist wirklich zu freundlich.

Irene Unger
Danke, dass Sie die Tür aufhalten. Die mit ihrer gekünstelten, hohen Stimme. Ich werd nicht mehr, jetzt verlassen sie gemeinsam die Klasse. Und wie sie sich anlächeln. Die Kleine schreit – wer's glaubt, wird selig. Oh mein Gott, die Wahl ist ihnen scheißegal ... Hauptsache, unauffällig zusammen raus. Halt, warte. Was? Raus. Aufs Klo. Aufs Klo?!

Schluss eins für alle, die Alternativen zur Paarberatung suchen:
Herr Schmidt
Schön, ich zähle die Mehrheit für Herrn Unger und Frau Hofmann. Damit sind die beiden unsere neuen Elternvertreter.

Frau Unger, was ist los? Ist Ihnen nicht gut? Warum sehen Sie auf einmal so bleich aus? Warten Sie, Sie schwanken ja. Soll ich ein Glas Wasser besorgen?

Ach herrje, wieso stürmt sie jetzt aus der Klasse? Was sagen Sie, Frau Hirsch? Sie rast auf Frau Hofmann zu, reißt sie herunter, wälzt sich Haare ziehend mit ihr auf dem Boden?

Und Herr Unger macht was? Nichts? Steht nur ratlos daneben? Ja, sitzen Sie doch hier nicht so herum! Helfen Sie mir, verdammt!

Frau Unger, nein, hören Sie auf! Sie haben das völlig falsch verstanden, so wichtig ist die Elternvertreterwahl nun auch wieder nicht. So lassen Sie doch die Haare los ... Ich hab's: Wir können ein Dreier-Team bilden, Sie, Ihr Mann und Frau Hofmann zusammen ... eine ganz wunderbare Lösung, nicht wahr?

Schluss zwei für die Freunde des Schweizer Taschenmessers:

Irene Unger

Danke, dass Sie die Tür aufhalten. Die mit ihrer gekünstelten, hohen Stimme. Ich werd nicht mehr, jetzt verlassen sie gemeinsam die Klasse. Und wie sie sich anlächeln. Die Kleine schreit – wer's glaubt, wird selig. Oh mein Gott, die Wahl ist ihnen scheißegal ... Hauptsache, unauffällig zusammen raus. Halte, warte. Was? Raus. Aufs Klo. Aufs Klo?!

Herr Schmidt

Schön, ich zähle die Mehrheit für Herrn Unger und Frau Hofmann. Damit sind die beiden unsere neuen Elternvertreter.

Frau Unger, was ist los? Ist Ihnen nicht gut? Warum sehen Sie auf einmal so bleich aus? Warten Sie, Sie schwanken ja. Soll ich ein Glas Wasser besorgen? Frau Unger? Was haben Sie da in der Hand? Wo kommt denn auf einmal das Taschenmesser her? So warten Sie doch ...

Warum stürmt sie aus der Klasse? Was sagen Sie, Frau Hirsch? Sie geht mit dem Messer auf Frau Hofmann los? Um Gottes Willen, lassen Sie mich durch! Frau Unger, nein, hören Sie auf! Sie haben das völlig falsch verstanden, so wichtig ist die Elternvertreterwahl nun auch wieder nicht! Legen Sie das Messer weg … Frau Unger? … Nein, Frau Unger, nicht!

Schluss drei für alle Misstrauischen, die hinter jeder Geschichte ein tieferes Geheimnis vermuten:
Schwer atmend legte Manuel die Anthologie zur Seite. Die Geschichte hatte ihn mitgenommen, das konnte er nicht leugnen, und das, obwohl er sie in- und auswendig kannte. Mit einem Knall schlug er den Deckel zu. Klar, diese Autorin, das war ein Pseudonym. Ächzend erhob er sich aus dem Sessel, stolperte zur Garderobe hinüber, zog seine Jacke an und schlug sich fahrig den Schal um den Hals. Er musste zur Polizei, das stand fest. Zum Glück lag das Präsidium gleich um die Ecke, er fühlte sich nicht in der Lage, noch lange zu laufen, geschweige denn zu fahren.

Den leuchtenden Herbstblättern draußen schenkte er keine Beachtung, sondern steuerte, so schnell er konnte, auf die Wache zu. Der Polizist an der Pforte blickte ihn gelangweilt an. Wahrscheinlich dachte der, dass er mit irgendeinem Firlefanz käme, einem Kratzer am Auto oder einem Nachbarschaftsstreit. Ha, der würde sich noch wundern!

»Ich möchte einen Mord melden«, sagte Manuel und blickte dem Polizist dabei fest in die Augen. Er sah das Zucken des Augenlides bei seinem Gegenüber, die Überraschung auf seinem Gesicht. »Einen Mord?«

»Jawohl«, bestätigte Manuel. »Ich habe es sogar schwarz auf weiß!«

Der Polizist zog die Augenbrauen hoch. »Was? Ein schriftliches Geständnis?« Nun drehte er sich auf seinem

Stuhl, schob ihn mit den Beinen vorwärts näher an den Tresen zu Manuel heran.

Triumphierend zog Manuel die Anthologie aus der Tasche und legte sie auf den Empfangstisch. Stirnrunzelnd schaute der uniformierte Beamte darauf. »Schulkrimis?«, fragte er und plötzlich klang seine Stimme spöttisch.

Manuel fuhr durch die Seiten. »Hier ist es«, sagte er und tippte mit den Fingern mehrmals auf eine Stelle. Der Polizist beugte sich vor und starrte darauf. »Und?«

»Manuel und Irene Unger. Beide beim Elternabend, Irene begeht schließlich aus Eifersucht – grundlos, natürlich – einen Mord.«

»Okay, nun kenne ich die Geschichte.« Der Polizist lehnte sich zurück. »Und wenn Sie mich nun bitte wieder …«

Manuel haute auf den Tisch. »Ich heiße Manuel Brünger. Meine Frau Inge. Und der Klassenlehrer meines Sohnes Schröder. Verstehen Sie denn nicht, hier hat jemand die Wahrheit in verkleidetem Gewand niedergeschrieben.«

»In verkleidetem Gewand, aha.« Der Polizist sah nun genervt aus. Eine leichte Röte hatte sein Gesicht überzogen.

»Genau! Denn das Opfer in dem Krimi ist Sonja Hofmann – die angebliche Geliebte des Mannes. Und jetzt raten Sie mal …«

»Das hier ist keine Quiz-Show, ich habe noch anderes zu tun, Mann!« Inzwischen war der Polizist aufgestanden und wandte Manuel demonstrativ den Rücken zu.

»Vor ein paar Monaten ist eine junge Frau gestorben. Susie Hoffmann.« Als der Polizist sich nicht umdrehte, ballte Manuel seine Hände zu Fäusten. Er musste sich beherrschen, nicht zu schreien. »Verstehen Sie denn immer noch nicht? Diese Autorin hier«, erneute tippte er mit seinem Zeigefinger auf das Buch, »kennt die Wahrheit. In der Geschichte wird Sonja getötet. Und im wirklichen Leben stirbt sie tatsächlich. Das kann doch kein Zufall sein.«

»Sonja, Susie, Inge, Irene …« Der Polizist drehte sich nun doch herum und blickte Manuel böse an. »Ich glaube, Sie haben zu viel getrunken. Und jetzt hauen Sie ab und lassen mich in Ruhe arbeiten.«

Manuel atmete schwer aus. »Ich gehe nicht«, beharrte er. »Susie Hoffmann ist keines natürlichen Todes gestorben, das ist mir jetzt klar geworden. Der Arzt hat ihr einen Herztod diagnostiziert. Ha, dass ich nicht lache. Wissen Sie, wie leicht man jemanden vergiften kann, so, dass es einem Herztod ähnlich sieht? Aber weil sie schon vorher ein Herzproblem hatte, wurde keine Autopsie gemacht. Ein Fehler, sage ich, ein großer Fehler.«

»Hm.« Der Polizist blickte Manuel an, seine Stirn hatte sich in tiefe Falten gelegt. »Woher wissen Sie überhaupt so viel über diese Susie Hoffmann?«

»Sie ist eine gute Freundin meiner Frau. War. Also, schon vorher, bevor sie gestorben ist, muss ich die Vergangenheitsform benutzen. Denn Inge hat sich diese völlige irre Idee in den Kopf gesetzt, dass wir beide sie betrügen, die Susie und ich. Absurd. Aber Inge war wie besessen davon. Als Susie plötzlich verstarb, da mimte sie die Trauernde. Aber natürlich, *sie* hat sie umgebracht!« Mit zitternden Fingern riss er das Buch in die Höhe. »Und wer immer diese Geschichte geschrieben hat, wusste das. Die Autorin wollte mir einen Hinweis auf die Wahrheit geben!«

»Aha. Und wer soll das gewesen sein?«

Manuel zuckte mit den Schultern. »Ich kenne diese Schriftstellerin nicht. Aber es ist ein Pseudonym, das ist doch sonnenklar. Wahrscheinlich eine Mutter aus der

Klasse, eine gute Freundin von Susie, was weiß denn ich. Egal. Fest steht, dass Sie Susie exhumieren müssen. Dann werden Sie sehen, dass sie vergiftet wurde. Von Inge.«

Der Polizist räusperte sich. »Sie verdächtigen hier gerade Ihre Frau eines Mordes, ist Ihnen das klar?«

Mit weißen Fingern fuhr Manuel sich über das Gesicht. »Ja, ich weiß. Sie hat sich schon seit Monaten so komisch verhalten. Diese Beschuldigungen, haltlose Verdächtigungen, ihre Gefühlsausbrüche, ihre bodenlose Wut ... Nun ergibt plötzlich alles einen Sinn, einen schrecklichen Sinn.«

Er beugte sich vor, fasste den Polizisten mit zitternder Hand an der Schulter. »Sie müssen mir glauben, hier geht etwas nicht mit rechten Dingen zu.«

Seufzend wandte sich der Polizist zum Telefon. »Es soll keiner sagen, ich hätte was übersehen«, brummte er und drückte auf die Tasten. »Kommissar Ellenbach? Bei mir steht ein Mann mit einer ziemlich verrückten Geschichte – aber vielleicht sollten Sie sich die mal anhören ...«

*

»Hallo, Schatz, wo bist du gewesen?« Mit einem breiten Lächeln blickte Inge Manuel entgegen. Über ihr Kleid hatte sie eine weiße Schürze gezogen, sie lehnte am Küchentresen, das rasiermesserscharfe Fleischmesser in ihrer Hand.

Manuel schluckte und starrte auf das Rinderfilet, an dessen Seite rote Flüssigkeit austrat und vom Brettchen hinunter auf die Platte lief. »Äh, ich habe nur ... einen kleinen Spaziergang gemacht.«

»Soso.« Inge hob den Arm, ließ das Messer in das Fleisch gleiten, hob es an und betrachtete den roten Saft, der auf dem kalten Metall glitzerte wie flüssige Rubine. »Soso«, sagte sie erneut. Dann drehte sie sich mit einem Ruck herum, die Messerspitze auf ihren Mann gerichtet. »In zehn Minuten ist das Essen fertig. Deck schon mal den Tisch.«

Manuel schluckte. »Ich habe bereits draußen gegessen«, sagte er. »Du ... du hast ewig nicht für uns gekocht. Ich habe dich die letzten Monate kaum gesehen. Und nun stehst du hier, als sei nichts geschehen ...«

Inge seufzte tief, für einen Moment sah sie finster aus. Dann legte sich erneut das Lächeln auf ihr Gesicht. Sie trug es wie eine Maske. »Ach, weißt du, ich denke, wir sollten das Kriegsbeil begraben.« Noch immer zeigte das Messer auf sein Herz. Als sie seinen Blick bemerkte, zuckte sie mit den Schultern und fuhr vorsichtig mit ihren Fingern über die scharfe Klinge. Achtlos warf sie das Messer neben sich, zog zwei Weingläser heran, in denen schon dunkler Rotwein glänzte, und reichte Manuel eines. »Lass uns anstoßen«, rief sie und drückte ihm, als er zögerte, das Glas in die Hand. »Auf die Liebe, und bis der Tod uns scheidet.«

Manuel zuckte zusammen. Was sagte sie da?

Sie schien in seinem Gesicht zu lesen. »Das haben wir uns doch versprochen, damals in der Kirche.«

Ihr Lächeln saß starr in ihrem Gesicht, wie aufgemalt sah es aus. Nur, um sie nicht länger ansehen zu müssen, senkte er den Blick und trank einen Schluck.

»Wie gesagt, in zehn Minuten.« Inge warf einen Blick auf die Uhr. »Nein, jetzt sind es nur noch sieben.«

Manuel ging in das Esszimmer hinüber, das an die Küche grenzte. Warum fühlten sich seine Beine plötzlich wie Pudding an? Schwankend hielt er sich an der nächstbesten Stuhllehne fest. Er blickte auf die Terrassentür, die ihm mit einem

Male unendlich weit weg vorkam. Schwer atmend ließ er sich auf den Stuhl fallen, versuchte, seinen Blick zu fokussieren. Es gelang ihm nicht, alles verschwamm.

Auch Inge sah aus, als würde sie im Nebel wabern, als sie plötzlich durch die Tür in das Zimmer trat. Manuel stützte seinen Kopf auf seine Hand. Konzentriere dich, mahnte er sich still, aber er war müde, so unendlich müde.

»Na, wirkt der gute Wein schon?« Inges Stimme klang weit weg, wie in einem Traum.

»Was hast du gemacht?« Er musste sich anstrengen, nicht zu lallen.

»Nein!« Inges Gesicht war auf einmal direkt vor seinem, er konnte ihren Atem spüren. »Die Frage ist nicht – was ich gemacht habe. Was hast *du* gemacht, Manuel?«

»Ich?« Manuel versuchte, sich auf ihre Augen zu konzentrieren. Kalt blickten diese ihn an.

»Ja, du!« Inge lachte, ein trauriges, trostloses Lachen. »Ich habe gestern endlich geschafft, dein Passwort zu knacken. Monatelang habe ich es immer wieder heimlich versucht. Jedes Mal nur einen Versuch, damit du nichts merkst. Aber ich wollte den Beweis, dass du mit Susie fremdgegangen bist. Ich weiß einfach, dass es stimmt.«

Manuel schluckte. Sein Mund war trocken, er hatte keinen Speichel mehr.

»Nun, ich habe es geschafft. Und da lag alles vor mir. Nicht nur der ellenlange E-Mail-Kontakt mit Susie, der alles bewies, was ich mir vorgestellt hatte. Nein, auch diese kleine Geschichte, die in der Schulanthologie erschienen ist. ›Elternabend‹, was für ein einfallsloser Titel. Nun, kein Wunder, denn *du* hast sie ja auch geschrieben.«

»Ich …« Manuel fuhr sich mit der Zunge über seine rauen Lippen. Ausgetrocknet, alles ausgedörrt.

»Du brauchst nichts zu sagen.« Inges Stimme war immer noch genau neben seinem Ohr. »Ich bin dir gefolgt. Zur Polizei. Und da wurde mir alles klar. Aber eins muss ich dir lassen – so viel Raffinesse hätte ich dir gar nicht zugetraut. Gehst fremd, und als dir Susie über ist, bringst du sie um. Dann versuchst du auch noch, diesen Mord deiner verhassten Ehefrau in die Schuhe zu schieben. Dabei wirst du zum Autor und stellst dich zu allem Überfluss in der Geschichte in ein gutes Licht. Manuel alias Manfred, der sorgende Elternvertreter. Dass ich nicht lache!«

Er spürte ihre Hand auf seiner Schulter. Warm fühlte sie sich an.

»Ich vermute, dass Kommissar Ellenbach dir deine komische Geschichte trotzdem nicht abgekauft hat. Aber falls doch«, er sah ihr Lächeln nur verschwommen, »dann werde ich ihn schon vom Gegenteil überzeugen. Die Waffen einer Frau sind und bleiben doch einfach unschlagbar.« Das Lächeln kam näher, hielt genau vor ihm an. Nun konnte er erkennen, dass sie wirklich lächelte, dass der Glanz zum ersten Mal ihre Augen erreichte.

»Sei froh, dass ich es dir so einfach mache, du Schuft«, flüsterte sie. »Du wirst nichts spüren. Lass einfach los.«

Mit einem Mal war die Hand von seiner Schulter verschwunden. Und damit kam die Kälte. Eine bodenlose Kälte, die ihn nach unten riss. Und in die er fiel. Strudelnd, strauchelnd, tief und schwarz.

DER MORD ALS KUNSTFORM

Marc Späni –
siebzehn Dienstjahre

Gewaltig, was grausames Schicksal dem Menschen
bisweilen bescheret
an Leid, an Verderben und Unheil!
Doch wehe!, wenn solches Geschick ihm die eig-
nen Gefährten bereiten,
nur nach seinem Untergang trachtend.
Schon türmen sich tiefschwarze Wolken, schon
drängt unaufhaltsam
das finstere Werk seinem Ziel zu.
Noch ahnet der nichts, dem das Los doch bestimmt
ist.

*

Andres Liner saß in der vordersten Bankreihe und nickte
geistesabwesend den Schülern, Lehrerkollegen und Eltern
zu, die ins Physikzimmer strömten. Mit seinen Gedanken
war er nicht bei den Präsentationen der Maturitäts-Arbei-
ten, sondern bei Johann Wolfgang. Spätabends noch hatte
Liner mit dem Auto das Quartier abgefahren, zu Unzeiten

Nachbarn und Verwaltung aus dem Bett geklingelt, früh-
morgens weitergesucht, ohne Erfolg. Der vierjährige Gol-
den Retriever, nach dem großen Goethe benannt, war verschwunden. Nervös checkte Liner zum wiederholten Mal
die Mails auf dem Handy, dann blickte er zur Wanduhr,
rieb sich die schmerzende Brust. Die Aufregung tat seinem
Herzen nicht gut. Noch zwei Minuten.

Julian Fuchs stand hinter dem wuchtigen Lehrerpult und
fingerte am Computer herum. Er war letztes Jahr – nota
bene als Einziger seines Jahrgangs – durch die Matur gefallen, und auch diesmal gaben die Vornoten keinen Anlass zu
Freudensprüngen. Auf der Leinwand erschien die Titelfo-
lie: »Der perfekte Mord in Film und Literatur. Maturarbeit
von Julian Fuchs. Beteut von Dr. A. Liner.«

»Beteut«, seufzte Liner, auf der ersten Folie schon ein
Schreibfehler.

Vor dem Pult stand eine altmodische schwarze Holztruhe,
darauf ein Gerät mit Drähten und Kabeln, wohl eine Spie-
lerei von Liners Kollegen Hess. Der Physiklehrer, der zu
seinem Leidwesen in die Rolle des Korreferenten gesprungen war, saß bereits neben ihm. Und als wäre das nicht
schon schlimm genug, zwei Reihen weiter hinten auch noch
Hanna Keller, die Rektorin.

Das Zimmer füllte sich. Gewöhnlich waren die Präsentationen der von Liner betreuten Arbeiten – über die
griechisch-attische Tragödie etwa oder Goethes Rezep-
tion antiker Mythen – spärlich besucht. Lieber sah man
sich Roboterprojekte, die Mumifizierung eines Hunde-
beines oder dubiose psychologische Selbstversuche an. Die
Themenfindung müsste man viel strenger reglementieren,
und das würde er auch tun, sobald *er* Rektor wäre, nach
den Erneuerungswahlen nächsten Monat. Ja, den Präsen-

tationsmorgen als Ganzes müsste man neu organisieren. Er machte sich eine Notiz, dann bat er Hess, ihn durchzulassen, schloss die Tür, begrüßte die Anwesenden und gab seinem Schützling das Wort.

Julian Fuchs räusperte sich und grinste verlegen in die Runde. »In meiner Maturarbeit«, begann er, »habe ich mich mit einem besonderen Typ von Mord auseinandergesetzt. Dem perfekten Mord in Film und Literatur.«

»Danke«, murmelte Liner, »wir können alle lesen ...«

Zum Anfang verwies der Maturand auf Hitchcocks Spielfilm »Cocktail für eine Leiche«. »Zwei Studenten bringen einen Kollegen um, weil sie die Herausforderung reizt, einen perfekten Mord zu begehen.« Folienwechsel. »Perfekt ist ein Mord«, er drehte sich um, um von der Leinwand abzulesen, »der nicht aufgeklärt wird und dessen Vollkommenheit gerade darin besteht, dass er nicht aufgeklärt werden kann.« Es folgten Schwarz-Weiß-Fotos aus dem erwähnten Klassiker. »Die beiden erwürgen also ihren Kollegen, stecken ihn in eine alte Holztruhe und organisieren eine Feier, zu der sie unter anderem seinen Vater, seine Schwägerin und seine Freundin einladen. Mitten im Raum, zentrales Motiv des Films, die Truhe mit dem Mordopfer, um dessen Verbleib man sich natürlich mittlerweile sorgt.«

Das nächste Bild zeigte besagte Feier und jetzt wurde Liner auch klar, was die schwarze Truhe sollte. Billige Effekthascherei. Aber das Gerät darauf?

»Ein Mord, der nicht ...« Julian stoppte mitten im Satz, als die Tür aufging und eine Person in den abgedunkelten Raum trat, sich kurz umsah und sich dann unter die Zuschauer drängte. Julians Vater. Liner erinnerte sich an unangenehme Gespräche anlässlich der verpatzten Matur im Vorjahr. Hatte der doch die Frechheit, in die laufende Präsentation zu platzen.

Weiter ging es mit einer langen Aufzählung von Büchern und Filmen, welche das Motiv des perfekten Mordes behandelten, dann zitierte Julian Internetartikel zur Frage, ob ein solches Verbrechen überhaupt möglich sei.

Kein roter Faden, konstatierte Liner, nichts Eigenes, und Internetartikel als einzige Quellen –

»Ist ein perfekter Mord wirklich möglich? – Ich bin dieser Frage nachgegangen und habe einige Szenarien durchgespielt.«

Verhaltene Lacher aus dem Publikum.

Plötzlich durchfuhr Liner beim Anblick der schwarzen Kiste ein schrecklicher Gedanke: Johann Wolfgang... Aber nein, wie absurd!

Er schaute zur Wanduhr. Die Hälfte der Präsentation war schon um, viel Gehaltvolles war nicht gesagt worden, genau wie in der schriftlichen Arbeit. Julian würde erneut scheitern.

Über »Strangers on a Train« und »Dial M for Murder« war er mittlerweile bei Morden angelangt, die gar nicht als solche erkannt wurden.

Liner blickte immer wieder zur schwarzen Truhe. Die Vorstellung war irrsinnig, auf der anderen Seite würde es perfekt zur Präsentation passen, ja eigentlich würde diese nur Sinn ergeben, wenn die Truhe eben nicht leer war – wie im Film. Liners Brust schmerzte. Ruhig atmen!

Er konnte seinen Blick nicht vom schwarzen Möbelstück nehmen.

Julian kam auf Tötungsarten zu sprechen und wies auf die Installation mit den Drähten hin. »Dieses Gerät, bei dessen Bau mich Herr Hess unterstützt hat« – Liners

Banknachbar nickte dankend –, »gibt Elektroschocks ab, über eine Türklinke zum Beispiel oder einen Stuhl. Damit umgeht man die naturgegebene Hemmung, jemanden mit roher Gewalt zu töten. Und es macht, im Gegensatz zu anderen Todesarten, auch keine allzu große Sauerei.« Der junge Mann schien seine anfängliche Nervosität überwunden zu haben und das Publikum dankte es ihm mit fröhlichem Lachen.

»Es handelt sich hier natürlich um ein Modell, mit dem man keinen Menschen töten kann«, erklärte er, »zudem ist es nicht einmal eingesteckt.«

Keinen Menschen, sagte sich Liner, aber einen Hund? Er dachte nach: Julian musste wissen, dass er erneut scheitern würde. Er würde – erneut – ihm die Schuld geben. Wie weit würde er gehen, wenn er alles für verloren glaubte und sich im Vorfeld schon rächen wollte?

Die Zeiger der Wanduhr schienen nicht vorwärts zu kommen, Liner trommelte mit den Fingern auf der Tischplatte und versuchte, nicht ständig zu dieser vermaledeiten Truhe zu schauen, bis Julian endlich, nach etwas weniger als den erlaubten fünfzehn Minuten, zum Abschluss seiner Ausführungen kam.

Nun folgte die Verteidigung der Arbeit. Mit energischen Handzeichen unterbrach Liner den Applaus, Hess nahm seine Notizen und setzte zur ersten Frage an, die gemäß Reglement dem Korreferenten zustand. »Die Kunst des Mordes berührt die Frage nach der Grenze zwischen Moral und Kunst. In Ihrem ersten Beispiel …« Liner fiel der Kiefer runter: Dieselbe Frage hatte *er* stellen wollen. Hatte Hess sie etwa von seinem Notizblatt abgelesen?

Während sich Julian mit der Frage herumquälte, überlegte sich Liner eine neue. Eigentlich wusste er genau, was er fragen wollte, nur nicht wie. Er zitterte, seine Brust schmerzte bedrohlich. Plötzlich merkte er, dass ihn alle ansahen.

»In Ihrer Präsentation«, improvisierte er, »haben Sie mehrmals den Begriff ›Feldversuch‹ verwendet, Ihre Erkenntnisse selber basieren aber auf Filmen, Romanen und Internetartikeln. Könnten Sie uns darlegen« – Kunstpause – »in welchem methodischen Kontext die sogenannten Feldversuche Ihrer Arbeit einzuordnen sind?«

Julian machte ein ratloses Gesicht. »Können Sie die Frage wiederholen?«

Liner beherrschte sich nur mit Mühe. »Sie sagten, Sie hätten den perfekten Mord *durchgespielt*, was meinen Sie damit?«

»Ach so. Nun … ich bin ja auch der Frage nachgegangen, was überhaupt möglich wäre, wenn man wirklich einen perfekten Mord begehen wollen würde und …«

»Was ist in der Truhe?«, unterbrach ihn Liner etwas energischer, als es angebracht war.

Julian zuckte entschuldigend mit den Schultern. »Die Truhe ist bloß Effekt.«

»Effekt, aha.« Liner hüstelte und fuhr in seinem gewohnten Dozententon weiter. »Dann erlauben Sie sicher, dass ich für einen Moment auf Ihr Spiel eingehe und die Rolle des Lehrers aus dem Film ›Cocktail für eine Leiche‹ einnehme, ich erinnere mich nicht an den Namen …«

»Rupert?«

»Rupert, genau.« Liner drängte Hess erneut aus der Bankreihe und trat vor das Pult. »Schon während der Feier hat dieser Rupert den Verdacht, dass etwas nicht stimmt. Dann entdeckt er an der Garderobe ein Kleidungsstück mit den Initialen des Opfers … War es ein Mantel?«

»Ein Hut.«

»Ein Hut, exakt. Daraufhin tut er … Na, was tut er?«

Der junge Mann schwieg und beobachtete kritisch, wie Liner sich der Truhe näherte.

»Er öffnet die Truhe, er will Gewissheit.« Einen Augenblick hielt Liner inne, kämpfte um Beherrschung, dann griff er mit theatralischer Langsamkeit nach dem Elektrogerät. Da ertönte, fast unhörbar, der knisternde Knall einer elektrischen Entladung. Für die Zuschauer sah es zunächst aus, als verharre Liner wieder in einer seiner berüchtigten Kunstpausen, doch dann sackte er zusammen und blieb flach ausgestreckt neben der Truhe liegen.

Einige Sekunden schien die Szenerie wie eingefroren, dann brach wie auf Kommando Chaos aus: Man rief durcheinander, man zwängte aus den Bankreihen, es war ein Stolpern und Drängen, bis Dario Zanetti, der Haussanitäter, mit dem Defibrillator angerannt kam, die Räumung des Zimmers anordnete und sich unter Ausschluss der Öffentlichkeit anschickte, den armen Liner zu reanimieren.

Derweil stand man betreten vor dem Zimmer. Einige nutzten die Gelegenheit, sich aus dem Staub zu machen, andere kamen dazu, um zu sehen, was passiert war. Aus den Nachbarzimmern drang gedämpfte Musik, ab und zu Applaus, irgendwann strömten Besucher durch eine Tür in den Flur. Hess stand bei Julian und dessen Vater und fuhr sich mit den Fingern durch die grauen Haare. »Das Gerät hätte doch gar nicht eingesteckt sein dürfen.«

»War es auch nicht«, bekräftigte Julian. »Ich hatte sogar eine Etikette draufgeklebt: ›Nicht einstecken!‹«

»Das stimmt«, gab ihm Hess recht. »Zu Beginn der Präsentation *war* das Gerät nicht eingesteckt, ich hab's mit eigenen Augen gesehen.«

»Was sollte das überhaupt sein?«, mischte sich der Vater ein. »Was haben Sie da gebastelt?«

»Das Gerät gibt nicht mehr Strom ab als ein Viehzaun«, verteidigte sich Hess. »Meinen Sie, wir stellen einen elektrischen Stuhl auf?«

»Eins kann ich Ihnen auf jeden Fall sagen«, wandte sich Fuchs an die Rektorin, die dazu getreten war und nervös an ihrer Bluse herumfingerte, »wenn Julian wegen dieses Vorfalls durch die Matur fällt, machen wir Rekurs. Bis vor Bundesgericht, wenn es sein muss.«

»Das wird nicht nötig sein«, beschwichtigte sie. »Die Präsentation war hervorragend, Herr Hess kann das bestimmt bezeugen.«

Dieser nickte.

»Und bei den mündlichen Prüfungen ist sicher eine gewisse Rücksicht auf den Schock angebracht, im Sinne einer Nachteilsausgleichsmaßnahme ...«

Schon hörte man Sirenen. Der Notarzt kam, kurz darauf eine Streife der Stadtpolizei. Während der Arzt ins Physikzimmer verschwand, dirigierten die Beamten die Zeugen – Lehrer, Schüler und Eltern – ins leere Chemielabor, von wo sie einzeln zur Befragung ins Nachbarzimmer geholt wurden. Schüler und Lehrer, die sich davongemacht hatten, wurden zurückbeordert.

Irgendwann sickerte durch, dass Liner tot war.

Ob denn niemand gewusst habe, dass er einen Herzschrittmacher hatte, wollten die Beamten wissen.

Die Rektorin massierte sich die Schläfen. »Er hatte letzten Herbst eine Herzoperation. Aber im Moment habe ich nicht daran gedacht ...«

Der Haussanitäter stand unter Schock.

Von der Schlussfolie mit dem Titel »Der perfekte Mord« an der Wand über dem toten Liner waren die Beamten wenig angetan, auch nachdem die Rektorin erklärt hatte, dass es sich um eine Abschlussarbeit über ein Thema aus Film und Literatur handle.

»Und die Kiste da?«

»Ein Requisit, einem Film nachempfunden. Im Film war eine Leiche drin.«

Nach einem Blick in die leere Truhe schüttelte einer der Beamte den Kopf. »Ziemlich geschmacklos, wenn Sie mich fragen.«

Die Rektorin hob entschuldigend die Arme.

Die Befragungen dauerten lange, erbrachten aber nicht mehr als eine Liste von Personalien. Fazit: Liner war einer Verkettung unglücklicher Zufälle zum Opfer gefallen – kein Fall für die Polizei. Einer der Zeugen nach dem anderen wurde entlassen, vor der Schule fuhren Eltern auf, um ihre Kinder nach Hause zu bringen, ein Leichenwagen transportierte Liners sterbliche Überreste ab, nach letzten Besprechungen mit der Schulleiterin entfernte sich auch die Polizei.

*

Das Schulhaus und die Nebengebäude lagen im Halbdunkel, nur einzelne Fenster des Verwaltungsgebäudes warfen milchiges Licht auf den leeren Platz vor der Aula.

Hanna Keller saß in ihrem Büro im zweiten Stock und verfasste eine Mitteilung zum tragischen Vorfall, als es klopfte und Hess den Kopf durch die Tür steckte. »Bist du allein?«

Sie nickte. »Die Kripo ist vor einer Stunde gegangen.«

Hess kam rein und schaute ihr über die Schulter. »Hochgeschätzt«, las er und verzog das Gesicht.

Sie löschte vier Buchstaben. Neben dem Computer lagen Stapel von Dokumenten.

»Wenigstens keine Witwe, die ich informieren muss«, sagte sie, »nicht einmal eine Freundin.«

»Wen wundert's?«

Nach wenigen Minuten, es war exakt halb sieben, klopfte es erneut. Die Rektorin öffnete.

»Daniel, komm rein! Stefan Hess kennst du ja schon.«

»Der Herr Physiklehrer«, sagte der Neuankömmling mit einem schiefen Grinsen.

»Stefan«, stellte sich Hess vor und schüttelte Julians Vater die Hand.

»Dani.«

»Wir geht's deinem Jungen?«, fragte die Keller.

»Ein ziemlicher Schock. Aber er steht das schon durch. Besser, als nochmals durch die Matur zu fallen.«

»Gut, dass du kommen konntest. Wir sollten uns sicherheitshalber nochmals absprechen. Die Polizei wird noch Rückfragen haben. Peter sollte auch jeden Augenblick hier sein.«

Fuchs blätterte in den Dokumenten auf dem Tisch. »Alles von Liner?«

Sie nickte, nahm eines nach dem anderen in die Hand und las die Überschrift: ›Antrag auf Überprüfung der Stundendotation zugunsten der Sprachfächer, Maßnahmen zur Umverteilung der Arbeitsbelastung unter den Fachschaften, Dringliche Forderung an die Schulleitung aufgrund neuerer Studien zur Vorbereitungs- und Korrekturzeit, Vorschlag zu Personaleinsparungen beim Hausdienst …‹ und das sind nur die neusten!« Sie packte in einer spontanen Geste den ganzen Berg und warf ihn in die Altpapierbox. Danach blickte sie etwas verlegen ins Leere.

»Was hättet ihr eigentlich gemacht«, fragte Fuchs nach einer Weile, »wenn er nicht zur Truhe gegangen wäre?«

Hess lachte bitter. »Keiner ist neugieriger als Liner. Und wenn es noch um seinen geliebten Hund geht …«

»Hat Peter ihn eigentlich wieder zurückgebracht?«, fragte Hanna Keller.

Hess nickte. »Wo bleibt er nur?«

Peter, der Hauswart, kam zehn Minuten später und ließ sich schwer auf einen Stuhl fallen. »Ich musste Dario noch ein wenig aufbauen«, erklärte er. »Der hat ziemlich daran zu nagen, dass er den Liner mit dem Defibrillator … umgebracht haben soll.«

Die anderen schwiegen betreten.

»Ich brauch jetzt was Starkes«, sagte der Hauswart.

Die Rektorin nickte und holte aus ihrem Pult eine Flasche Williams, Hess ging zur Pausenecke und kam mit vier Bechern zurück. Stumm prosteten sie einander zu.

»Ich bin kein Mörder«, murmelte der Hauswart. »Aber mit seiner Neustrukturierung des Hausdienstes wäre ich draußen gewesen … und das mit sechzig.«

»Wir verstehen das, Peter«, sagte Hanna Keller, Hess nickte.

»Hätte er denn wirklich Rektor werden können?«, fragte Fuchs. »Ich meine, wer hätte den denn gewählt?«

»Das Kollegium hat nur ein Vorschlagsrecht«, erklärte sie. »Am Ende entscheidet der Regierungsrat. Und da hat Liner über Jahre systematisch Beziehungen aufgebaut.«

»Er hat uns gar keine Wahl gelassen«, sagte Hess.

Die Rektorin schenkte nach, man trank hastig die Becher leer.

»Eigentlich haben wir ja gar nichts gemacht«, murmelte Hess.

Die anderen starrten ins Leere.

»*Ich* habe ein Gerät in die Präsentation gebracht«, erklärte der Physiklehrer, mehr für sich selbst, »das an sich völlig harmlos ist, außer eben bei jemandem mit einem Herzschrittmacher, und es unbemerkt eingesteckt. Du, Dani, hast deinem Jungen den Vortrag so angepasst, dass Liner auf diesen unsinnigen Verdacht gekommen ist, der sich als nichtig erwiesen hat, weil der Hund ja wohlauf ist, nachdem du, Peter, ihn einen halben Tag ausgeliehen hast. Keiner von uns hat etwas Kriminelles gemacht.«

»Zumindest kann uns niemand einen Strick daraus drehen«, sagte Fuchs und legte eine Schachtel Zigarren auf den Tisch.

»Man wird gar nicht auf uns kommen«, sagte die Rektorin. »Keiner von uns hat für sich genommen ein Motiv, das stark genug ist für einen Mord.«

»Kein Motiv, keine Mordtat«, sinnierte Hess und fingerte nach seinem Feuerzeug, »und doch ist Liner tot.«

»Der perfekte Mord«, murmelte der Hauswart und nahm noch einen Williams.

Schließlich unterbrach die Rektorin die Stille: »Keiner muss sich etwas vorwerfen. Wir sollten nach vorne schauen.«

Fuchs nickte und machte sich daran, umständlich seine Zigarre anzuzünden.

»Nächste Woche ist Gesamtkonvent«, sagte Hanna Keller, »der erste ohne Liner. Ohne ständige Wortmeldungen, unnötige Einwände, Vorstöße, die alles blockieren …«

Hess lachte verhalten und Fuchs blies einen Rauchkringel in die Luft.

Schon eine halbe Stunde später – der Williams war leer, Zigarrenqualm vernebelte den Raum – waren die Gewissensbisse weitgehend vergessen, es wurde gelacht und gescherzt und man kann sich höchstens noch ausmalen, was die Beamten der Kriminalpolizei wohl für Rückschlüsse gezogen hätten, wären sie aus irgendeinem Grund in diesem Moment nochmals ins Büro getreten.

*

Oh, weh euch, ihr falschen Gefährten, oh weh euch, die meuchlings gemordet!

Ihr wähnet euch noch vor gerechter Bestrafung verschonet durch Arglist.

Doch nah'n schon die grausen Erinnyen,

Zu rächen mit Albtraum und Wahnsinn die schändliche Tat!

EIN ANERKANNT STABILES GENIE

Susanne Schubarsky –
sechs Dienstjahre

Ein unförmiger schwarzer Sack hängt von einer der Fahnenstangen neben dem Portal des Schulgebäudes. Auf dem Asphalt davor liegt eine tote Katze. Deswegen wird man mich ja wohl nicht gerufen haben. Auf den beiden anderen Fahnenstangen hat jemand die österreichische und die EU-Fahne aufgezogen. Der Parkplatz vor der Schule ist gespenstisch leer, so, als wären Ferien. Doch es ist ein sonniger Dienstag im Oktober und vor und im Peter-Handke-Gymnasium sollte, kurz vor acht, eigentlich reger Betrieb sein. Es ist völlig ruhig, nur der schwarze Sack bewegt sich leicht im Wind und lässt die Fahnenstange quietschen.

Ich nähere mich langsam der Polizeiabsperrung rund um die drei Fahnenstangen.

»He! Die Schule ist heute zu. Zum Direktor können S' heute nicht. Gehen S' wieder!« Ein korpulenter Zwerg im Blaumann watschelt aufgeregt in meine Richtung und fuchtelt wild mit seinen viel zu kurzen Armen. Ich schaue mich um – ja, er kann nur mich meinen. Vielleicht hätte ich mir doch die Zeit nehmen sollen, das Jogging-Outfit vorher auszuziehen. Der Gnom glaubt anscheinend, dass er seinen ganz großen Auftritt hat und will gerade schnaufend vor mir auf ganz wichtig machen, da halte ich ihm meinen Ausweis vor das Gesicht. »Trabusenig, Mordkommission.« Ich mach es populär, »Leib und Leben« würde der Typ doch nicht verstehen. Mit einem Grunzen kommt er vor mir zu stehen und beginnt, ansatzlos zu buckeln. »Entschuldigen vielmals, schnauf, kann man ja net glei' sehen, schnauf, bitte, kommen S' mit, gnä' Fräulein.«

Ich ignoriere ihn, weil ich gerade erkannt habe, dass die tote Katze eigentlich ein pissblondes Toupet ist. Und der unförmige Sack an der Fahnenstange ein schwarzer Anzug. Mit einem fetten Mann darin. Bravo. Da haben die Kollegen von der Streife ausnahmsweise mal mitgedacht. Mit großer Wahrscheinlichkeit hat der sich nicht selbst auf vier Meter Höhe gehisst.

Zwei Uniformierte wieseln auf mich zu. »Gut, dass Sie endlich da sind! Da drinnen«, der größere von beiden deutet auf die Schule, »da drinnen ist es echt unheimlich.«

»Ja klar, fordern Sie rasch Verstärkung an. Ein paar hundert Schüler und ein Haufen hysterischer Lehrer können schon eine Herausforderung sein.«

»Nein, Sie verstehen nicht. Wir sind eh schon zu zehnt – aber die da drin sind alle komplett ruhig. Keiner sagt was. Die Kinder sitzen in den Klassen, spielen mit ihren Handys. Und die Lehrer trinken Kaffee im Konferenzzimmer.«

»Verstehe.« Obwohl ich gar nichts kapiere. »Dann sollte ich wohl zuerst mal mit dem Direktor reden. Und Sie beide sichern hier alles, bis die Spusi kommt.« Das Letzte sage ich mit etwas Nachdruck, denn das hätten Dumm und Dümmer schon längst machen müssen. Kurz vor dem Eingang drehe ich mich noch mal um. »Was wissen wir bis jetzt?«

»Um 7.15 Uhr hat der Schulwart bei uns angerufen, dass an der Fahnenstange jemand hängt und er glaubt, dass es der Direktor ist.«

So viel zu diesem Plan. Dann halt Plan B. Das Konferenzzimmer.

Als ich das Lehrerzimmer betrete, sitzen auf den dicht an dicht stehenden Sesseln gut hundert Personen in einem düsteren Raum, der für maximal fünfzig ausgelegt ist. Mehrere springen gleichzeitig auf und rufen mir »Kein Eintritt!« und »Heute können Sie nicht zum Direktor!« und Ähnliches zu.

»Das weiß ich schon, danke.« Ich zwinge mich dazu, gelassen weiter in den Raum hineinzugehen, und schlucke die aufkommende Panik hinunter. Hundert Lehrer auf einmal habe ich das letzte Mal ... eigentlich noch gar nie gesehen. Gut, dass keiner meine Gänsehaut bemerken kann. »Trabusenig, Polizei.« Auf den Ausweis verzichte ich. Die müssen mir das einfach so glauben. »Wer ist denn hier zuständig? Gibt es einen Stellvertreter für den Direktor?«

Eine winzige Elfe Mitte fünfzig steht zögernd auf. »Ja, das bin ich«, flüstert sie.

»Sehr gut. Können wir uns irgendwo ungestört unterhalten?«

Nach einer endlosen Pause: »Vielleicht ... im Geo-Kammerl?«, und bleibt weiter regungslos stehen.

»Nein!« Ich muss meine Panik besser unter Kontrolle bekommen. »Gibt es nichts ... Angemesseneres?«

»Nur das Büro des Direktors.«

Auch nicht ideal. »Wunderbar! Das passt. Dann mal los, Frau ...?«

»Unterrieder.« Fast unhörbar. Aber zumindest bewegt

sie sich endlich. Mit gesenktem Kopf und eingezogenen Schultern schlurft sie durch den Raum, ohne irgendeinen ihrer Kollegen anzusehen. Die aber ihrerseits jeden ihrer Schritte mit fast körperlich spürbarer Spannung verfolgen. Was geht denn hier ab?

In das ultramoderne, designermäßig ausgestattete Büro des Direktors ist offenbar direkt hineingeflossen, was bei der Ausstattung des Lehrerzimmers eingespart wurde. Mehrere Computer, Laptop, Tablet, Whiteboard und noch etliche andere technische Spielereien, die ich nicht sofort zuordnen kann. Langsam kann ich wieder atmen. Mit einer einzelnen Lehrerin kommt meine Psyche offenbar zurecht.

»Was können Sie mir erzählen, Frau Unterrieder?«

»Wie ... was meinen Sie ... erzählen ...?«

»Über Ihren toten Chef draußen an der Fahnenstange.«

Konzentriert starrt sie auf den ausgeschalteten Monitor am Schreibtisch. Wäre es angesichts ihrer Körpergröße von circa ein Meter fünfzig und der Elfenstatur nicht völlig ausgeschlossen, hätte ich gesagt, dass da die Schuldige vor mir sitzt. Körperhaltung, Reaktionen, ihr gesamtes Abwehrverhalten. Aber vielleicht habe ich auch nur ihr Pietätsempfinden grob verletzt. Manchmal hilft nur Brutalität, um Leute zum Reden zu bringen.

»Wie dumm kann denn eine einzelne Frau sein?!«

Hat sie den Satz gebrüllt? Oder habe ich ihn mir nur eingebildet? Mir ist, als wäre er aus meinem Kopf gekommen. Ich werde doch hoffentlich nicht verrückt, aber bei diesem Umfeld wäre das ja kein Wunder – viel zu viele von meinen früheren Feinden auf einem Fleck.

»Was soll die Scheiße, Frau Unterrieder!«, äfft das Mäuschen den Direktor schluchzend weiter nach. Ich fühle mit ihr und ich sehe alles, was sie erzählt, vor mir.

Dieter Trumpfass, der Direktor des Peter-Handke-Gymnasiums, hat sich vor der zarten Frau aufgebaut und brüllt auf sie ein. »Auch wenn Sie zufällig stellvertretende Direktorin geworden sind, gibt Ihnen das nicht das Recht, beim Landesschulrat Lügen über mich zu verbreiten!« Sein hochrotes Gesicht ist zu einer Fratze der Wut verzerrt, das unglaublich schlecht gemachte Toupet zittert auf dem für den massiven Körper viel zu kleinen Kopf.

»Welche Lügen?«, piepst es aus der Frau hervor.

»Diese Schmutzkübelkampagne kann nur von Ihnen gekommen sein. Ich soll angeblich die Lehrer dazu aufgefordert haben, in Zukunft mit körperlicher Gewalt gegen aufmüpfige Schüler vorzugehen. Unvorstellbar! Nicht, dass eine gsunde Watschn nicht öfter helfen täte …«

»Aha. Der Direktor war also ein etwas schwieriger Mensch und Sie beide hatten vor Kurzem einen Streit.«

Die Maus nickt zögernd.

»Hatte er auch mit anderen Streit?«

Wieder längeres Nachdenken, dann ein zaghaftes Nicken.

»Was soll das, Sie selbsternannter Sportexperte!? Natürlich haben wir die Fußball-Schülerliga gewonnen. Dass wir Zweiter geworden wären, sind Fake News. Das habe ich den dummen Schülern auch so gesagt, die mich für ihre Zeitung interviewt haben.«

Der Fußballtrainer nickt. »Wenn Sie das sagen, muss es wohl so gewesen sein. Aber die Tageszeitungen haben die

Geschichte aufgegriffen und machen sich darüber lustig, dass wir es nötig haben, uns mit alternativen Fakten wichtigzumachen. Deshalb mache ich mir ein wenig Sorgen.«

»Sie haben sich nicht zu sorgen. Ich bin zuständig für unsere Außenwirkung. Sie trainieren die Kinder, zumindest sollten Sie das. Für mehr reicht es bei Ihnen eh nicht.«

Schon wieder diese Stimme aus meinem Kopf, die natürlich tatsächlich jene von Unterrieder war. Ob es allen Menschen, die nicht Lehrer geworden sind und wieder zurück in eine Schule müssen, so geht? Dass sie so eine Art Time-Travelling-Albtraum erleben?

Jedenfalls sind das interessante Geschichten, die mir das Mäuschen da erzählt, aber im Grunde nichts Ungewöhnliches. Alphatiere an der Macht handeln überall so. »War da noch mehr? Etwas, das ich unbedingt wissen sollte?«

»Hin und wieder«, haucht sie und senkt sofort wieder den Kopf. Wortlos warte ich, ob da noch etwas kommt. Im Schweigen kann ich mit den Besten mithalten. Hilft immer bei widerspenstigen Zeugen.

Nach gefühlten zehn Minuten flüstert sie: »Zuletzt hat er den Schulsprecher wegen unbotmäßigen Verhaltens suspendiert.«

»Na, dann schicken Sie mir den doch gleich vorbei, wenn Sie so nett wären.«

Sie nickt, springt auf und läuft zur Tür.

»Eine Frage noch: Wann haben Sie den Direktor zum letzten Mal lebend gesehen?«

»Ich? Wieso?«

»Das muss ich fragen, aber das wissen Sie doch aus den Fernsehkrimis«, lächle ich sie ganz unbedarft an.

»Ja, äh, gestern Abend, bei der Abschlussveranstaltung zu unserem Tag der offenen Tür. Wir haben aber nicht miteinander geredet.« Und weg ist sie.

Merkwürdig, dass sich eine doch recht attraktive Frau so eigenartig anzieht: langer Rock, Strickweste darüber, dicker Schal. Fast so, als wollte sie sich verkleiden. Im Lehrerzimmer vorhin war ich etwas abgelenkt, aber während ich warte, sehe ich wieder die anderen Frauen des Kollegiums vor mir. Keine Farben, erinnere ich mich. Und keine war geschminkt.

Da klopft es an der Tür, und ohne meine Reaktion abzuwarten, wird sie auch schon aufgerissen. Ein fast zwei Meter großer junger Mann stürmt herein.

»Kevin Simcic«, kündigt er sich an, fläzt sich in den Sessel mir gegenüber und knallt sein Handy vor sich auf den Tisch. »Oida, des is krass. Der Direktor an der Fahnenstange. Wissen S' denn schon was Genaues?«

Ausgesprochen selbstbewusst, der Typ. Älter als achtzehn kann der ja kaum sein, Maturaklasse vermutlich. Schon quasselt er weiter: »Ich fand ihn ja immer super, endlich ein Direktor, der richtig durchgreift und was tut. Ned immer das oide Gelabere und dann passiert nix. Was der alles für die Schule gmacht hat, schauen S' Ihnen die Mauer an. Da sind vorher immer die Asis aus dem Gymnasium nebenan reingekommen und haben sich hier bei uns aufgeführt, geraucht, gesoffen. Und wir waren dann schuld. Aber seit der Mauer hat das komplett aufgehört.«

Ich lasse ihn einfach mal drauflosquatschen. Unterbrich niemals einen Zeugen, der freiwillig redet. Er plappert weiter über die großartigen Errungenschaften des geliebten Direktors, seines Idols, des »Ehrenmanns«, wie er ihn nennt: hat aufgeräumt mit unfähigen Lehrern, sich einfach nichts gefallen lassen, von niemandem, weder dem Landesschulrat noch renitenten Eltern, der beste Direktor ever. Schließlich muss er mal Luft holen – und auf seinem Handy nachsehen, ob in der Zwischenzeit eine neue Nachricht gekommen ist. Er tippt rasch etwas, legt das Ding auf den Tisch, dann sieht er mich an. Jetzt darf ich endlich etwas sagen. Sehr sozial.

»Dieser beste Direktor ever hat Sie doch suspendiert.«

»Das war ein Missverständnis.«

Ich lehne mich über den Tisch zu ihm vor, weit in seine Sicherheitszone. »Missverständnis? Wie das?«

Er weicht zurück, mit einem Blick auf sein Handy, wo gerade eine neue Nachricht aufpoppt, traut sich aber nicht, sie zu beantworten. Immerhin.

»Das Geld für unsere Maturareise war plötzlich weg. Zwanzigtausend Euro. Und wir hätten alles nochmals löhnen müssen.«

»Und das Geld hat der Direktor verwaltet?«

»Äh, ja, irgendwie schon. Ich habe ihn gefragt, wo das Geld denn sein kann. Da hat er mich ratzfatz für drei Wochen suspendiert. Aber gestern hat er mir alles erklärt: Irgendwelche ausländischen Asis haben das Schulkonto gehackt, er hat voll hart gekämpft, um das Geld zu retten, aber die Hacker waren zu gut. Und dass er versteht, warum ich zuerst ihn beschuldigt habe. Dabei habe ich das gar nie gedacht.«

»Danach war dann alles wieder gut und Sie dürfen deshalb heute wieder in der Schule sein.«

»Genau.« Er grinst mich schief an. »Brauchen Sie noch was von mir?« Ohne meine Antwort abzuwarten, springt er auf und zur Tür.

»Ihr Handy«, rufe ich ihm nach.

Er schaut mich verwirrt an, dann auf sein Telefon. Vermutlich ist ihm das noch nie passiert. Er reißt es an sich wie einen Rettungsring und verschwindet.

Langsam formt sich ein Bild. Auch wenn ich noch nicht so genau weiß, welches.

Ich muss mehr über den »Ehrenmann« Direktor erfahren. Gab es da schon früher Probleme? Massivere als diese eher harmlosen Geschichten? Ziemlich sicher, aber welche? Und wie ist es ausgegangen?

Zaghaftes Klopfen an der Tür. Eine der Schulsekretärinnen schaut herein. Auch sie ist ungeschminkt, trägt eine unförmige Bundfaltenhose und einen dicken Pullover, alles grau in grau. »Wollen Sie vielleicht einen Kaffee?«

»Sie sind ein Schatz, das ist meine Rettung.«

Einen ausgezeichneten Cappuccino und einige Telefonate später weiß ich mehr. Vorwürfe ohne Ende. Von sexueller Belästigung über persönliche Bereicherung an Schuleigentum sowie Mobbing bis zu Beschimpfungen von Lehrern, Schülern, Eltern, Politikern, Journalisten – und nie auch nur eine einzige Maßnahme gegen den besten Direktor ever.

Na großartig. Das bedeutet eine mindestens dreistellige Zahl an Verdächtigen. Denn so, wie sich das anhört, haben fast alle einen guten Grund, den ehrenwerten Herrn Trumpfass aus dem Weg zu räumen.

Mittlerweile sollte die Spusi schon aufgetaucht sein. Mal schauen, ob die mir weiterhelfen können. Von Befragungen habe ich vorerst genug, da warten in den nächsten Tagen ohnehin noch sehr viel mehr auf mich. Ich schaue mich noch mal im Büro um. Erst jetzt fällt mir auf, dass nur Fotos mit seinem Konterfei und natürlich allen wichtigen Leuten des Landes an den Wänden hängen. Und mittendrin strahlt ein Ölgemälde, nicht zuletzt wegen der gelben Haarpracht, ein Porträt, das ihn mit erhobenem Daumen in Siegerpose zeigt. Keine große Überraschung nach dem, was ich bisher über ihn gehört habe. An irgendjemanden erinnert er mich – aber das liegt wohl daran, dass ein gewisser Typ Mann so absolut austauschbar ist.

Die Spurensicherung ist bereits an der Arbeit. Die Fahnenstange liegt am Boden, es wird nach Fingerabdrücken und sonstigen Spuren gesucht, die Leiche ist bereits verladen und wird gerade abtransportiert.

»Hallo, Heimo, wie sieht's aus?«, frage ich den Chef der Spusi, der gerade seine Utensilien in den Koffer packt.

»Servus, Pia! Du weißt eh, dass ich dir noch nix sagen kann. Nur so viel: keine neuen Fingerabdrücke, alle alt und verblasst, also schätzungsweise von den Leuten, die die Fahnenstange irgendwann mal aufgestellt haben; keine Fasern.«

Ja eh. Warum sollte es einfach sein? »Danke, trotzdem. Wann hast du was Genaues?«

»Zwei Wochen, vielleicht drei. Wie immer halt.« Er grinst mich an, salutiert, was im Tyvek-Anzug sehr lustig aussieht, und trollt sich zum Einsatzwagen.

Auch wenn ich keine Lust dazu habe, bleibt mir nichts anderes übrig, als weiter mit Schülern und Lehrern zu sprechen. Ich schaue auf die Fassade des altehrwürdigen Schulgebäudes. Aus den Fenstern der Klassen lehnen sich etliche neugierige Gesichter. Na dann, ihr seid dran. Auf in die Maturaklasse, da hab ich wohl die besten Chancen, vernünftige Antworten zu bekommen.

Die 8a ist leicht zu finden, ganz oben im zweiten Stock, genau auf der Höhe, wo vor Kurzem noch die Leiche im Anzug an der Fahnenstange hing. Hm.

Aus der Klasse ist nichts zu hören. Ich hole tief Luft und öffne die Tür. Alle Plätze sind besetzt. Fast jeder Schüler hat ein Smartphone in der Hand und starrt angestrengt auf den Bildschirm. Eine Gruppe hat die Köpfe zusammengesteckt und lacht. Als ich näher komme, erkenne ich, dass sie sich gemeinsam ein Video ansehen. In der letzten Reihe lackieren sich zwei Mädchen gegenseitig die Fingernägel. Eine Göre schminkt sich mithilfe ihres Handys. Nur die beiden Schüler in der ersten Bank direkt neben der Tür bemerken mich. Sie sehen mich kurz an, wenden sich dann wieder dem bunten Spiel auf ihrem Phone zu.

»Hallo!«

…

»Hallo!«

Nun flattern doch ein paar Blicke in meine Richtung.

»Ich bin von der Polizei und hätte ein paar Fragen an euch.« Jetzt bin ich endlich zu den meisten durchgedrungen. Ein paar halten aber immer noch ihre Handyspiele für wichtiger. »Euer Direktor wurde heute Morgen tot aufgefunden. Wir schließen Fremdeinwirkung nicht aus.« Boah. Ich klinge wie das wandelnde Klischee einer Polizistin. Aber ich muss mich an meinen Phrasen festhalten. Schulen lösen ganz böse Erinnerungen in mir aus, die mich sofort zwanzig Jahre in meine Albträume zurückversetzen. »Hat einer von euch etwas gesehen? Gestern Abend oder heute Morgen?«

»Keiner hat gar nicht irgendwas gesehen!« Der Herr Schulsprecher Kevin mit leichter Schwäche in der Muttersprache.

»Das kann ich mir nicht vorstellen. Ihr seid heute früh alle an der Fahnenstange vorbeigegangen, an der der Direktor gebaumelt hat.«

»Welche Fahnenstange?« Verständnisloses Gemurmel aus allen Reihen.

Ich glaub es nicht. Wie sehr auf sich selbst fixiert kann man denn sein? Obwohl – ich kann auch nicht mehr sagen, ob vor meiner Schule damals Fahnen geweht haben. Vielleicht ist es einfach das Wesen eines Teenagers, sich überhaupt nicht für andere oder seine Umgebung zu interessieren.

Zumindest gab es jetzt einmal eine Reaktion. Immerhin. Dann gleich mit Volldampf weiter: »Wer von euch war gestern Abend bei der Veranstaltung?«

Zwei Drittel heben ihre Hand. »Wie lange war der Direktor dort?«

Sie sehen sich an, zucken dann in meine Richtung mit den Schultern.

»War er noch dort, als ihr gegangen seid? Wann war das?«

Längere Nachdenkpause, dann rundherum Nicken. Zumindest von denen, die nicht gerade wild auf ihrem Handy herumtippen. Ich würde wirklich gerne seufzen, so, wie es meine Oma immer getan hat, wenn ich ihr nicht zugehört habe, weil mein Buch gerade so spannend war. Aber das kann ich gerade noch zurückhalten. So alt bin ich wirklich noch nicht.

»Wann seid ihr gegangen?« Das Wichtigere nun betont langsam. Zwei ineinander verflochtene Fragen scheinen die Herrschaften überfordert zu haben.

Eines der Mädchen vom Nagelstudio in der letzten Reihe ruft: »Um eins sind wir fast alle in den Klub. Bis auf die Nerds, die haben mit den Oldies weiter voll abgestampft, der Direx auch, hat voll geswaggt.«

Auch wenn ich mit über dreißig schon Gammelfleisch

bin, habe ich eine ungefähre Vorstellung davon, was mir die junge Dame so eloquent mitteilen will.

»Wer von euch ist gestern nach eins noch hiergeblieben?«

Drei Hände, sehr zögerlich.

»Mitkommen.«

Im Büro des Direktors steigen zwei der drei Jungs von einem Bein auf das andere, genau wie ich immer, wenn ich als Schülerin zum Direktor gerufen wurde und mir eine Million andere Orte vorstellen konnte, an denen ich lieber gewesen wäre. Nur der Alpha-Kevin hat sich sofort wieder in den Besucherstuhl geschmissen, höchst entspannt, bloß die Beine hat er nicht auf den Tisch hochgelagert.

»Dann erzählt mal. Was ist später noch passiert, als die meisten anderen schon weg waren?«

Der Direktor tanzt. Sofern man das unrhythmische Stampfen und unkoordinierte Armfuchteln so bezeichnen kann. Sein Toupet kämpft gefährlich oft mit einem Absturz, die sonst solariumgefärbte orangefarbene Gesichtshaut hat einen gefährlich violetten Ton angenommen, vermutlich aufgrund der ungewohnten Bewegung und ganz sicher wegen der enormen Mengen Alkohol, die er den ganzen Abend über vernichtet hat.

Ich lausche dem Bericht mit zunehmender Anspannung.

In deutlichem Sicherheitsabstand bewegen sich die anderen Gäste, ein Teil des Lehrerkollegiums, im Takt zu den Achtziger-Hits. Sogar eine Diskokugel schwebt über der Tanzfläche. Die wenigen noch anwesenden Schüler stehen

an den Wänden und machen sich mehr oder weniger ver-
steckt über die Oldies lustig.

Dann eine langsame Nummer, die die Tanzfläche sofort
leert. Nur Dieter Trumpfass bleibt stehen. »Ich habe eine
Ankündigung zu machen.«

Was kommt denn jetzt wieder?, kann man den gequäl-
ten Gesichtsausdrücken rundum beinahe wörtlich ablesen.

»Unsere Schule ist zwar schon die beste der Stadt, auch
wenn die Lügenpresse mit ihren Fake News ständig etwas
anderes behauptet, aber ich will, dass unsere Schule die aller-
beste des ganzen Landes wird. Und ich weiß auch ganz
genau, wie das geht.«

Mildes Interesse.

»Wir nehmen nur mehr die Besten von den Besten auf.«
Leicht gesteigertes Interesse.

»Wir nehmen ab sofort keine Ausländer mehr auf. Diese
Schmarotzer haben sowieso in unserem fantastischen Land
nichts verloren und mit dieser Aktion werden wir Vorreiter,
um endlich das ganze wunderbare Land von diesen Asylan-
ten zu befreien, die uns die Arbeitsplätze wegnehmen und
unrechtmäßig Sozialgelder beziehen, die eigentlich nur für
die braven und fleißigen Österreicher bestimmt sein sollten,
die unser Land groß gemacht haben.«

Ich starre Kevin ungläubig an. »Das hat er gesagt?«

Alle drei nicken. Der Herr Schulsprecher besonders heftig. »Und, dass er auch alle ausländischen Lehrer rauswer-
fen wird.«

Das wird wohl nicht ganz so gut angekommen sein. »Was
ist dann passiert?«, frage ich gespannt.

»Nichts.«

»Wie, nichts?«

»Es sind alle nach Hause gegangen. Die Party war zu Ende.«

Ich schlucke meine Fassungslosigkeit hinunter, um mich auf den Fall konzentrieren zu können. »Und der Direktor ist noch geblieben?«

»Wahrscheinlich.«

Ich lehne mich in meinem Sessel zurück und fixiere mit geübt bösem Blick die drei Jungs, die angestrengt die Fotos an der Wand bewundern. »Ich glaube euch kein Wort«, werfe ich mal als Köder in den Raum.

Schulterzucken und weiter intensive Begutachtung des Inventars.

»Nennt mir die Professoren, die ebenfalls ganz zum Schluss noch da waren.«

Ich bekomme die Namen und schicke die drei vor die Tür auf den Gang, wo sie sich unter Polizeibewachung nicht von der Stelle rühren dürfen, bis ich mit den anderen Beteiligten gesprochen habe.

Die fünf Lehrer und zwei Lehrerinnen nehme ich mir einzeln vor. Es ist eine unglaubliche Kraftanstrengung – diverse *ernste* Gespräche von damals schießen mir ein – und eine Genugtuung zugleich, denn nun stelle ich die Fragen. Es folgt siebenmal eine fast wörtliche Wiederholung von Kevins Schilderung der Ereignisse vom vergangenen Abend.

Das winzige, verstaubte Geografie-Kammerl ist bis oben hin vollgeräumt mit Landkarten, Atlanten und Globen. Der gefürchtete Geo-Professor baut sich vor der verschüchterten Schülerin auf. »Wie kannst du es wagen, mich vor der gesamten Klasse bloßzustellen?«

Dann sitzen alle zehn rund um den riesigen Besprechungstisch in der Direktion. Keiner macht einen Mucks. Nur ein paar nervöse Handbewegungen stören das wie gemalte Gruppenbild und einer der Jungs wippt in seinem Sessel hin und her.

Ganz entspannt lehne ich mich zurück, verschränke die Arme vor der Brust.

Ich warte.

Lange.

Zu lange, offenbar zieht der Trick nicht mehr. Oder die Panik, etwas Falsches zu sagen, ist zu groß.

Gut, dann lege ich halt mal los. »Ich habe eine ziemlich gute Vorstellung davon, was gestern Abend hier passiert ist.«

Schlagartig bemerkenswerte Körperbeherrschung in der ganzen Runde. Kein Zucken mehr, keine Hände, die sich verstohlen über Nasen, Augen oder Wangen streichen. Nur versteinerte Gesichter und erweiterte Pupillen.

»Ihr allseits geliebter Direktor, der beste ever«, ich nicke in Richtung Kevin, »ist gestern Abend endgültig zu weit gegangen. Sie haben sich jahrelang mit seinen idiotischen Einfällen abgefunden, seine Übergriffe hingenommen, akzeptiert, dass er am längeren Hebel sitzt und aufgrund seiner Connections bis ganz nach oben sicher niemals zur Rechenschaft gezogen werden wird. Vermutlich könnte er sogar eine Schülerin oder Lehrerin vergewaltigen. Das wäre dann bloß eine Schmutzkampagne, die ihm langfristig jedoch nicht schaden würde.«

Endlich eine Reaktion. Mäuschen Unterrieder, die Stellvertreterin, verschränkt die Arme in einer schützenden Bewegung und verschwindet fast in ihrem Sessel.

»Also haben Sie alle gemeinsam gestern die Gelegenheit genutzt.«

Keiner sieht mich an.

»Also haben Sie alle gemeinsam gestern die Gelegenheit genutzt«, wiederhole ich mit trockenem Mund. »Der

Direktor war betrunken und ist beim Tanzen gestürzt. So unglücklich, dass er mit dem Kopf auf eine Sesselkante geknallt ist. Er war sofort tot. Nichts mehr zu machen. Dann haben Sie die Gelegenheit genützt, sich endlich zu rächen, ihn einmal so richtig bloßzustellen. Gemeinsam haben Sie ihn an der Fahnenstange hochgezogen, damit ihn alle in seiner ganzen Lächerlichkeit sehen können.«

Ich kann die Reaktionen fast körperlich spüren: Verständnislosigkeit, Verwirrung, Erleichterung.

»Sie werden mit einer Strafe wegen unterlassener Hilfeleistung rechnen müssen, vermutlich auch wegen Leichenschändung. Aber ein guter Anwalt kann da bestimmt etwas machen.«

Ich stehe auf und gehe zur Tür. »Die Spuren sind absolut eindeutig. Zumindest werden sie es sein. Viel Glück Ihnen allen noch.«

»Aber ich habe doch nur gedacht, dass Bukarest nicht in Russland ist ... und halt nachgefragt.« Das hat sie ihren gesamten Mut gekostet, jetzt sinkt sie in sich zusammen.

»Denken und du, das ist doch Glückssache. Und zu sagen hast du sowieso nichts, du dummes Weib!« Er kommt auf sie zu, drängt sie zum Tisch, immer weiter, bis sie nicht mehr ausweichen kann. »Frauen wollen sowieso immer nur das Eine, einen starken Mann, der ihnen an die Möse geht, und genau das bekommst du jetzt!«

Normalerweise endet hier mein Albtraum. Auch heute.

Aber ich habe irgendwie das Gefühl, dass ich in Zukunft nicht mehr so oft mit einer Panikattacke aus dem Schlaf gerissen werde.

Wir werden sehen.

VON EISTEE UND PERFEKTEN MUFFINS –
ODER:
WENN DER BOGEN ÜBERSPANNT WIRD

Irène Mürner,

fünfeinhalb Jahre Schuldienst

Eine leblose Gestalt in der Schulbibliothek.

Oha.

Hat da womöglich jemand den Bogen überspannt? Sieht ganz danach aus.

Offenbar handelt es sich bei der Gefundenen um ein blondes Mädchen. Da ist es natürlich naheliegend, dass einem spontan »Die Tote in der Bibliothek« von Agatha Christie einfällt. Selbst wenn Sie, geschätzte Leserschaft, nicht wie ich ein Fan der Lady of Crime sind, dürften Sie den Klassiker kennen. Aber ich will jetzt nicht abschweifen, denn wir leben weder in einem englischen Dorf, noch bin ich eine Miss Marple.

Obwohl, wenn ich es mir recht überlege, lassen sich durchaus ein paar Parallelen ziehen. Wil ist ein hübsches Städtchen in der Nordostschweiz, harmonisch und auf den ersten Blick scheint es, als wäre die Welt bei uns in Ordnung. Als Lehrerin muss ich das beurteilen können. Früher oder später landet immerhin aus fast jeder Familie mindestens ein Mitglied in meinem Unterricht.

Leider gibt es einen kleinen Wermutstropfen, der unser ansonsten idyllisches Schulgleichgewicht empfindlich stört. Wir haben im Städtchen eine katholische Mädchensekundarschule. Das Kloster nimmt keine männlichen Schüler auf, womit wir gezwungen sind, die Knaben aufzufangen. Wie hinlänglich bekannt sein dürfte, ist das Unterrichten von Buben ungleich viel schwieriger und anspruchsvoller als dasjenige des weiblichen Geschlechts. Sie können sich sicherlich vorstellen, dass wir mit ein paar disziplinarischen und anderen Schwierigkeiten mehr zu kämpfen haben.

Aber zurück zu Miss Marple und mir persönlich. In wenigen Monaten werde ich in die Pension entlassen, bin also in ähnlich würdigem Alter wie die scharfsinnige Rentnerin aus England. In meiner Freizeit arbeite ich am liebsten in meinem Garten, wenn ich keine Kriminalfälle lese. Zudem kenne ich jeden und jede im Städtchen und die menschliche Psyche kann mich nicht mehr überraschen. Damit hat es sich aber mit den Ähnlichkeiten. Abgesehen vom schlohweißen Haar bin ich äußerlich wahrlich keine strickende Miss Marple. Meine Figur kann man stattlich nennen, ich strahle eine natürliche Autorität aus und entsprechend zollt man mir den nötigen Respekt. Womit ich stolz von mir behaupten darf, dass es mir gelingt, selbst die ärgsten Rotzlöffel zu bändigen. Ich halte die Fäden stets fest in der Hand, weiß Bescheid und achte darauf, dass der Wagen rollt. Nicht nur in meinem Schulzimmer, sondern in der ganzen Schule. Nein, ich bin nicht die Schulleiterin, trotzdem ist es mir zu verdanken, dass unsere Kinder so geschmeidig erfolgreich sind. Hierzu jedoch später mehr. Jetzt muss ich mich auf das Naheliegende konzentrieren, nämlich meine lieben Zöglinge. Da sind die ersten bereits.

»Frau Hasler, Frau Hasler, haben Sie's schon gehört?«

»Natürlich hat sie's gehört. Was denkst du denn? Die Polizei ist doch überall.«

»Stimmt. Voll krass, oder?« Hannes und Luca. Die beiden besuchen den Hauswirtschaftsunterricht bei mir. Ich mag die zwei Vierzehnjährigen, noch sind sie richtige Knaben. Aber in einem Jahr schon wird die Verwandlung zum Mann in vollem Gange sein. Yanik, der nun ebenfalls ins Schulzimmer tritt und sich an der Aufregung beteiligt, ist entwicklungsmäßig einen großen Schritt weiter. Nicht nur physisch, er überragt seine Klassenkameraden um eine ganze Haupteslänge, der Stimmbruch ist bereits abgeschlossen und auf der Oberlippe sprießen einige Barthaare – schüchtern zwar noch, aber vom Besitzer stolz gedeihen gelassen –, darüber hinaus hat er auch psychisch einen Riesenvorsprung. Ich zweifle nicht daran, dass er erste Erfahrungen im Umgang mit Mädchen schon erfolgreich hinter sich gebracht hat. Als hätte er meine Gedanken erraten, stellt er jetzt lässig fest: »Pff, die bitch hat's doch nicht anders verdient.« Ich beobachte, wie Hannes und Luca mit einer gewissen Bewunderung die Worte des Kollegen aufnehmen und sehe mich daher gezwungen, sofort einzugreifen: »Na, na, Yanik, du weißt genau, dass ich solche Sprache in meinem Klassenzimmer nicht dulde.«

Ich kriege einen kurzen herausfordernden Blick, den ich unerschrocken erwidere, worauf Yanik einknickt und eine unverständliche Entschuldigung nuschelt, bevor er leise nachdoppelt: »Ist doch wahr. Jana war eine Schlange und außerdem ist sie mit jedem ins B…«

»Yanik.« Diesmal ist mein Ton bedeutend schärfer. »Ich will nicht, dass du hier über solche Themen sprichst, haben wir uns verstanden?« Ich kriege ein widerwilliges Nicken, während Luca fast wichtigtuerisch hinterherschiebt: »Und zudem soll man über Tote nichts Schlechtes sagen.«

»Ha, dann können wir über Jana gar nicht mehr reden.« Yanik klingt bitter triumphierend, aber wo er recht hat, hat er recht. Zwar will ich nicht, dass über das Mädchen hergezogen wird, indes war Jana wirklich das, was man gemeinhin als »Luder« bezeichnen kann. Der liebe Gott hat in ihrem Fall eines seiner undurchsichtigen Spielchen getrieben, denn äußerlich hatte Jana etwas von einem Engel. Ihr blondes Haar, die perfekte Haut, der unschuldige Blick aus himmelblauen Augen, selbst ich wäre ihr beinahe auf den Leim gekrochen. Es dauerte tatsächlich ein paar Monate, bis ich erkannte, was für ein Teufel sich hinter der tadellosen Fassade verbarg.

Mittlerweile hat sich mein Schulzimmer mit acht weiteren Knaben gefüllt und es wird höchste Zeit, dass wir mit dem Unterricht beginnen. Natürlich ist die Aufregung groß, und dass Jana das Thema ist, können Sie sich denken. Trotzdem bestehe ich jetzt darauf, dass Ruhe einkehrt. Ich klatsche zweimal kräftig in meine großen Hände, die Jugendlichen kennen das Zeichen und setzen sich folgsam an ihre Plätze. Wie jede Unterrichtseinheit beginnen wir auch heute mit einem Glas Eistee. Ein Ritual, welches den Jungen hilft, bald entspannt und ruhig zu arbeiten. Ich bereite diesen Zaubertrank eigenhändig jeden Tag frisch zu, und das zahlt sich aus. Sogar an diesem Morgen wird es still im Klassenzimmer und man hört nur die Füllfedern über das Papier schaben.

Angesichts der ungewöhnlichen Situation habe ich den

Schülern den Auftrag erteilt, sich ein paar Gedanken zur Verstorbenen zu machen. Dabei habe ich sie ausdrücklich dazu aufgefordert, ehrlich zu sein. Die Blätter können wir nachher verbrennen, aber ich bin davon überzeugt, dass das Niederschreiben bei der Verarbeitung des ersten Schocks hilft. Und sollten wider Erwarten auch ein paar positive Erinnerungen festgehalten werden, kann man einen Satz vielleicht gar bei der Beerdigung vorlesen.

Liebevoll lasse ich meinen Blick über die blonden, braunen und schwarzen Schöpfe wandern, die sich fast träumerisch über ihre Aufgabe beugen. Jäh überrollt mich dabei eine dieser unkontrollierbaren Zärtlichkeitswellen. Ja, ich liebe jeden einzelnen meiner Schüler und wie gern würde ich ihnen über die Haare streichen. Aber das würden sie kaum goutieren, nicht im Teenageralter. Stattdessen mäandere ich geräuschlos durch die Pultreihen und versuche, die teilweise krakeligen Schriften zu entziffern. Augenblicklich sträuben sich mir die Haare. Was ich hier zu lesen bekomme, ist schlimmer als erwartet:

Jana hat dafür gesorgt, dass ich gemobbt wurde. Ihretwegen hatte ich keine Freunde mehr in der Klasse und sie ist schuld daran, dass ich mich beinahe vor den Zug warf.

Obwohl Jana wusste, dass ich in sie verliebt war, hat sie vor meinen Augen einen anderen Jungen geküsst.

Ich habe Jana mein ganzes Taschengeld gegeben, dafür aber nie etwas zurückbekommen.

Jana hat im Netz lauter Unwahrheiten über mich verbreitet.

In diesem Stil geht es weiter. Zweifellos hätte beinahe jeder der Jugendlichen einen Grund gehabt, das Mädchen zu töten. So viele Motive, so viele potenziell Verdächtige. Da sehe ich, ehrlich gesagt, schwarz für die Polizei. Zumal der hiesige Postenchef nicht unbedingt durch seine Kombinationsgabe auffällt oder mit Scharfsinn brilliert. Ich muss das wissen, ist der Peter während seiner Schullaufbahn doch auch durch meine Stunden geholpert.

Ganz abgesehen von den kindlichen Feinden, die sich Jana offensichtlich machte, sind mir zusätzlich Fälle zu Ohren gekommen, in welchen Lehrer der Lolita verfallen waren. Man munkelt gar etwas über verhängnisvolle Filmchen, die irgendwie auf YouTube gelandet sind. Aber fragen Sie mich dazu nicht genauer, mich hat das nie interessiert. Natürlich müsste man von erwachsenen Männern etwas mehr Verstand erwarten können, aber eben, man weiß ja über die Schwächen des sogenannten starken Geschlechts. Innerlich seufze ich und bewege mich lesend weiter durch die Schülerreihen.

Jana war eine Lügnerin.

Jana war die gemeinste Hetzerin, die man sich vorstellen kann.

Jana war eine Erpresserin.

Aha, genau, darauf habe ich sozusagen gewartet. Mir ist gestern nämlich etwas Ungeschicktes passiert. Ich hatte abends nach der letzten Lektion vergessen, meine Pultschublade abzuschließen. Glücklicherweise fiel es mir ein, bevor ich das Schulhaus verließ. Rasch war ich zurückgegangen, um das Versäumte nachzuholen. Wie ich allerdings mein Klassenzimmer betrat, erwartete mich eine unangenehme Überraschung. Das Schulzimmer war nicht leer, sondern jemand wühlte in meinen Geheimnissen.

Ja, die habe ich zugebenermaßen.

Mir wurde schon vor Jahrzenten bewusst, dass unsere Jungs Hilfe brauchten, wollten sie mit den fleißigen, pflichtversessenen und zielstrebigen Mädchen der Klosterschule mithalten können. Würden sie weiterhin so wild, ungebärdig und unkonzentriert durch die Schultage stürmen, würde nichts Gescheites aus ihnen werden.

In meiner Pultschublade habe ich kleine Dossiers über jeden meiner Schüler angelegt. All ihre Schwächen sind fein säuberlich notiert, und ich habe festgehalten, was, beziehungsweise wie ich dagegen vorgehen kann.

Wie bereits anfangs erwähnt, bin ich eine leidenschaftliche Gärtnerin und Kriminalistin. Da mag es naheliegend sein, dass ich mich mit natürlichen Heilmitteln und allerhand Elixiers auskenne. Ohne Frage handelt es sich um profanes Allgemeinwissen, dass Baldrian beruhigend wirkt oder Kamille krampflösend. Wussten Sie aber, dass bei Konzentrationsschwierigkeiten Gingko hilft? Peterli ein Muntermacher ist und die ätherischen Öle des Thymians Stress abbauen? Sehen Sie? Und selbstverständlich gibt es noch ganz andere Wundermittel. Aus beruflichen Gründen interessieren mich vor allem Pflanzen mit beruhigender Wirkung.

In jungen Jahren fing ich mit kleinen harmlosen Experimenten an. So bereitete ich mit den Kindern im Kochunterricht Salate aus Blüten des echten Lavendels zu oder half ihnen mit Johanniskraut versetzter Suppe. Bald aber reichten mir diese winzigen Teilerfolge nicht mehr. Denn natürliche Heilpflanzen sind oft zu wenig stark in ihrer

Wirkung. Mit den Jahren bin ich zudem fraglos ungeduldiger geworden, die Knaben lebhafter und meine Nerven schwächer. Folglich begann ich, mich zusätzlich aus der Schulmedizin zu bedienen.

Was mir heutzutage besonders hilft, ist Valium. Ein beeindruckendes Präparat.

Der Zufall kam mir zu Hilfe in Form eines an mysteriösen Krampfanfällen leidenden Nachbarskinds. Dienstwillig habe ich der chronisch überlasteten Mutter angeboten, das muskelentspannende Medikament aus der Apotheke zu besorgen. Dankbar wurde mein Vorschlag angenommen, sie gab mir das Rezept und seither habe ich sozusagen uneingeschränkten Zugang zu einem der effektivsten Beruhigungsmittel, die es aktuell gibt. Zwar war die Apothekerin zwischenzeitlich etwas misstrauisch, da der Konsum bei Weitem den eines einzelnen Kindes überstieg. Ich aber zerschlug ihre Bedenken, indem ich die Vergesslichkeit der Mutter, die Zerstreutheit des Vaters und die Zerstörungswut des Kindes erwähnte.

Unbestritten haben Sie mittlerweile erraten, dass mein Eistee eben kein gewöhnlicher Eistee ist, sondern seine ganz speziellen Ingredienzen enthält. Mit dem Getränk verteile ich das Diazepam flächendeckend über meine Schüler und Sie glauben nicht, was für eine kolossale Wirkung es hat. Plötzlich können die wildesten Buben ruhig sitzen, Spannungen und Schlägereien auf dem Pausenhof reduzieren sich auf ein Minimum. Unkontrollierte emotionale Ausbrüche gehören der Vergangenheit an. Die Kinder mögen manchmal leicht schläfrig werden, was ungestörten Unterrichtseinheiten aber nur entgegenkommt.

Trotz dieser durchwegs positiven Veränderungen müssen meine Bemühungen verborgen bleiben. Unverständlicherweise goutieren nicht alle Eltern den Gefallen, den ich ihren Sprösslingen durch die Einnahme des Medikaments tue.

Demzufolge dürfte es nicht überraschen, dass mir für Sekundenbruchteile das Herz buchstäblich stehen blieb, als ich Jana in meinen Aufzeichnungen wühlen sah. Jetzt hieß es, einen kühlen Kopf bewahren und die Nerven behalten. Ganz die anklagende Lehrerin fragte ich schneidend: »Jana, was machst du da Verbotenes?«

Der Kopf des Mädchens schoss ruckartig in die Höhe, unsere Blicke maßen sich durch das Schulzimmer und ich muss ihr zugutehalten, dass sie sich extrem schnell fasste. Es gelang ihr sogar, mit einem Lächeln festzustellen: »Das Gleiche könnte ich jetzt Sie fragen, Frau Hasler.« Leider Gottes war dieses Biest blitzgescheit und hatte sich ihre Sache bereits zusammengereimt. Mir war klar, dass ich meine Kinder mit allen Mitteln schützen musste. Ohne das Pharmazeutikum können sie nicht mehr sein. Sollte das Valium so mir nichts, dir nichts übergangslos abgesetzt werden, würde sie das alle in eine tiefe Krise stürzen. Das kam unter keinen Umständen infrage. Ich überlegte daher nicht lange. Leugnen war zwecklos, ich brauchte eine Strategie. Zuckersüß erklärte ich Jana mein Gutmenschentum und wie sehr die ganze Schule von mir profitierte. Meine Gegnerin sog meine Worte auf, nickte wohlwollend, aber aus ihrem taxierenden Gesichtsausdruck erriet ich, dass sie möglicherweise gleichzeitig einen Vorteil für sich einkalkulierte. Durchtrieben ließ sie mich ausreden, bestätigte mich berechnend und gerade als ich frühzeitig aufatmen wollte, ließ sie mit samtiger Stimme die Guillotine niedersausen: »Liebe Frau Hasler, das klingt alles wunderbar und Sie sind unbestritten eine selbstlose Heldin. Unglücklicherweise anerkennen dies nicht alle Menschen, wie wir beide wissen. Nur äußerst ungern würde ich gerade jene Eltern, die womöglich etwas anderer Meinung über Ihre – sagen wir – nicht ganz legalen Machenschaften sind, aufklären.« Dramatisch setzte sie eine vielsagende Pause und fuhr dann kaltblütig weiter: »Aber ich zweifle nicht daran, dass uns eine Möglichkeit einfällt, womit wir Ihr Geheimnis bei mir gut verschließen können.« Wir gaben uns beide keine Blöße, es fiel kein böses Wort, während wir redegewandt die Klingen wetzten und wie zwei hungrige Raubkatzen um die Beute schlichen. Scheinbar bereitwillig stimmte ich schließlich ihrem Vorschlag zu, in welchem sie für ihr Schweigen gute Noten von mir forderte.

Zur Besiegelung unseres Geschäfts reichte ich ihr schlussendlich die Hand und bot ihr sogar trotz ihrer Schamlosigkeit ein Friedensküchlein an. Für solche und andere Fälle habe ich immer ein paar Gebäcke in einer Tupperware bereit.

Dass Jana auf ihrem Weg in die Bibliothek ausgerechnet den Muffin wählte, der mit den Blättern des roten Fingerhuts versehen war – eine absolut tödliche Zutat –, halte ich für einen Wink des Schicksals.

Aber urteilen Sie selbst. Bin *ich* es, die den Bogen überspannte, indem ich Jana mit den Küchlein quasi russisches Roulette spielen ließ oder hatte nicht *sie* durch ihr schädigendes Verhalten längst den Bogen überspannt, und habe ich unserem Städtchen durch ihre Beseitigung nicht vielmehr einen Gefallen getan, indem ich es von einem zerstörerischen Übel befreite?

DIE AUTORINNEN UND AUTOREN

Daniel Badraun

wohnt mit seiner Frau in Schlattingen in der Nähe des Bodensees. Er unterrichtet an einer Kleinklasse Oberstufe in Diessenhofen, Thurgau. »Als Schüler war ich still und zurückhaltend und meine viel zu langen Aufsätze kamen voller Anmerkungen rot zurück«, sagt Badraun zur eigenen Schulzeit. »Vielleicht habe ich darum im Unterricht ein Auge auf die stillen und unauffälligen Kinder und deren verstecktes Potenzial.«

Aktuelle Veröffentlichungen:
Randulin, Kriminalroman, Gmeiner-Verlag, Messkirch 2019
Schnee von gestern, Theater, Uraufführung Postremise, Chur 2018
Krähenyeti, Kriminalroman, Gmeiner-Verlag, Messkirch 2017
www.badrauntexte.ch

*

Hermann Bauer

wohnt mit seiner Frau in Wien, nördlich der Donau. Nach mehr als 35 Jahren im Schulwesen, in denen er Klassen der Tages- und Abendschule an einer Handelsakademie unterrichtet hat, gewöhnt er sich gerade an sein Leben im Ruhestand. Als Schüler war er neugierig und wissensdurstig, aber nicht immer brav. »Ich habe darum als Lehrer schon viele der Schmähs gekannt, mit denen meine

Schüler und erwachsenen Studierenden dahergekommen sind«, bekennt Bauer.

Aktuelle Publikationen:
Grillparzerkomplott, Kriminalroman, Gmeiner-Verlag, Meßkirch 2020
Mordsmelange, Kriminalroman, Gmeiner-Verlag, Meßkirch 2019
Mord im Hotel, Kriminalroman, Gmeiner-Verlag, Meßkirch 2018
Stiftertod, Kriminalroman, Gmeiner-Verlag, Meßkirch 2017
www.hermannbauer.at

*

Thomas Breuer
wohnt in Büren im Kreis Paderborn. Er arbeitet an einem privaten Gymnasium und unterrichtet dort Deutsch, Sozialwissenschaften, Zeitgeschichte und Informationstechnologische Grundbildung.
»Schon als Schüler habe ich in Lateinarbeiten Übersetzungen angefertigt, die zwar nichts mit der Vorlage zu tun hatten, aber immer eine in sich schlüssige Geschichte erzählt haben«, sagt Breuer zur eigenen Schulzeit. »Meinen Lehrer hat das zur Verzweiflung gebracht, aber ich war immer schon ein positiver Mensch und wusste von Anfang an, dass meine Fünf in Latein nicht nur Nachteile haben konnte.«

Aktuelle Publikationen:
Der letzte Prozess, Kriminalroman, Leda-Verlag, Leer 2018
Leander und der lange Schatten, Kriminalroman, Leda-Verlag, Leer 2016

Leander und der Lummensprung, Kriminalroman, Leda-Verlag, Leer 2015
www.breuer-krimi.de

*

Wolf S. Dietrich

lebt und schreibt als freier Autor in Göttingen und an der Wurster Nordseeküste. »Er müsste sich mehr beteiligen«, stand in fast jedem Zeugnis. Wolf S. Dietrich arbeitete als wissenschaftlicher Mitarbeiter an der Universität Göttingen und als Lehrer an verschiedenen Schulformen, zuletzt als Didaktischer Leiter einer Kooperativen Gesamtschule.

Aktuelle Publikationen
Wenn Habich kommt, Prolibris, Kassel 2019
Friesisches Gift, Bastei-Lübbe, Köln 2019
Kühle Brise, Prolibris, Kassel 2018
www.literatur-aktuell.de

*

Maren Graf

wurde 1984 in Schleswig geboren und verbrachte ihre Kindheit an der Ostsee rund um Kiel. Durch viele Heimatwechsel lernte sie viele verschiedene Schulen und Lehrer kennen. Heute lebt sie mit ihrer Familie in Paderborn und unterrichtet seit 2011 ihre Lieblingsfächer Deutsch und Philosophie an einem Gymnasium. Neben ihrer Lehrtätigkeit schreibt sie Kinderbücher, Krimis und Kurzgeschichten.

Aktuelle Publikationen:

Padermorde – Weihnachtliche Kurzkrimis von der Pader, Gmeiner-Verlag, Meßkirch 2018

Todschreiber, Kriminalroman, Gmeiner-Verlag, Meßkirch 2016

www.maren-graf.de

∗

Christiane Höhmann

wohnt in Paderborn, war Lehrerin am Gymnasium, gibt Workshops zum Kreativen Schreiben und unterrichtet Deutsch als Fremdsprache für Fachkräfte (z. Zt. Ärzte).

Ihre eigene Schulzeit war eher traumatisch. Bedingt durch den Beruf des Vaters wechselte sie häufig die Schule, ersparte sich ein Schuljahr, wurde nicht immer mit Freude in den neuen Klassen aufgenommen und schaffte das Abitur trotz Mathematik, Physik und Chemie, weil es Deutsch, Englisch und Französisch gab. »Unterrichten ist mein Lebenselixier.«

Aktuelle Publikationen:

Letztes Licht. Roman. Kalliope Paperbacks, Bammental 2020

Der stille Zeuge, Kriminalroman, Grafit Verlag, Dortmund 2016

Skywalk, Kriminalroman, Grafit Verlag, Dortmund 2015

Untervörde, Kriminalroman, Grafit Verlag, Dortmund 2014

www.christiane-hoehmann.de

∗

Paul Lascaux

ist das Pseudonym von Paul Ott. Er ist am Bodensee aufgewachsen, hat in Goldach die Primarschule, in St. Gallen die Kantonsschule und in Bern die Universität besucht und als Gymnasiallehrer für Deutsch und Kunstgeschichte abgeschlossen. Nach verschiedenen Stationen hat er 30 Jahre lang am Berufsvorbereitenden Schuljahr der BFF Bern gearbeitet und sich mit 61 aus dem Beruf zurückgezogen, weil ihm die stetige Reformiererei auf den Sack ging. Der schönste Satz aus seiner Lehrtätigkeit stammt von einer nicht immer pflegeleichten jungen Frau: »Bevor ich bei Ihnen im Unterricht war, wusste ich gar nicht, dass man sich auch anders verhalten kann.«

Letzte Publikationen:
Paul Ott: Mord im Alpenglühen. Geschichte des Schweizer Kriminalromans. Chronos Verlag, Zürich 2020
Schwarzes Porzellan, Kriminalroman, Gmeiner-Verlag, Messkirch 2020
Der Tote vom Zibelemärit, Kriminalroman, Gmeiner-Verlag, Messkirch 2019
www.literatur.li.vtxhosting.ch

*

Raimund A. Mader

wurde im oberbayrischen Bad Tölz geboren, lebt aber seit fast vier Jahrzehnten in Eschenbach in der Oberpfalz. Er ist verheiratet und hat zwei Töchter.

Bis zu seinem Ruhestand vor zwei Jahren unterrichtete er die Fächer Deutsch und Englisch am Gymnasium Eschenbach und am Augustinus-Gymnasium in Weiden. Mit Eintritt in den Ruhestand übernahm er die Geschäftsstellenleitung im Syndikat e. V.

Die eigene Schulzeit war von Misserfolgen in den mathematischen Fächern geprägt und ist ihm in wenig guter Erinnerung geblieben. »Dass ich dann gerade Lehrer geworden bin, hat mich selbst am meisten überrascht«, sagt er zu seiner Berufswahl. »Vor allem, dass ich den Beruf mehr als dreißig Jahre mit Freude ausgeübt habe, ist etwas, wofür ich dankbar bin.«

Aktuelle Publikationen:
Das Kafka-Manuskript, Kriminalroman, Gmeiner-Verlag 2018
Der König von Weiden, Kriminalroman, Gmeiner-Verlag, Meßkirch 2016
Roter Herbst, Kriminalroman, Gmeiner-Verlag, Meßkirch 2013

*

Meike Messal
lebt nach längeren Auslandsaufenthalten in ihrer Heimatstadt Minden in Ostwestfalen. Schon in der Schule waren ihre Lieblingsfächer Deutsch und Englisch, diese unterrichtet sie nun an einem Gymnasium. »In der Schule war ich eine Meisterin im Spicken«, erinnert sich Messal augenzwinkernd, »deshalb kann mir da heute kein Schüler etwas vormachen. Aber es ist auch so: Wer gute Spickzettel schreibt, hat es geschafft, den Stoff für sich verständlich zu verdichten und braucht dann den Zettel in der Arbeit überhaupt nicht mehr.«

Aktuelle Publikationen:
Lieber böser Nikolaus, ich leg schon mal das Messer raus (Hg.), Prolibris, Kassel 2018
In stiller Nacht um die Ecke gebracht (Hg.), Prolibris, Kassel 2017
Atemlose Stille, Kriminalroman, Prolibris, Kassel 2017
www.messal.com

*

Irène Mürner
gebürtige St. Gallerin, lebt nach fünf Jahren Kenia im Berner Oberland am Thunersee. Nach Lehrerin, Flugbegleiterin und Polizistin folgt sie jetzt ihrer wahren Leidenschaft: dem Schreiben. Selbst ist sie immer gern zur Schule gegangen, hat aber entdeckt, dass das nicht reicht, um auch eine gute Lehrerin zu sein.

Aktuelle Publikationen:
Lügen am Zürichberg, Kriminalroman, Gmeiner-Verlag, Meßkirch 2020
Stock, Stein, Tod, Kriminalroman, Gmeiner-Verlag, Meßkirch 2019
Todessturz, Kriminalroman, Gmeiner-Verlag, Meßkirch 2017
www.kenia-in-300-tagen.blogspot.ch

*

Armin Öhri
wohnt in Grabs, einer Gemeinde in der Kulturlandschaft St. Galler Rheintal. Er unterrichtet in der Grund- und Weiter-

bildung an einer Berufs- und Handelsschule. »Im Gymnasium war ich weder zielstrebig noch auf gute Noten aus«, sagt Öhri über seine Schulzeit. »Anstatt alles auswendig zu lernen, ging es mir vielmehr darum, Zusammenhänge und Lösungsansätze zu verstehen. Deshalb versuche ich nun auch als – vielleicht etwas zu idealistischer – Lehrer, das selbstständige Denken zu wecken.«

Letzte Publikationen:
Die letzte Reise der Hindenburg (Hörbuch), Saga Egmont Verlag, 2017
Liechtenstein – Roman einer Nation, Gmeiner-Verlag, Messkirch, 2016
La musa oscura (spanische Ausgabe von ›Die dunkle Muse‹), Impedimenta Verlag, 2016
www.literatursalon.li

*

Mirjam Phillips
lebt nach langen Jahren im Ausland wieder in ihrer Heimatstadt Bremen. Sie unterrichtet Englisch und Spanisch an einem Gymnasium in Niedersachsen.

An ihre letzten Schuljahre denkt sie gerne zurück: »In der Oberstufe war ich vor allem bemüht, den Spaß nicht zur kurz kommen zu lassen.« Als Klassensprecherin lernte sie außerdem immer beiden Seiten aufmerksam zuzuhören und zwischen verhärteten Fronten zu vermitteln. »Beide Fähigkeiten sind in meinem Berufsleben äußerst wertvoll gewesen.«

Aktuelle Publikationen:
»Nichts als die Wahrheit« in: Ostfriesisch kriminelle Weih-
nacht (Hg.), Wellhöfer Verlag, Mannheim, 2019
»Der Freundschaftsdienst« in: Bauchgefühle, Deutsche Stif-
tung Eierstockkrebs, be.bra Verlag, Berlin 2019
»Ein hoher Preis« in: Tödliche Hanse, Edition Temmen,
Bremen, 2018

*

Regina Schleheck
lebt nach längeren Aufenthalten in Köln, Aachen und Herford seit 1996 in Leverkusen und unterrichtet dort an einem
Berufskolleg Abitur- und Fachhochschulreife-Klassen in
Deutsch, Sport, Sozialwissenschaften und Praktische Philosophie.

Ein großes Spektrum an Schulerfahrungen »auf der anderen Seite« – unterm Strich durchweg positive – konnte sie
an einer Waldorfschule in Wuppertal, einem Kölner Mäd-
chengymnasium und als Mutter an diversen Grund- und
weiterführenden Schulen ihrer fünf Kinder in Herford und
Leverkusen sammeln.

Sie selbst wäre lieber Journalistin geworden, Stellen
gab es die ersten zehn Jahre nach dem Ersten und Zweiten
Staatsexamen ohnehin nicht. Als um die Jahrtausendwende
wieder Lehrpersonal gesucht wurde, nutzte sie – mittlerweile alleinerziehend – die Chance, ihre Familie als Oberstudienrätin durchzubringen.

Aktuelle Publikationen:
Mörderisches Bergisches Land – 11 Krimis und 125 Freizeittipps, Gmeiner-Verlag, Meßkirch 2019

Mörderisches Leverkusen und Umgebung – 11 Krimis und
125 Freizeittipps, Gmeiner-Verlag, Meßkirch 2018
Der Kirmesmörder – Jürgen Bartsch, Biografischer Kriminalroman, Gmeiner-Verlag, Meßkirch 2016
www.regina-schleheck.de

*

Ernst Schmid

wohnt in Linz. Er arbeitet dort als Lehrer für Deutsch und
Geschichte an einer Neuen Mittelschule. »Obwohl ich ein
guter Schüler war, war mir die Schule verhasst, weil ich
ständig Angst hatte, gedemütigt zu werden. Dass ich selbst
Lehrer wurde, ist einem kuriosen Zufall geschuldet. Jedenfalls habe ich mir bei meinem Berufseintritt geschworen,
die Würde der Kinder hochzuhalten. Ich hoffe, das ist mir
gelungen.«

Aktuelle Publikationen:
Bachkantate, Thriller, Federfrei Verlag, Marchtrenk 2020
Bachchoral, Thriller, Federfrei Verlag, Marchtrenk 2019
Bachfuge, Thriller, Federfrei Verlag, Marchtrenk 2018
www.ernst.schmid.at

*

Susanne Schubarsky

lebt in Villach, Kärnten, und unterrichtet die Altersstufen
von zehn bis neunzehn in Deutsch und Englisch – ein immer
wieder herausfordernder Wechsel zwischen der Wiederholung des Alphabets und der Diskussion gesellschaftspoliti-
scher Probleme unserer Zeit.

An die eigene Schulzeit gibt es ausschließlich gute Erinnerungen, die anderen wurden vermutlich verdrängt.

Aktuelle Publikationen:
»Klagenfurter Intermezzo« in: Tod und Tafelspitz, Wellhöfer Verlag, Mannheim 2016
»Manchmal sind die Bösen die besseren Guten« in: Mein Garten, Drava Verlag, Klagenfurt 2015
»Bist deppert, Oida?« in: küche, diele, mord, KBV Verlag, Hillesheim 2013
www.schubarsky.at

*

Gesa Schwarze-Stahn
wohnt in Bremen und ist Lehrerin an einem Oberstufenzentrum. »Der Unterricht war mir oft zu langatmig«, sagt sie, »daher ist es für mich das Wichtigste, die Schülerinnen und Schüler nicht zu langweilen.«

Aktuelle Publikationen:
Ostfriesich kriminelle Weihnacht, Wellhöfer Verlag, Mannheim 2019
Der Tod feiert mit, Edition Temmen, Bremen 2018
Fünf Minuten fies (mit Anja Ulbig), Edition Falkenberg, Bremen 2017

*

Regine Seemann
wohnt in Hamburg und arbeitet in der Hansestadt als Schulleiterin an einer sechsjährigen Grundschule. »Ich hatte eine

schreckliche Grundschulzeit, da meine Lehrerin mich nicht mochte. Da ich also weiß, wie sehr der Schulerfolg von der stabilen Beziehung zwischen Kind und Lehrperson abhängt, versuche ich immer, erst diese Ebene zu festigen«, sagt Seemann über die ersten Jahre in der Schule.

Aktuelle Publikationen
Alsterschwan, Kriminalroman, Gmeiner-Verlag, Meßkirch 2020
Elbleichen, Kriminalroman, Gmeiner-Verlag, Meßkirch 2019
Falkenberg, Kriminalroman, Gmeiner-Verlag, Meßkirch 2018
www.regine-seemann.de

✳

Marc Späni
wohnt in der Nähe von Zürich und unterrichtet Deutsch an einer der größten Kantonsschulen der Stadt. »Ich hatte zum Glück immer Lehrerinnen und Lehrer, die meine Schreibwut gefördert oder wenigstens geduldet haben«, erinnert sich der St. Galler. »Heute kann ich beide Perspektiven verbinden und mit meinen Schülerinnen und Schülern gemeinsam die verschlungenen Wege der Kreativität erforschen.«

Aktuelle Publikationen:
Lämpe, Kriminalroman, Gmeiner-Verlag, Meßkirch 2020
Trümmlig, Kriminalroman, Gmeiner-Verlag, Messkirch 2018
Es ist ja nicht für immer, Schauspiel, Sessler Verlag, Wien 2017, Uraufführung in Wien 2020

Robins Garten, Roman, orte Verlag, Schwellbrunn 2014
Der Heiland aus dem Glasturm, Erzählungen, KaMeRu
Verlag, Zürich 2014
www.marcspaeni.ch

*

Roger Strub
wurde 1957 in Bern geboren. Er war als Lehrer, Sänger, Songschreiber, Produzent, Veranstalter, Werbetexter und Drehbuchautor für computerbasierte Lernprogramme tätig. Heute ist er freischaffender Autor, Ghostwriter, Storyteller und Coach. Er lebt in Langnau im Emmental.

Aktuelle Publikationen
Mannskram, Knapp-Verlag, Olten, 2017
Tessin (Ticino), Lieblingsplätze zum Entdecken, Gmeiner-Verlag, Messkirch, 2017
Verfalldatum, Kriminalroman, Gmeiner-Verlag, Messkirch 2015
www.rogerstrub.ch

*

Richard Wiemers
lebt mit seiner Familie in Altenbeken, Ostwestfalen, und unterrichtet an einer Realschule in einer benachbarten Sechstausend-Seelen-Gemeinde. Sein früh entwickeltes Vergnügen an Sprache und Musik erwies sich als stark genug, den hartnäckigen Versuchen seiner verknöcherten Lehrer zu widerstehen, es ihm auszutreiben. Folglich blieb ihm

nichts anderes übrig, als selbst Lehrer zu werden, und die Gewissheit, dass es auch anders geht, prägt ihn bis heute.

Die letzten drei Publikationen:
Mord in der Tuba. Pendragon Verlag, Bielefeld 2018
Bross. Endstation Hinterhof. Periplaneta Verlag, Berlin 2017
Bross. Showdown im Schlippers. Periplaneta Verlag, Berlin 2014
https://richardwiemers.wixsite.com/autor

✳

Tom Zai
wohnt und arbeitet in Walenstadt. Er unterrichtet als Klassenlehrer auf der Mittelstufe, schreibt und verlegt Bücher. »Als ich Anfang der Siebziger eingeschult wurde, kamen die mir mit ›Rösslein Hü‹ und weiteren Geschichten für Kleinkinder«, empört sich Tom Zai noch heute. Als Lehrer versucht er, eigenständiges, kreatives, vernetztes und genaues Denken zu fördern.

Aktuelle Publikationen:
Lametta, Lichter, Leichenschmaus, Krimi-Anthologie, Droemer-Knaur, München 2019
Makronen, Mistel, Meuchelmord, Krimi-Anthologie, Droemer-Knaur, München 2018
Der Knast, Jugendkrimi, da bux Verlag, Werdenberg 2017
www.tomzai.ch